Lehrbücher und Grundrisse

der

Rechtswissenschaft

Fünfzehnter Band

Berlin 1956

WALTER DE GRUYTER & CO.

vormals G. J. Göschen'sche Verlagsbuchhandlung · J. Guttentag, Verlagsbuchhandlung
Georg Reimer · Karl J. Trübner · Veit & Comp.

Zwangsvollstreckung

von

Dr. KARL BLOMEYER †
ordentlicher Professor der Rechte

Zweite, vermehrte und verbesserte Auflage

Berlin 1956
WALTER DE GRUYTER & CO.
vormals G. J. Göschen'sche Verlagsbuchhandlung · J. Guttentag, Verlagsbuchhandlung
Georg Reimer · Karl J. Trübner · Veit & Comp.

Archiv-Nr. 23 05 56 / 15

Satz: Walter de Gruyter & Co., Berlin W 35
Druck: Thormann & Goetsch, Berlin

Meiner Frau gewidmet

Vorwort zur 2. Auflage

Die 1. Auflage wurde im Jahre 1932 geschrieben. Seitdem ist das Recht der Zwangsvollstreckung durch verschiedene Novellen in der nationalsozialistischen Zeit und in den Nachkriegsjahren geändert worden. Besonders aber führte der Erlaß zahlreicher Sondervorschriften zu einer starken Zersplitterung.

Das Gesetz über Maßnahmen auf dem Gebiete der Zwangsvollstreckung vom 20. August 1953 hat nun wieder eine Gesamtbereinigung des Vollstrekkungsrechts gebracht. Die Sonderbestimmungen wurden, soweit sie noch heute von Bedeutung sind, den veränderten Verhältnissen angepaßt und in die ZPO eingefügt.

An dieser Reform hat der Verfasser selbst noch mitgewirkt. Vor dem Abschluß der Arbeiten zu dieser 2. Auflage seines Lehrbuches ist er am 23. Dezember 1953 verstorben.

Nachträgliche Änderungen an dem Manuskript zur neuen Auflage wurden nur insoweit vorgenommen, als sie der neue Rechtszustand erforderlich machte.

Bremen, im Februar 1956. Dr. Karl Blomeyer

Vorwort zur 1. Auflage

Dieses Büchlein hat sich zum Ziel gesetzt, dem Studenten das Verständnis für das Zwangsvollstreckungsrecht zu erschließen, aber es soll auch den Referendar im Vorbereitungsdienst begleiten und ihm als Grundlage bei der Vorbereitung für das Assessorexamen dienen. Es ist bestrebt, vor allem die Grundzüge des behandelten Rechtsgebiets herauszuarbeiten und auf die Zusammenhänge zwischen materiellem Recht und Verfahrensrecht hinzuweisen. Aus der Fülle der Einzelfragen behandelt es nur solche, deren Erörterung für das Verständnis des Zwangsvollstreckungsrechts besonders fruchtbar zu sein schien. Leider mußte das ausländische Recht, auch das Recht des stammverwandten Österreich, unberücksichtigt bleiben. Die Knappheit des Raumes verbot ferner, die Rechtsprechung und die Literatur ausgiebiger zu verwerten. Auch die historische Entwicklung der einzelnen Rechtseinrichtungen konnte leider nicht dargestellt werden.

Möge der junge Jurist, wenn er das Büchlein durcharbeitet, sich bewußt sein, daß nicht seine Hauptaufgabe ist, sich möglichst viele positive Kenntnisse anzueignen, sondern daß es für ihn vor allem gilt, Einblick in die Zusammenhänge der einzelnen Bestimmungen zu gewinnen und sich Rechenschaft zu geben von den Wechselwirkungen zwischen dem Recht und den wirtschaftlichen Verhältnissen. Es gibt ja kaum ein anderes Gebiet, auf dem diese Wechselwirkungen in dem Maße hervortreten wie auf dem Gebiete der Zwangsvollstreckung.

Bei dem Studium des Büchleins sollte der junge Jurist neben den Verfahrensgesetzen die materiellrechtlichen Gesetze, vor allem des BGB., stets zur Hand haben. Denn vom Vollstreckungsrecht her wird sich ihm das materielle Recht erst ganz erschließen. Das ist einer der Gründe, weshalb z. B. die Zwangsvollstreckung in Forderungen und andere Rechte verhältnismäßig ausführlich behandelt ist.

Sach- und Quellenregister hat Herr Referendar Dr. Rodig angefertigt. Ich danke ihm auch an dieser Stelle dafür.

Dezember 1932. Dr. Karl Blomeyer

Inhaltsverzeichnis

I. Allgemeiner Teil

II. Besonderer Teil

Abkürzungen

A. A.	=	Anderer Ansicht
AG	=	Amtsgericht
AnfG	=	Anfechtungsgesetz v. 12. 7. 1879 mit Abänderungen
Anm.	=	Anmerkung
BGB	=	Bürgerliches Gesetzbuch
BGBl.	=	Bundesgesetzblatt I (Jahr und Seite)
BGH	=	Bundesgerichtshof
BVersorgG	=	Gesetz über die Versorgung der Opfer des Krieges v. 20. 12. 1950
E	=	Entscheidung; Entscheidung des RG in Strafsachen
EGZVG	=	Einführungsgesetz zum Zwangsversteigerungsgesetz
EntlVfg.	=	Entlastungsverfügung vom 3. 7. 1943
EntlVO	=	Entlastungsverordnung vom 13. 5. 1924
FGG	=	Reichsgesetz über die freiwillige Gerichtsbarkeit
GBA	=	Grundbuchamt
GBO	=	Grundbuchordnung
GebOfGV	=	Gebührenordnung für Gerichtsvollzieher
GG	=	Grundgesetz für die Bundesrepublik Deutschland
GmbH	=	Gesellschaft mit beschränkter Haftung
GVG	=	Gerichtsverfassungsgesetz
HGB	=	Handelsgesetzbuch
KG	=	Kommanditgesellschaft
KO	=	Konkursordnung
Kommt.	=	Kommentar
LAG	=	Lastenausgleichsgesetz
LG	=	Landgericht
MSchG	=	Mieterschutzgesetz v. 15. 12. 1942
NotVO	=	Notverordnung
oHG	=	Offene Handelsgesellschaft
OLG	=	Oberlandesgericht
RG	=	Reichsgericht; Entscheidung des RG in Zivilsachen
SchiffsG	=	Gesetz über Rechte an eingetragenen Schiffen und Schiffsbauwerken v. 15. 11. 1940
StGB	=	Strafgesetzbuch
StJSch	=	Stein-Jonas, Kommentar zur ZPO, 18. Aufl. von Schönke und Pohle, 1953f.
StPO	=	Strafprozeßordnung
VerlG	=	Verlagsgesetz v. 19. 6. 1901
VglO	=	Vergleichsordnung v. 26. 2. 1935
VO	=	Verordnung
VZS	=	Vereinigte Zivilsenate
WBewG	=	Wohnraumbewirtschaftungsgesetz v. 31. 3. 1953
ZPO	=	Zivilprozeßordnung
ZV	=	Zwangsvollstreckung
ZVG	=	Gesetz über die Zwangsversteigerung und die Zwangsverwaltung
ZVMaßnG	=	Gesetz über Maßnahmen auf dem Gebiete der ZV v. 20. 8. 1953

I. Allgemeiner Teil

§ 1

Begriff und Wesen des Zwangsvollstreckungsrechtes

I. Nach unserem heutigen Rechte ist unter Zwangsvollstreckung (ZV) in einem weiteren Sinne das durch die Zivilprozeßordnung (ZPO), das Zwangsversteigerungsgesetz (ZVG), die Konkursordnung (KO) und einige Ergänzungsgesetze geregelte Verfahren zu verstehen, das darauf abzielt, durch staatlichen Zwang die Sicherung und Befriedigung — in gewissen Fällen (Arrest und einstweilige Verfügung, Eintragung einer Sicherungshypothek) nur die Sicherung — von Ansprüchen herbeizuführen. Dabei handelt es sich meist um bürgerlichrechtliche, zuweilen aber auch um öffentlichrechtliche Ansprüche (z. B. Gehaltsansprüche eines Beamten, Ansprüche einer Kirchengemeinde gegen einen Rittergutsbesitzer als Patron).

II. Konkursverfahren und Einzelvollstreckung.

1. Das Konkursverfahren ist die Vollstreckung, die zugunsten grundsätzlich aller Gläubiger (mögen sie einen Vollstreckungstitel haben oder nicht) und grundsätzlich in das gesamte Vermögen des Schuldners (Gemeinschuldners) erfolgt (Gesamtvollstreckung in zweifacher Hinsicht).

2. Die Einzelvollstreckung (ZV im engeren Sinne) ist die Vollstreckung, die — auf Grund eines Vollstreckungstitels — zugunsten eines einzelnen Gläubigers in einzelne Vermögensstücke des Schuldners (bewegliche Sachen, Forderungen, Grundstücke) oder zur Befriedigung von Ansprüchen erfolgt, zu deren

---

Literatur: Fr. Stein, Grundfragen der ZV (1913); E. Armstroff, die Zwangsvollstreckung, 3. Aufl. 1933; Falkmann-Hubernagel, Kommt. zur ZV, 3. Aufl. 1937—1939; A. Schönke, Zwangsvollstreckungsrecht, 5. Aufl. 1948; R. Bruns, Zwangsvollstrekkungsrecht (1951); Fr. Lent, Zwangsvollstreckungs- und Konkursrecht 5. Aufl. 1954; Jonas-Pohle, ZV-Notrecht, 16. Aufl. 1954.

Von den Kommentaren und Lehrbüchern zur Zivilprozeßordnung sind besonders zu nennen: Kommt z. ZPO von Stein-Jonas — 18. Aufl. von Schönke u. Pohle, 1953f. Rosenberg, Lehrbuch des Deutschen Zivilprozeßrechts, 6. Aufl. 1954.

Vollstreckung der Staat Zwang nicht gegen das Vermögen, sondern gegen die Person des Schuldners übt. (Dies ist der Fall, wenn die geschuldete Handlung nur vom Schuldner persönlich vorgenommen werden kann er hat sich z. B. verpflichtet, zur Beurkundung eines mit ihm geschlossenen Vertrages mitzuwirken.) Wo die Gesetze von Zwangsvollstreckung oder Vollstreckung sprechen, ist darunter im Zweifel nur die Einzelvollstreckung zu verstehen. Sie ist in der Hauptsache in dem 8. Buche der ZPO und im ZVG geregelt. Sie allein ist hier zu behandeln.

III. Anspruch ist „das Recht, von einem anderen ein Tun oder Unterlassen zu verlangen" (BGB 194). Das Tun oder Unterlassen herbeizuführen, kann nur Ziel und Erfolg psychischen Zwanges sein. Aber grundsätzlich „kann auch ein Dritter die Leistung bewirken" (BGB 267 I) und „das Schuldverhältnis erlischt, wenn die geschuldete Leistung an den Gläubiger bewirkt wird" (BGB 362 I), also wenn der Gläubiger erhält, was er bekommen sollte. Damit steht es im Einklang, daß bei uns heute zur ZV grundsätzlich physischer Zwang angewendet und die Zwangsbeitreibung aus dem Vermögen des Schuldners nicht als Erfüllungsersatz, sondern als Erfüllung angesehen wird (815 III, 819; vgl. BGB 1247 S. 1). Man kann – wenn es auch nicht ganz genau ist – sagen, daß der Zwang sich hier gegen das Vermögen, nicht gegen die Person des Schuldners richte. (Die verkaufte Sache wird vom Gerichtsvollzieher dem Verkäufer abgenommen und geht damit in den Besitz des Gläubigers über, die Übergabe, zu der BGB 433 verpflichtet, ist damit erfolgt, wie die Einigung zustande kommt, ist später – unten § 21 V 3 – zu erörtern.)

Hat der Schuldner eine Handlung vorzunehmen, die ein Dritter nicht vornehmen kann (jemand hat sich verpflichtet, zur Beurkundung eines mit ihm geschlossenen Vertrages mitzuwirken, ein berühmter Künstler hat es übernommen, ein Kunstwerk herzustellen), so kommt physischer Zwang nicht in Betracht in solchen Fällen wird psychischer Zwang geübt (888, 889), der Schuldner ist „zur Vornahme der Handlung durch Geldstrafen oder durch Haft anzuhalten" Wird mit diesen Mitteln der Wille des Schuldners nicht gebeugt, so bleibt dem Gläubiger nur die Klage auf die Leistung des Interesses (893).

Für den Fall, daß der Schuldner eine Handlung zu unterlassen oder die Vornahme einer Handlung zu dulden hat, sieht das Gesetz (890) Bestrafung jeder Zuwiderhandlung vor (Das ist z. B. der Fall, wenn der Schuldner verurteilt ist, eine bestimmte Behauptung nicht zu verbreiten, oder wenn ihm durch einstweilige Verfügung aufgegeben wurde, die Besichtigung einer Wohnung zu dulden, oder wenn er verurteilt ist, die Wegnahme einer in seinen Räumen angebrachten Einrichtung zu dulden.) Durch die Strafandrohung, die der Bestrafung vorauszugehen hat, wird ein psychischer Zwang geübt. Das auf die Bestrafung abzielende Verfahren ist hier ebensowenig wie in dem Falle, in dem der

Schuldner eine Handlung vorzunehmen hat, die von einem Dritten nicht vorgenommen werden kann, Vollstreckung des Gläubigeranspruchs. Es wird aber vom Gesetz als ZV behandelt.

Zur Vollstreckung von Geldforderungen wird heute (anders früher; darüber unten § 2) nur noch Zwang gegen das Vermögen des Schuldners geübt. Damit steht nicht im Widerspruch, daß zur Erzwingung des Offenbarungseides Haft verhängt wird: hier handelt es sich nur um ein Hilfsmittel der ZV (unten § 11), nicht um die Vollstreckung selbst.

IV. Die ZV richtet sich mitunter nicht oder nicht allein gegen den, der als Schuldner im Sinne des materiellen Rechts in Anspruch genommen wird: sie kann sich auch gegen den richten, der nur haftet (mit seinen oder fremden Vermögensstücken für fremde Schuld einzustehen hat): z. B. gegen den mit dem Nachlaß haftenden Testamentsvollstrecker, gegen den Nießbraucher oder gegen den Grundstückseigentümer, der nicht persönlicher Schuldner ist. Aber auch solche Vollstreckung zielt auf Sicherung und Befriedigung des Anspruchs ab[1]).

V. Als Gläubiger wird im Vollstreckungsrecht der bezeichnet, der in seinem eigenen Namen die Vollstreckung betreibt, oder der, in dessen Namen sie betrieben wird. Dies auch dann, wenn der Anspruch, der vollstreckt werden soll, gar nicht besteht (wenn also der, der die Vollstreckung betreibt, nicht Gläubiger im Sinne des materiellen Rechts ist). Der Gegner, gegen den die Vollstreckung betrieben wird, heißt der Schuldner, mag er auch im Sinne des materiellen Rechts nicht Schuldner sein (weil die Forderung, die vollstreckt werden soll, nicht besteht oder die Vollstreckung gegen den betrieben wird, der nur haftet, aber nicht schuldet — oben IV).

VI. Abgrenzung der ZV von anderen Zwangsverfahren.

ZV im eigentlichen Sinne ist nur die Vollstreckung, die der streitigen Zivilgerichtsbarkeit angehört. Sie allein ist hier zu behandeln.

Oft wird behauptet, sie unterscheide sich von dem Verwaltungszwang dadurch, daß sie die Verwirklichung privatrechtlicher, jener aber die Verwirklichung öffentlichrechtlicher Ansprüche zum Ziele habe. Das ist nicht richtig, denn ausnahmsweise unterliegen der ZV im eigentlichen Sinne auch öffentlichrechtliche Ansprüche (oben I). Der Unterschied besteht vielmehr darin, daß der Verwaltungszwang der Durchsetzung von Verwaltungsbefehlen und Entscheidungen der Verwaltungsgerichte, also nicht von Titeln dient, die in der streitigen Zivilgerichtsbarkeit ergangen sind oder auf Privatakten beruhen. Für Verwaltungsbefehle und für Entscheidungen der Verwaltungsgerichte ist freilich

[1]) StJSch. (II vor 704) spricht von der Vollstreckung eines materiellen Anspruchs und einer Haftung.

vielfach bestimmt, daß ihre Vollstreckung nach dem 8. Buche der ZPO erfolgen soll. Dann handelt es sich aber gleichwohl um Verwaltungszwang, nämlich um Verwaltungszwang in zivilprozessualen Formen.

Die Vollstreckung von Strafen, die Strafgerichte verhängt haben, aber auch die Vollstreckung von Anordnungen, die in der freiwilligen Gerichtsbarkeit ergangen sind, ist, auch wenn sie auf Grund von Sonderbestimmungen (StPO 463, FGG 98f., 158 u. a.) nach dem 8. Buche der ZPO zu erfolgen hat, keine ZV im eigentlichen Sinne. Dagegen ist die Vollstreckung von Vollstreckungstiteln der Sondergerichtsbarkeit, soweit es sich um streitige Zivilgerichtsbarkeit handelt, ZV im eigentlichen Sinne. Daher wäre auch ohne ArbGG 62 II, der das ausdrücklich bestimmt, klar, daß Urteile der Arbeitsgerichte nach den Vorschriften des 8. Buchs der ZPO zu vollstrecken sind. Dasselbe gilt von Vergleichen, die vor Arbeitsgerichten geschlossen werden.

§ 2
Die Entwicklung des Zwangsvollstreckungsrechtes

I. Der Grundgedanke des römischen Zwangsvollstreckungsrechtes war, einen starken Druck auf den Schuldner auszuüben, damit es alles aufbot, um seine Verpflichtungen zu erfüllen: zu allen Zeiten gab das römische Recht die Möglichkeit, Zwang gegen die Person des Schuldners zu üben („Personalexekution"). In ältester Zeit hatte der Gläubiger das Recht, dem Schuldner die Freiheit, ja das Leben zu nehmen; nur in gewissen Ausnahmefällen beschränkte sich der Zwang, der geübt werden durfte, auf das Vermögen des Schuldners. Die „Vermögensexekution" hat später immer größere Bedeutung erlangt, die „Personalexekution" ist gemildert worden, und dem Schuldner wurde die Möglichkeit eröffnet, sie durch Abtretung seines Vermögens abzuwenden. Die Strenge gegen den Schuldner, die zu allen Zeiten das römische Vollstreckungsrecht gekennzeichnet hat, entsprang den Machtverhältnissen im Staate (die Kapitalisten herrschten), nicht der allgemeinen Überzeugung, daß das Gesamtwohl sie fordere.

Als ältestes römisches Vollstreckungsrecht ist überliefert, daß der Gläubiger selbst gegen den Schuldner Zwang üben durfte, sich aber zu den einzelnen Gewaltakten staatlich autorisieren lassen mußte (staatlich überwachte Gläubigerselbsthilfe). Vollstreckt werden konnte aus gerichtlicher Verurteilung (die nur auf Zahlung einer Geldsumme, nicht etwa auf Herausgabe oder Leistung von Sachen oder auf andere Handlungen gerichtet sein konnte: condemnatio pecuniaria), aber auch aus gerichtlichem Anerkenntnisse (confessio in iure). Zahlte der Schuldner nicht innerhalb der Frist, die das Gesetz ihm ließ (XII tab: aeris confessi rebusque iure iudicatis triginta dies iusti sunto), so konnte der Gläubiger mit bestimmten Formelworten die Hand an den Schuldner legen (manus iniectio) und ihn vor den Prätor führen, um sich von diesem ermächtigen zu lassen, den Schuldner gefesselt zu halten. Der Schuldner konnte sich nicht verteidigen (weil er „servi loco" war), aber es konnte ein vindex für ihn auftreten: dann wurde der Schuldner frei, der vindex aber schuldete dem Gläubiger das Doppelte, wenn seine Intervention sich als ungerechtfertigt erwies. Trat kein vindex auf, so konnte der Gläubiger den Schuldner, wenn er ihn an drei Markttagen erfolglos zur Lösung ausgeboten hatte, töten oder als Sklaven verkaufen. Freilich durfte der Schuldner nur „trans Tiberim" verkauft werden: er sollte nicht dort, wo er freier Bürger gewesen war, Sklave sein müssen. Eine lex Poetelia (326 v. Chr.) verbot die Fesselung, die Tötung und den Verkauf des Schuldners: der Schuldner hatte die Schuld abzuarbeiten.

Gewisse Forderungen konnten dadurch vollstreckt werden, daß der Gläubiger selbst außergerichtlich Sachen des Schuldners als Pfand wegnahm (pignoris capio), aber nicht zur Verwertung des Pfandes und zur Befriedigung wegen der Forderung, sondern nur zur Vernichtung der Pfandstücke (pignora caedere), wenn sie nicht in bestimmter Frist ausgelöst wurden. Also auch hier wurde nur ein Druck auf den Schuldner ausgeübt, seine Verpflichtungen zu erfüllen.

Später, in der Zeit des Formularverfahrens, war die Exekutionsbewilligung bei dem Prätor nachzusuchen. Bestritt der Schuldner die Gültigkeit des Urteils oder behauptete er, er habe inzwischen die Schuld getilgt, so gab der Prätor dem Gläubiger auf Antrag die actio iudicata: erwiesen sich die Einwendungen des Schuldners als unbegründet, so wurde er zum Doppelten verurteilt. Der Gläubiger konnte statt der Personal- die Vermögensexekution betreiben, indem er von dem Prätor die Einweisung in das Gesamtvermögen des Schuldners (missio in bona) erbat und dann den Verkauf der „bona" erwirkte. Der Schuldner konnte die Personalexekution dadurch abwenden, daß er sein ganzes Vermögen an den oder die Gläubiger abtrat (cessio bonorum); freilich bedurfte er dazu der Bewilligung des Magistrats, die nur dem würdigen Schuldner (der ohne Leichtsinn und ohne Bosheit zahlungsunfähig geworden war) erteilt wurde.

Die missio in bona gewährte dem Gläubiger den Besitz des Schuldnervermögens. Sie wurde bekannt gemacht (proscriptio). Andere Gläubiger konnten sich dem Verfahren anschließen, das dann zum Konkurse wurde. Der Prätor ließ die Gläubiger aus ihrer Mitte einen magister bonorum wählen. Dieser hatte in bestimmter Frist das Vermögen an den zu verkaufen, der sich verpflichtete, den Gläubigern den höchsten Prozentsatz ihrer Forderungen zu zahlen (bonorum emptor — bonorum venditio).

In der späteren Kaiserzeit wurde der Konkurs auf die Fälle der Zahlungsunfähigkeit beschränkt: lag sie nicht vor, so erfolgte die Vollstreckung durch Beschlagnahme (pignoris capio) und Versilberung einzelner Sachen durch Gerichtsorgane. Nun wurde auch die direkte Vollstreckung von Ansprüchen auf restituere und exhibere möglich.

II. Ob auch das alte deutsche Recht[1]) zuließ, daß der Gläubiger den Schuldner, der seiner Verpflichtung nicht nachkam, tötete oder in seiner Freiheit beschränkte, ist noch nicht genügend aufgehellt. Derartiges scheint es nur bei Bußschulden (Schulden aus unerlaubten Handlungen) gegeben zu haben und wenn der Schuldner bei Eingehung einer Vertragsschuld sein Leben oder seine Freiheit eingesetzt hatte. Eine gerichtliche ZV war dem germanischen Rechte fremd. Weigerte sich eine Partei, Urteilserfüllung zu geloben, so wurde sie friedlos: die Friedlosigkeit ergriff Person und Vermögen, der Friedlose war vogelfrei. Eine ZV stand hier nicht in Frage, und eine Gewähr, daß der Gläubiger erhielt, was er zu fordern hatte, war nicht gegeben. Durch die Schwere des Übels wurde nur ein starker Druck ausgeübt, Erfüllung des Urteils zu geloben. War dem Urteil dies Gelöbnis vorausgegangen, so war der Kläger auf Grund des Urteils befugt, unter Einhaltung gewisser Förmlichkeiten sich außergerichtlich durch Wegnahme von fahrender Habe zu befriedigen (Gläubigerselbsthilfe). Auf Liegenschaften aber durfte er seinen Zugriff nicht nehmen (wohl eine Folge der Gebundenheit des Grundeigentums durch Familienrecht und Feldgemeinschaft). Ohne Urteil hatte der Gläubiger (nach mehrmaliger Mahnung) das Recht der Selbstpfändung, wenn der

[1]) Grundlegend Hans Planitz, Die Vermögensvollstreckung im deutschen mittelalterlichen Recht. I. Bd. 1912.

Schuldner ihm ein rechtsförmliches Schuldversprechen gegeben hatte. (Dies war also eine Unterwerfung unter die außergerichtliche ZV.) In der fränkischen Zeit entwickelte sich ein richterliches Vollstreckungsverfahren (Auspfändung des Schuldners durch den Grafen oder seine Unterbeamten) und verdrängte allmählich die Selbstpfändung. Aber auch die gerichtliche Pfändung beschränkte sich auf die Fahrnis. Bußschuldner wurden in die Gewalt des Gläubigers gegeben, der sie wie sein Gesinde zu halten hatte (Schuldknechtschaft). Die Friedlosigkeit wurde auf das Vermögen beschränkt und bestand nur noch dem Könige gegenüber: die fahrende Habe, später auch das liegende Gut wurde mit dem Banne des Königs belegt („missio in bannum regis", „Fronung"), nach Jahr und Tag folgte, wenn der Gläubiger nicht inzwischen befriedigt wurde, die Konfiskation, und der Gläubiger erhielt, was er zu fordern hatte, aus dem konfiszierten Gute. Diese Fronung war keine eigentliche ZV. Nicht in ihr (wie Stein — Grundriß § 127 VI 2 — meint), sondern in jener gerichtlichen Mobiliarpfändung der fränkischen Zeit haben wir die Quelle der modernen Vermögensvollstreckung zu sehen. Erst später hat sich aus der Fronung eine wirkliche ZV in Liegenschaften entwickelt. Die ZV erfolgte nun durch gerichtliche Pfändung fahrender Habe, die dem Gläubiger dann „geweldigt" (d. h. zum Zwecke des Pfandverkaufs übergeben) wurde, oder durch Fronung des Grundstücks, das dem Gläubiger übereignet oder zu seiner Befriedigung versilbert wurde. Ohne Urteil konnte der Gläubiger die ZV betreiben, wenn der Schuldner ein Schuldversprechen vor Gericht oder Rat abgegeben hatte (der Gerichts- oder Stadtbrief war also eine vollstreckbare Urkunde).

III. Im romanisch-kanonischen Vollstreckungsrecht mischten sich römische und deutsche Rechtsgedanken, und die gemeinrechtliche Theorie und Praxis gestaltete dieses Recht weiter aus. Die Exekution wurde grundsätzlich als Fortsetzung des Prozesses aufgefaßt und war deshalb bei dem Prozeßgericht nachzusuchen. Dazu bedurfte es grundsätzlich keiner actio iudicati, sondern nur eines einfachen Antrags (imploratio officii iudicis). Das Prozeßgericht führte mit Hilfe des Gerichtsdieners (Büttels) und mit Ersuchen an andere Gerichte die Vollstreckung durch. Die Beschränkung auf die Vollstreckung von Geldforderungen war gefallen. Zahlte der Schuldner nicht, so sollte nach altem Pandektenrecht zuerst auf die entbehrliche fahrende Habe, dann auf das liegende Gut und erst zuletzt auf die Forderungen des Schuldners der Zugriff genommen werden (l. 15 § 2 D. 42, 1: mobilia, immobilia, nomina). Mit der Beschlagnahme durch das Prozeßgericht erwarb der Gläubiger ein Pfandrecht am Exekutionsobjekt. War der Schuldner verurteilt, eine bewegliche oder unbewegliche Sache dem Gläubiger herauszugeben, so wurde sie ihm genommen und dem Gläubiger übergeben. War dem Schuldner auferlegt, etwas zu unterlassen, so sollte die Strafe, die für den Ungehorsamsfall ihm im Urteil angedroht war, beigetrieben und das Verbot unter Verdoppelung der Strafe wiederholt werden.

IV. Das Vollstreckungsrecht wurde durch Partikulargesetze fortentwickelt. Die „gradus executionis" (mobilia, immobilia, nomina) brauchten nach manchen Gesetzen nicht mehr eingehalten zu werden, die Verwertung gepfändeter Forderungen wurde durch ein preußisches Gesetz von 1822 zweckmäßiger geregelt, die Schuldknechtschaft wurde durch Landesgesetze immer weiter eingeschränkt, bis es Schuldhaft im öffentlichen Gefängnis nur noch bei fiskalischen und Wechselforderungen und bei Forderungen gegen Studenten gab. Schließlich beseitigte 1868 ein Gesetz des norddeutschen Bundes (das 1871 Reichsgesetz wurde) die Haft als Mittel zur Erzwingung von Geld- und ähnlichen Leistungen ganz. (Nur zur Erzwingung von gewissen Handlungen und als Sicherungsmaßnahme blieb die Haft bestehen.)

V. Wie das geltende Recht des Erkenntnisverfahrens, so ist auch das Vollstreckungsrecht der ZPO stark von dem französischen Recht beeinflußt worden. Zwar zu der Regelung, daß jede Verpflichtung zu einem Handeln oder Unterlassen in eine Zahlungsverpflichtung übergeht, wenn der Schuldner sie nicht erfüllt (Code civil art. 1142), ist das deutsche Recht nicht übergegangen. Aber die Mobiliarvollstreckung ist vielfach nach französischem Vorbild geregelt. Sie erfolgt in Frankreich auf Antrag des Gläubigers durch einen selbständigen Beamten, den huissier, der seine Vergütung von dem Gläubiger erhält und die Interessen seines Auftraggebers im Rahmen der Gesetze wahrzunehmen hat. Er kann auch Forderungen pfänden, freilich nur mit vorläufiger Wirksamkeit. Der Vollstreckung muß in allen Fällen ein Leistungsgebot an den Schuldner vorausgehen (Code de proc. civ. art. 583). Die Stellung des huissier gewährleistet eine energische Zwangsvollstreckung.

VI. Die ZPO geht wie in der Regelung des Erkenntnis-, so auch in der des Vollstreckungsverfahrens davon aus, daß das freie Spiel der Kräfte den besten Ausgleich der Parteiinteressen bringen werde. Sie beschränkt sich daher darauf, dem Gläubiger die Mittel, die eine energische ZV sichern, zur Verfügung zu stellen, dem Schuldner aber und Dritten zur Abwehr ungerechtfertigter Eingriffe die Möglichkeit zu geben, eine gerichtliche Entscheidung und mit deren Hilfe die Einstellung und Aufhebung der ZV herbeizuführen: das Vollstreckungsverfahren ist ganz auf dem Prinzip des Parteibetriebes aufgebaut. Diesem Grundgedanken entsprach es auch, daß dem Gläubiger bei der ZV in bewegliche Sachen die Auswahl des Gerichtsvollziehers überlassen wurde, der gegen eine ihm zu zahlende Vergütung die Ausführung des „Auftrags" übernahm. Aber der Konkurrenzkampf der Gerichtsvollzieher führte mitunter zu arger Bedrängnis der Schuldner. Deshalb machten um die Jahrhundertwende Preußen und Bayern von der ihnen durch das Reichsgesetz gelassenen Möglichkeit Gebrauch, die freie Gerichtsvollzieherwahl abzuschaffen und die Gerichtsvollzieher gegen Besoldung anzustellen (unten § 4 III 1). Der soziale Gedanke hatte im Vollstreckungsrecht der ZPO nur geringen Niederschlag gefunden. Daß er seitdem erheblich an Raum gewonnen hat, zeigt sich besonders darin, daß durch Novellen die Pfändungsbeschränkungen bedeutend erweitert worden sind und daß das Gesetz dabei heute auf die Familienverhältnisse des Schuldners weitgehend Rücksicht nimmt.

§ 3
Die Arten der Zwangsvollstreckung

I. Bei der Anwendung der Bestimmungen über die ZV ist es von Bedeutung, immer das System unseres Zwangsvollstreckungsrechts vor Augen zu haben. Es unterscheidet grundlegend zwei Arten der ZV: die ZV wegen Geldforderungen und die ZV wegen anderer Forderungen („ZV zur Erwirkung der Herausgabe von Sachen und zur Erwirkung von Handlungen oder Unterlassungen"). Die ZV wegen Geldforderungen erfolgt stets in das Vermögen und stets nur in das Vermögen; hier erst greift die Einteilung in ZV in das bewegliche Vermögen (803—863) und ZV in das unbewegliche Vermögen (864 bis 871 und ZVG) Platz, die also nicht die grundlegende, sondern eine Unterteilung ist[1]). Die ZPO schickt (im 1. Abschnitt des 8. Buches) „Allgemeine Bestim-

[1]) Diese Unterteilung läßt sich übrigens auch bei der ZV wegen anderer Ansprüche als Geldforderungen, soweit sie ZV in das Vermögen des Schuldners ist (unten § 21 I), machen.

mungen" voraus, die bei allen Arten der ZV i. e. S. gelten, behandelt dann (im 2. Abschnitt, der durch das ZVG ergänzt wird) die ZV wegen Geldforderungen und schließlich (in dem wesentlich kürzeren 3. Abschnitt) die ZV wegen anderer Ansprüche als Geldforderungen.

II. Die ZV wegen Geldforderungen.

1. ZV in bewegliches Vermögen. Sie erfolgt „durch Pfändung" (803), durch die sich regelmäßig anschließende Zwangsverwertung und durch die Befriedigung des Gläubigers.

a) „ZV in körperliche Sachen": der Gerichtsvollzieher nimmt sie weg oder bringt Siegel an ihnen an. (Beides ist Pfändung, Beschlagnahme.) Geld gibt er dem Gläubiger heraus, andere Sachen versteigert er öffentlich und führt den Erlös nach Abzug der Kosten bis zur Höhe der Forderung an den Gläubiger ab. (Den etwa verbleibenden Überschuß erhält der Schuldner.)

b) „ZV in Forderungen und andere Rechte" des Schuldners. Der Gläubiger will seinen Zugriff nehmen auf eine Forderung, die sein Schuldner gegen einen Dritten — den sog. Drittschuldner — hat, mag die Forderung auf die Zahlung von Geld oder etwa auf die Herausgabe von Sachen gerichtet sein: das Vollstreckungsgericht pfändet die Forderung durch Pfändungsbeschluß, der dem Schuldner und dem Drittschuldner zugestellt wird (Pfändung, Beschlagnahme) und überweist sie dem Gläubiger (Überweisungsbeschluß, in der Regel mit dem Pfändungsbeschluß zum „Pfändungs- und Überweisungsbeschluß" verbunden). Die Überweisung erfolgt entweder

α) zur Einziehung: der Gläubiger ist berechtigt, die Forderung einzuziehen, und wird, soweit ihm das gelingt, dadurch befriedigt (Besonderheit bei Forderungen auf die Herausgabe von Sachen: der Gerichtsvollzieher versteigert die Sachen und führt den Erlös an den Gläubiger ab); oder die Überweisung erfolgt

β) an Zahlungs Statt: der Gläubiger wird durch die Überweisung (nicht erst durch die Einziehung) befriedigt, soweit die Forderung besteht (er trägt also das Risiko, daß die Forderung beizutreiben ist).

2. ZV in unbewegliches Vermögen. Drei Arten:

a) ZV durch Eintragung einer Sicherungshypothek: Der Gläubiger kann sich damit begnügen, eine Sicherungshypothek auf das Grundstück seines Schuldners durch das Grundbuchamt zwangsweise (ohne Bewilligung des Schuldners) eintragen zu lassen, die seiner Forderung ein Recht auf Befriedigung aus dem Grundstück mit dem der Eintragung entsprechenden Rang hinzufügt. Diese ZV führt also nicht zur Befriedigung, sondern nur zur Sicherung des Gläubigers.

b) Zwangsverwaltung: das Vollstreckungsgericht (AG „der belegenen Sache") ordnet auf Antrag des Gläubigers die Zwangsverwaltung an (Beschlagnahme), der Zwangsverwalter verwaltet das Grundstück und befriedigt aus den Reinerträgnissen nach Deckung der Verwaltungsausgaben und der Kosten die laufenden Ansprüche derer, die ein Recht auf Befriedigung aus dem Grundstück haben, und, soweit möglich, die Kapitalforderung des „betreibenden" Gläubigers.

c) Zwangsversteigerung: das Vollstreckungsgericht (AG der belegenen Sache) ordnet die Zwangsversteigerung an (Beschlagnahme), das Grundstück wird dann öffentlich versteigert, und der Reinerlös wird nach Deckung der Kosten des Verfahrens auf die Ansprüche verteilt, die ein Recht auf Befriedigung aus dem Grundstück gewähren und durch Barzahlung zu decken sind.

III. ZV wegen anderer Forderungen als Geldforderungen.

1. Hat der Schuldner Sachen herausgegeben oder zu leisten, und befinden sich diese Sachen in seinem Gewahrsam oder im Gewahrsam eines Dritten, der zu ihrer Herausgabe bereit ist, so wird unmittelbarer Zwang durch den Gerichtsvollzieher geübt.

2. Soll der Schuldner eine andere Handlung vornehmen, so ist zu unterscheiden:

a) Soll er eine vertretbare Handlung vornehmen (d. h. eine solche, die auch von einem Dritten vorgenommen werden kann: z. B. eine Nachbesserung, eine Reparatur), so wird der Gläubiger vom Prozeßgericht erster Instanz auf Antrag ermächtigt, auf Kosten des Schuldners (der vorschußpflichtig ist) die Handlung vornehmen zu lassen.

b) Soll der Schuldner eine nicht vertretbare Handlung vornehmen, so ist weiter zu unterscheiden:

α) Liegt die Verurteilung zur Abgabe einer Willenserklärung vor, so bedarf es keiner ZV wegen des 894: die Erklärung gilt als abgegeben mit der Rechtskraft des Urteils (unten § 21 V 3).

β) Soll der Schuldner eine andere ausschließlich von seinem Willen abhängende Handlung vornehmen, so greift Beugezwang ein: Das Prozeßgericht erkennt auf Antrag des Gläubigers, daß der Schuldner zur Vornahme der Handlung durch Geldstrafen oder durch Haft anzuhalten sei (888, 889; oben § 1 III).

γ) Soll der Schuldner eine Handlung vornehmen, die nicht ausschließlich von seinem Willen abhängt (zu der z. B. ein Dritter mitwirken müßte), so ist ZV nicht möglich, der Gläubiger hat nur die Klage auf das Interesse (893) und kann dann das so erlangte Urteil in das Vermögen des Schuldners vollstrecken.

3. Soll der Schuldner eine Handlung unterlassen oder die Vornahme von Handlungen dulden, so wird er grundsätzlich durch Androhung von Strafen dazu angehalten und für jede Zuwiderhandlung auf Antrag bestraft (890, oben § 1 III).

§ 4
Die Vollstreckungsorgane

I. Vollstreckungsorgane nennen wir die staatlichen Behörden und Beamten, die zur Vornahme der zum ZV-Verfahren gehörenden, dem Staate zuzurechnenden Handlungen, insbesondere zur Vornahme von Vollstreckungsakten berufen sind.

II. Ist das Vollstreckungsorgan zu Vollstreckungshandlungen gerade der Art, wie sie im einzelnen Falle in Betracht kommen, berufen, so ist es „funktionell zuständig". (Der Gerichtsvollzieher ist „funktionell zuständig" für die Pfändung beweglicher Sachen, nicht aber für die Forderungspfändung und nicht für die ZV in Grundstücke.) Ob das Vollstreckungsorgan örtlich zuständig ist, ist eine andere Frage.

III. Die ZV erfolgt, soweit sie nicht den Gerichten (oder auf Grund der Ermächtigung in EGZVG 13 durch Landesgesetz den Notaren) zugewiesen ist, durch Gerichtsvollzieher (753 I). Sie sind die Vollstreckungsorgane, denen insbesondere die realen Vollstreckungsakte obliegen: sie pfänden durch Anlegung von Siegeln oder Wegnahme von Sachen, sie haben die gepfändeten Sachen öffentlich zu versteigern, sie haben aber auch, wenn das Prozeßgericht die Verhaftung des Schuldners angeordnet hat (oben § 3 III 2 b β, 3), den Schuldner zu verhaften und, wenn der Schuldner einer Handlung, die er zu dulden verpflichtet ist, Widerstand entgegensetzt, zur Überwindung dieses Widerstandes Gewalt anzuwenden. Sie sind befugt, die Wohnung und die Behältnisse des Schuldners zu durchsuchen, soweit der Zweck der Vollstreckung es erfordert, sie dürfen verschlossene Haustüren, Zimmertüren und Behältnisse zur Durchführung der ZV öffnen lassen, sie sind, wo sie auf Widerstand stoßen, zur Anwendung von Gewalt befugt und können zu diesem Zweck um Unterstützung der polizeilichen Vollzugsorgane nachsuchen. Wer einem Gerichtsvollzieher in der rechtmäßigen Ausübung seines Amtes durch Gewalt oder durch Bedrohung mit Gewalt Widerstand leistet oder ihn während der rechtmäßigen Ausübung seines Amtes tätlich angreift, wird wegen Widerstands gegen die Staatsgewalt (StGB 113) bestraft. Die Amtsausübung des Gerichtsvollziehers ist jedenfalls dann rechtmäßig, wenn alle gesetzlichen Voraussetzungen für sein Handeln erfüllt sind. Aber es brauchen nicht alle gesetzlichen Voraussetzungen erfüllt zu sein. Welche nicht vorzuliegen brauchen, ist zweifelhaft und sehr bestritten. Daß der Gerichtsvollzieher örtlich nicht zuständig war, schließt nicht aus, daß er sich in rechtmäßiger Amtsausübung befand.

1. In Frankreich ist der huissier, dem die Einrichtung des Gerichtsvollziehers nachgebildet ist (oben § 2 V), ein öffentlicher Beamter, der unabhängig von den Gerichten kraft eigener Amtsgewalt unter selbständiger Prüfung und Verantwortlichkeit im Auftrage der Parteien die Vollstreckung (und zwar in bewegliche Sachen wie auch in Forderungen und grundsätzlich auch in Grundstücke) durchzuführen hat (Grundsatz der Reinhaltung des Richteramts oder der Passivität der Gerichte — „dem Richter nur das Richten"). Nach dem GVG und der ZPO steht der Gerichtsvollzieher dagegen unter der Aufsicht des Gerichts, und sein Geschäftsbereich ist wesentlich beschränkter. Die Regelung der Dienst- und Geschäftsverhältnisse hat das GVG (154) zwar den Landesjustizverwaltungen überlassen, dem Geiste der Justizgesetzgebung von 1877 entsprach es aber, daß die Gerichtsvollzieher selbständige, nicht einer Behörde angehörende Beamte waren, und daß für größere Bezirke mehrere Gerichtsvollzieher bestellt wurden, aus denen der Gläubiger den aussuchen konnte, von dem er sich die beste Vertretung seiner Interessen versprach. Die „Gebührenordnung für Gerichtsvollzieher" setzte im einzelnen die Gebühren und Auslagen fest, die von dem Auftraggeber dem Gerichtsvollzieher zu vergüten waren. Sie behielt aber den Ländern vor, diese Gebühren und Auslagen für die Staatskasse zu vereinnahmen und den Gerichtsvollziehern eine anderweite Vergütung zu gewähren (GebOfGV 27 I Nr. 2, II). Da der Konkurrenzkampf der Gerichtsvollzieher, die die Gebühren erhielten, vielfach zu übermäßigen Härten gegen die Schuldner führte, gingen Preußen und Bayern um 1900 dazu über, die Gerichtsvollzieher mit festem Gehalt anzustellen und die freie Wahl des Gläubigers auszuschließen (oben § 2 VI).

2. Wie die Fähigkeit zum Gerichtsvollzieheramt erlangt wird, ist durch die Landesjustizverwaltungen geregelt.

3. Nach dem Reichsrecht ist der Gerichtsvollzieher in bestimmten Fällen (wenn er selbst Partei ist oder zu einer Partei in nahen Beziehungen steht) von der Ausübung seines Amtes kraft Gesetzes ausgeschlossen (GVG 155, der dies im einzelnen regelt, steht in Parallele zu ZPO 41, der die Fälle aufzählt, in denen ein Richter von der Ausübung des Richteramtes ausgeschlossen ist). Wegen Besorgnis der Befangenheit kann ein Gerichtsvollzieher — natürlich! — nicht abgelehnt werden.

4. Verhältnis zwischen dem Gerichtsvollzieher und dem Gläubiger, der ihn „beauftragt". Die Vereinigten Zivilsenate des Reichsgerichts haben in ihrem Beschluß vom 10. 6. 1886 (RG 16, 396f.) dieses Verhältnis für ein privatrechtliches (ein Mandat) erklärt, aber sie haben in ihrem Beschluß

v. 2. 6. 1913 (RG 82, 85 f.) diesen Standpunkt (für die Vollstreckungshandlungen) aufgegeben und ausgesprochen, daß der Gerichtsvollzieher dem Gläubiger für den Schaden, den er ihm bei Ausführung einer ZV schuldhaft verursacht, nicht aus einem bürgerlichrechtlichen Vertragsverhältnis haftet, sondern daß die Haftung für Amtspflichtverletzungen von Beamten eingreift. Die gesamte Praxis ist wie damals so auch jetzt dem Beschluß der Vereinigten Zivilsenate gefolgt. Vergleicht man die Begründungen der beiden Entscheidungen miteinander, so tritt deutlich hervor, wie sich, ohne daß eine Gesetzesänderung dabei eine Rolle spielt, die Anschauungen in einer Rechtsfrage geändert haben: ein Rechtsverhältnis, das 1886 als ein privatrechtliches erschien, wurde 1913 als ein öffentlichrechtliches aufgefaßt.

5. Verhältnis zwischen dem Gerichtsvollzieher und dem Schuldner sowie Dritten, in deren Rechtskreis er eingreift. Auch dem Schuldner und Dritten tritt der Gerichtsvollzieher, soweit er als solcher handelt, als Beamter gegenüber und zwar nicht nur da, wo er die staatliche Zwangsgewalt ausübt, sondern auch dort, wo er Verpflichtungen des Gläubigers erfüllt, die freiwillige Leistung des Schuldners annimmt, dem Schuldner Quittung erteilt oder die Gegenleistung nach 756 anbietet. Das schließt nicht aus, daß er in diesen Fällen auch zugleich als Vertreter des Gläubigers dem Schuldner gegenübertritt.

6. Die Haftung für Amtspflichtverletzungen des Gerichtsvollziehers. Wenn der Gerichtsvollzieher in Ausübung der ihm anvertauten Gewalt (also dort, wo er als Beamter auftritt) die Amtspflicht verletzt, die ihm dem Gläubiger, dem Schuldner oder einem Dritten gegenüber obliegt, so trifft die Verantwortlichkeit dem Verletzten gegenüber den Staat, der den Rechtsweg und die Zuständigkeit der ordentlichen Gerichte für solche Ansprüche nicht ausschließen kann, dem es aber vorbehalten bleibt, von dem Gerichtsvollzieher Ersatz zu verlangen (GG Art. 34). Der Staat haftet dem Verletzten so, wie nach BGB 839 der Gerichtsvollzieher haften würde.

7. Allgemeines über das Verfahren des Gerichtsvollziehers.

Der „Auftrag“ des Gläubigers an den Gerichtsvollzieher ist ein prozessualer Antrag. Er kann schriftlich oder mündlich, unmittelbar oder durch Vermittlung der Geschäftsstelle (753 II) gestellt werden und ermächtigt in Verbindung mit der Übergabe der vollstreckbaren Ausfertigung den Gerichtsvollzieher auch, die Zahlungen oder sonstigen Leistungen in Empfang zu nehmen, über das Empfangene zu quittieren und dem Schuldner, wenn dieser seinen Verpflichtungen genügt hat, die vollstreckbare Ausfertigung auszuliefern (754). Der Besitz der vollstreckbaren Ausfertigung legitimiert den Gerichtsvollzieher dem Schuldner und Dritten gegenüber, der Gläubiger kann sich ihnen gegenüber nicht auf den Mangel oder eine Beschränkung des „Auftrags“ berufen (755).

Nach dem Empfang der Leistungen hat der Gerichtsvollzieher die vollstreckbare Ausfertigung dem Schuldner mit einer Quittung auszuliefern, Teilleistungen sind auf der vollstreckbaren Ausfertigung zu vermerken und dem Schuldner zu quittieren (757). An Sonntagen und allgemeinen Feiertagen und zur Nachtzeit (188 I) darf eine Vollstreckungshandlung nur mit Erlaubnis des Amtsrichters und unter Vorweisung der Erlaubnisverfügung vorgenommen werden (761). Unter Umständen hat der Gerichtsvollzieher, wenn er eine Vollstreckungshandlung vornimmt, zwei erwachsene Personen oder einen Gemeinde- oder Polizeibeamten als Zeugen zuzuziehen: Dies ist der Fall, wenn bei einer Vollstreckungshandlung Widerstand geleistet wird oder bei einer in der Wohnung des Schuldners erfolgenden Vollstreckungshandlung weder der Schuldner noch eine zu seiner Familie gehörige oder in seiner Familie dienende erwachsene Person gegenwärtig ist (759). Der Gerichtsvollzieher hat Akten zu führen (nach näherer Vorschrift der Landesjustizverwaltungen) und hat über jede Vollstreckungshandlung ein Protokoll aufzunehmen, das die in 762 aufgezählten Angaben zu enthalten hat. Aufforderungen und sonstige Mitteilungen, die zu den Vollstreckungshandlungen gehören, sind von dem Gerichtsvollzieher grundsätzlich (Ausnahme: 763 II) mündlich zu erlassen und vollständig in das Protokoll aufzunehmen (763). Jeder Person, die bei dem Vollstreckungsverfahren beteiligt ist, muß auf Verlangen Einsicht in die Akten gestattet und Abschrift einzelner Aktenstücke erteilt werden (760).

8. Aufsicht des Vollstreckungsgerichts über den Gerichtsvollzieher.

Der Gerichtsvollzieher steht nicht unter der Leitung des Gerichts: das Gericht hat ihm (abgesehen von dem Falle des 766, vgl. unten) keine Anweisungen zu erteilen, und wenn er sich bei dem Richter Rat geholt hat (zu dessen Erteilung eine Amtspflicht für den Richter nicht besteht), handelt der Gerichtsvollzieher doch unter eigener Verantwortung (darauf weist der Richter, wenn er ihn auf seine Bitte berät, zweckmäßig hin). Aber der Gerichtsvollzieher steht unter der Aufsicht des Vollstreckungsgerichts. Die Landesjustizverwaltungen haben ihn der Dienstaufsicht des aufsichtsführenden Amtsrichters unterstellt, der die ordnungswidrige Ausführung eines Amtsgeschäfts zu rügen und die ordnungsmäßige Erledigung eines Amtsgeschäfts unter Umständen durch Ordnungsstrafen zu erzwingen hat (Instanzenzug: LG-Präsident, OLGPräsident, Justizminister). Vor allem aber ist bundesrechtlich dem Gläubiger, dem Schuldner und Dritten die Möglichkeit gegeben, das Vollstreckungsgericht anzurufen, wenn sie Anträge stellen oder Einwendungen und Erinnerungen geltend machen wollen, die die Art und Weise der ZV oder das Verfahren des Gerichtsvollziehers betreffen („Erinnerung nach 766"). So hat das Vollstreckungsgericht zu entscheiden, wenn ein Gerichtsvollzieher sich weigert, einen Vollstreckungsauftrag zu übernehmen oder eine Vollstreckungshandlung dem Auftrage gemäß auszuführen, oder wenn Erinnerungen hinsichtlich der von dem Gerichtsvollzieher in Ansatz gebrachten Kosten geltend gemacht werden (766 II), aber auch, wenn der Schuldner vorbringt, daß es an einer Vollstreckungsvoraussetzung gefehlt oder ein Vollstreckungshindernis vorgelegen habe, oder wenn ein Dritter etwa geltend macht, daß der Gerichtsvollzieher unbefugt in seine Rechte eingegriffen habe. Gegen die Entscheidung des Vollstreckungsgerichts ist die sofortige Beschwerde an das LG, gegen dessen Entscheidung – wenn die allgemeinen Voraussetzungen dafür vorliegen – die weitere sofortige Beschwerde an das OLG gegeben.

IV. Die Gerichte sind Vollstreckungsorgane, soweit ihnen die Zwangsvollstreckung durch besondere Vorschriften zugewiesen ist (753 I). Ihnen liegen die sog. ideellen Vollstreckungsakte ob, d. h. die Vollstreckungsakte, die in Beschlüssen bestehen (Forderungspfändung, Anordnung der Zwangsversteigerung oder der Zwangsverwaltung eines Grundstücks, Strafandrohung und -verhängung).

1. Soweit die ZV den Gerichten zugewiesen ist, ist Vollstreckungsorgan grundsätzlich das Vollstreckungsgericht. Das Vollstreckungsgericht ist, von einem Ausnahmefall (930 I in Verbindung mit 919 I) abgesehen, ein AG – also grundsätzlich kein Kollegialgericht –, und zwar, wenn das Gesetz nichts anderes bestimmt (nur für verhältnismäßig wenige Fälle ist etwas anderes bestimmt), das „AG der Zwangsbereitschaft“: Das AG, in dessen Bezirk das Vollstreckungsverfahren stattfinden soll oder stattgefunden hat. Das Vollstreckungsgericht kann seine Entscheidungen ohne mündliche Verhandlung erlassen (764). Zu seinem Geschäftsbereich gehört vor allem die ZV in Forderungen und andere Rechte, die ZV in das unbewegliche Vermögen (soweit sie nicht durch Landesgesetze anderen Behörden oder Beamten übertragen ist, unten VI), die Abnahme des Offenbarungseids, die Anordnung der Haft und die Entscheidung über Erinnerungen nach 766 (oben III 8). Die Geschäfte des Vollstreckungsgerichts liegen grundsätzlich dem Richter ob, doch hat die EntlVfg. v. 3. 7. 1943 gewisse Entscheidungen, die in der ZV vom Vollstreckungsgericht zu erlassen sind, namentlich die Entscheidungen in bezug auf die ZV in Forderungen und andere Vermögensrechte (828–863), Urkundsbeamten der Geschäftsstelle übertragen. Die Urkundsbeamten, die mit diesen Geschäften betraut sind, führen die Bezeichnung Rechtspfleger. Gegen die Entscheidung dieser Urkundsbeamten kann das Gericht angerufen werden, an dessen Statt der Urkundsbeamte entschieden hat. Gegen alle Entscheidungen, die das AG als Vollstreckungsgericht erläßt, ist die sofortige Beschwerde an das LG, gegen dessen Entscheidung unter Umständen weitere sofortige Beschwerde an das OLG gegeben.

2. Ausnahmsweise ist das Prozeßgericht erster Instanz Vollstrekkungsorgan. Dies ist der Fall bei der ZV zur Erzwingung von Handlungen und Unterlassungen: 887ff. Gegen die Entscheidung des Prozeßgerichts ist die sofortige Beschwerde an das Prozeßgericht zweiter Instanz, gegen dessen Entscheidung unter Umständen die weitere sofortige Beschwerde an das übergeordnete Gericht (wenn es ein OLG ist) gegeben.

V. In einigen Fällen hat das Grundbuchamt Vollstreckungsakte vorzunehmen. Vor allem ist es Vollstreckungsorgan bei der ZV durch Eintragung einer Sicherungshypothek (867).

VI. In beschränktem Umfang kann die ZV durch Landesgesetz anderen Behörden oder einem Beamten, insbesondere einem Notar, übertragen werden: Dies ist der Fall hinsichtlich der Amtshandlungen, die durch das Zwangsversteigerungsgesetz dem Vollstreckungsgericht zugewiesen sind, mit Ausnahme der Entscheidung über die Anordnung, Aufhebung oder Verbindung des Verfahrens oder über die Zulassung des Beitritts eines Gläubigers (EGZVG 13). Gegen die Entscheidung dieser Beamten kann das Vollstreckungsgericht angerufen werden, gegen dessen Entscheidung ist die sofortige Beschwerde an das übergeordnete LG und gegen dessen Entscheidung unter Umständen die weitere sofortige Beschwerde an das OLG gegeben.

VII. Welches Vollstreckungsorgan örtlich zuständig ist, ist durch Einzelvorschriften des 8. Buches geregelt. Die im 8. Buche angeordneten Gerichtsstände sind ausschließliche (802).

§ 5
Vollstreckungsanspruch und Vollstreckungsrecht

I. Für die Vollstreckungsorgane besteht die Amtspflicht, eine beantragte Vollstreckungshandlung vorzunehmen, wenn die gesetzlichen Voraussetzungen dafür gegeben sind. Sie sind andererseits verpflichtet, eine Vollstreckungshandlung nicht vorzunehmen, wenn es an einer gesetzlichen Voraussetzung dafür fehlt, und eine Vollstreckungsmaßnahme aufzuheben, wenn einer der gesetzlichen Aufhebungsgründe gegeben ist. Die Amtspflicht besteht in erster Linie dem Staate, im Sinne des § 839 BGB aber auch allen denen gegenüber, die durch ungesetzliches Verhalten der Vollstreckungsorgane Schaden erleiden können, insbesondere also gegenüber dem Gläubiger und dem Schuldner. Die Verantwortlichkeit für Amtspflichtverletzungen der Vollstreckungsorgane (der Gerichtsvollzieher wie der anderen Vollstreckungsorgane) trifft nach GG Art. 34 den Staat (näher ausgeführt für Amtspflichtverletzungen des Gerichtsvollziehers oben § 4 III 6).

II. Wo eine Amtspflicht des Vollstreckungsorgans zur Vornahme (oder Unterlassung) einer bestimmten Vollstreckungshandlung (oder zur Aufhebung einer Vollstreckungsmaßnahme) gegeben ist, kann man sagen, daß der Gläubiger (oder der Schuldner) einen Rechtsschutzanspruch habe. Den öffentlichen Anspruch gegen den Staat darauf, daß das staatliche Vollstreckungsorgan eine beantragte Vollstreckungshandlung, wenn deren gesetzliche Voraussetzungen gegeben sind, vornimmt, bezeichnet man als Vollstreckungsanspruch. Wie der Urteilsanspruch des Klägers unabhängig davon besteht, ob der Rechtsstandpunkt des Klägers dem materiellen Rechte entspricht — der Urteilsanspruch hat nur prozessuale Voraussetzungen[1]) — so ist auch der Vollstreckungsanspruch des Gläubigers unabhängig davon, daß das zu vollstreckende Recht (z. B. die Forderung von 3000 DM, der Anspruch auf Herausgabe einer Sache oder auf Widerruf einer Erklärung) wirklich besteht: auch wenn dieser Anspruch nicht gegeben, vielmehr nur etwa durch ein der materiellen Rechtslage nicht entsprechendes vorläufig vollstreckbares Versäumnisurteil dem Gläubiger zuerkannt ist, hat dieser den Vollstreckungsanspruch. Auch der Vollstreckungsanspruch hat also nur prozessuale Voraussetzungen.

III. Durch den einzelnen Vollstreckungsantrag werden Rechtsbeziehungen zwischen dem Gläubiger und dem Gericht, aber auch zwischen dem Gericht und dem Schuldner ausgelöst: unter bestimmten Voraussetzungen hat der Gläubiger einen Anspruch darauf, daß seinem Antrag entsprochen wird, unter anderen Voraussetzungen hat der Schuldner einen Anspruch darauf, daß dem Antrag nicht entsprochen wird. Es ergeben sich auch durch das prozessuale Handeln des Gläubigers unter Umständen gewisse Handlungslasten des Schuldners: schickt z. B. der Gläubiger den Gerichtsvollzieher zur Pfändung, ist aber nach Erlaß des Urteils die zur Befriedigung des Gläubigers erforderliche Summe bezahlt oder zur Auszahlung an den Gläubiger bei der Post eingezahlt worden, so muß der Schuldner die etwa vom Gläubiger ausgestellte Quittung oder den Postschein vorlegen, wenn die Pfändung durch den Gerichtsvollzieher verhindert werden soll (775 Nr. 5). Aber auch der Schuldner kann durch sein prozessuales Handeln in der Zwangsvollstreckung Handlungslasten des Gläubigers auslösen: legt er z. B. dem Gerichtsvollzieher die Ausfertigung einer vollstreckbaren Entscheidung vor, aus der sich ergibt, daß das zu vollstreckende Urteil aufgehoben worden ist, so hat der Gerichtsvollzieher die Vollstreckung einzustellen (775 Nr. 1), wenn ihm der Gläubiger nicht etwa ein Urteil übergibt, durch das das vom Schuldner vorgelegte Urteil aufgehoben wurde. Man kann also wie im Erkenntnisverfahren so auch in dem Vollstreckungsverfahren von einem „Prozeßrechtsverhältnis" sprechen. Dieses „Vollstreckungsverhältnis" beginnt mit dem Antrag des Gläubigers, die ZV vorzunehmen, und endet mit der endgültigen Zurückweisung des Antrags oder mit der (erfolgreichen oder erfolglosen) Durchführung der ZV. Für das Verständnis des Vollstreckungsrechtes hat der Hilfsbegriff Vollstreckungsverhältnis nur sehr geringen Wert. Nur weil er in der Wissenschaft zuweilen verwendet wird, wird er hier erwähnt.

---

[1]) Darauf, daß dies verkannt worden ist und immer noch verkannt wird, sind so viele, für die Prozeßrechtswissenschaft sehr nachteilige Mißverständnisse zurückzuführen.

IV. Wenn durch das Vollstreckungsrecht dem Gläubiger ein öffentlichrechtlicher Anspruch gegen den Staat auf Vornahme einer Vollstreckungshandlung gegeben wird, hat damit doch der Gläubiger noch nicht das Recht gegenüber dem Schuldner, diese Vollstreckungshandlung herbeizuführen, also von der ihm eingeräumten Macht Gebrauch zu machen. Ob ein solches privates Vollstreckungsrecht (das Recht dem Schuldner gegenüber, die Vollstreckung zu betreiben) dem Gläubiger zusteht, bemißt sich vielmehr nach anderen Normen. Daher kann es vorkommen, daß im Einzelfalle die Voraussetzungen, unter denen das Vollstreckungsorgan auf Antrag des Gläubigers eine Vollstreckungshandlung vorzunehmen hat, gegeben sind, der Gläubiger aber, wenn er den Antrag stellt, dem Schuldner gegenüber rechtswidrig handelt. (Er hat sich z. B. dem Schuldner gegenüber verpflichtet, den Antrag innerhalb einer bestimmten Frist nicht zu stellen.) Ähnliche Lagen ergeben sich ja auch im Erkenntnisverfahren (ist der Beklagte ausgeblieben, so kann der Kläger Versäumnisurteil gegen ihn erwirken; der Kläger handelt aber durch den Antrag auf Erlaß des Versäumnisurteils dem Beklagten gegenüber rechtswidrig, wenn er sich ihm verpflichtet hat, den Antrag nicht zu stellen). Der Einwand, daß der Vollstreckungsbetrieb nicht „zugleich rechtmäßig und rechtswidrig" sein könne (Goldschmidt Ziv. Pr. R. § 78, 1; StJSch. II 2 a. E. vor 704), ist nicht begründet. Gute Gründe rechtfertigen es, die Amtspflicht des Vollstreckungsorgans nicht davon abhängig zu machen, daß der Vollstreckungsbetrieb in jeder Beziehung rechtmäßig ist (u. V).

V. Es ist einer der Grundzüge unseres Vollstreckungsrechts, daß es die Amtspflicht des Vollstreckungsorgans, eine Vollstreckungshandlung vorzunehmen, nicht davon, daß der Vollstreckungsbetrieb dem Schuldner gegenüber rechtmäßig ist, noch auch davon abhängig macht, daß der zu vollstreckende Anspruch (die Forderung des Gläubigers gegen den Schuldner auf Zahlung von 1000 DM oder auf Herausgabe einer bestimmten Sache) wirklich besteht, sondern daß es die Amtspflicht lediglich an das Vorliegen bestimmter formaler Voraussetzungen (Vollstreckungstitel, Vollstreckungsklausel, Zustellung) knüpft. Hätte das Vollstreckungsorgan vor der Vornahme von Vollstreckungshandlungen von Amts wegen selbst zu prüfen, ob der zu vollstreckende Anspruch wirklich besteht, und ob der Vollstreckungsbetrieb auch sonst dem Schuldner gegenüber rechtmäßig ist (der Gläubiger sich nicht etwa dem Schuldner gegenüber verpflichtet hat, eine bestimmte Zeit lang die Vollstreckung nicht zu betreiben), oder würde der Schuldner auch nur durch das bloße Vorbringen, die Vollstreckung sei ihm gegenüber nicht rechtmäßig, diese Prüfung erzwingen können, so wäre die ZV kraftlos, der Gläubiger müßte mit unendlichen Schwierigkeiten bei der Beitreibung seiner Forderungen rechnen, der Kredit Deutschlands im Auslande, aber auch der Kredit im Inlande könnte sich nicht entwickeln, der Zins würde infolge dieses großen Risikos in der Beitreibung höher sein als er es sonst wäre. Wer würde geneigt sein, Geld oder Ware auf Kredit zu billigem Zins zu geben, wenn die ZV so schwierig wäre oder vom Schuldner so leicht gehemmt werden könnte? Die für das Wirtschaftsleben erforderliche Energie der ZV erreicht das Gesetz mit in erster Linie dadurch, daß es nicht das Bestehen des zu vollstreckenden Anspruchs oder des Vollstreckungsrechtes gegenüber dem Schuldner zur Voraussetzung der Amtspflicht, eine Vollstreckungshandlung vorzunehmen, macht, sondern lediglich die Vorlegung bestimmter Urkunden fordert, die eine gewisse Gewähr dafür geben, daß der zu vollstreckende Anspruch und das Vollstreckungsrecht bestehen.

VI. Der Schuldner kann durch das Vorbringen, der Gläubiger sei (trotz des Vollstreckungstitels und der vollstreckbaren Ausfertigung) nicht berechtigt, die ZV zu betreiben (z. B. durch den Einwand, die Schuld sei inzwischen gezahlt oder der Gläubiger habe Stundung gewährt), das Vollstreckungsorgan nur dann an der Durchführung der ZV hindern, wenn er eine Urkunde der im Gesetz (775 Nr. 4, 5) bezeichneten Art (z. B. die Quittung des Gläubigers oder den Postschein) vorzulegen vermag, die sein Vorbringen unmittelbar als begründet erscheinen läßt. Kann er das nicht, so muß er seine Einwendung im Klagewege geltend machen (unten § 10). Die Klage hemmt die ZV nicht. Gegen die Gefahr, daß die ZV noch nach Erhebung der Klage ungerechtfertigt durchgeführt wird, wird der Schuldner in solchen Fällen nur dadurch geschützt, daß das Prozeßgericht auf Antrag anordnen *kann* (nicht muß), daß bis zum Erlaß des Urteils die ZV gegen oder ohne Sicherheitsleistung eingestellt oder nur gegen Sicherheitsleistung fortgesetzt werde. Legt der Schuldner eine solche Anordnung dem Vollstreckungsorgan vor, so hat dieses die ZV, wenn sie noch nicht begonnen hat, nicht zu beginnen, und eine begonnene ZV darf nicht fortgeführt werden.

VII. Die ZV in das Vermögen hat sich grundsätzlich auf das Vermögen des *Schuldners* zu beschränken. Aber der ZV würde die im Interesse der Gesamtwirtschaft erforderliche Energie fehlen, wenn das Vollstreckungsorgan vor Beginn der ZV in eine eingehende Prüfung einzutreten hätte, ob das Vermögensstück, das gepfändet werden soll, dem Schuldner gehört, oder wenn ein Dritter unter Umständen durch die bloße Behauptung, das Vermögensstück gehöre ihm, die ZV aufhalten könnte. Deshalb unterliegen der Pfändung durch den Gerichtsvollzieher die Sachen, die *im Gewahrsam des Schuldners* stehen, es sei denn, daß sie ihm ersichtlich nicht gehören[1]). Gehört aber eine

[1]) Daß auch Sachen, die nicht in seinem Gewahrsam stehen, aber ihm gehören, unter Umständen gepfändet werden können, ist hier ohne Belang (darüber unten § 15 II 3).

Sache, die beim Schuldner gepfändet wird, nicht zum Vermögen des Schuldners, so kann der Dritte, der kraft materiellen Rechts dazu legitimiert ist, insbesondere also der Sacheigentümer, dies durch eine Klage gegen den Gläubiger („Widerspruchsklage" 771, unten § 10 V) geltend machen. Auch diese Klage hemmt die ZV nicht, doch kann das Gericht, das über sie zu entscheiden hat, anordnen, daß bis zum Erlaß des Urteils die ZV gegen oder ohne Sicherheitsleistung eingestellt oder nur gegen Sicherheitsleistung fortgesetzt werde: wenn der Dritte dann diese Anordnung dem Vollstreckungsorgan vorlegt, darf die ZV nicht weiter durchgeführt werden.

§ 6
Grundzüge des Vollstreckungsverfahrens

I. Die Zwangsvollstreckung ist wie der Zivilprozeß im engeren Sinne ein Verfahren: durch das Vollstreckungsrecht werden gewisse Handlungen zueinander derart in Beziehungen gesetzt, daß sie ein Ganzes bilden. (Das Prozeßgesetz allein ist es, das bestimmte Handlungen zu Prozeßhandlungen macht.) Dabei kommen Handlungen der Parteien einerseits, der Vollstreckungsorgane andererseits in Betracht.

II. Die ZV ist wie das Erkenntnisverfahren ein Parteiverfahren (streitige Gerichtsbarkeit): der Gläubiger (oben § 1 V) und der Schuldner (oben § 1 V) stehen einander und dem Vollstreckungsorgan als Parteien gegenüber, sie sind berufen, auf die Gestaltung dieses Verfahrens bestimmend einzuwirken.

III. Das Recht der ZV muß sich zum Ziele setzen, dem Gläubiger eine energische ZV, schnelle und voll wirksame Hilfe gegen den Schuldner, der nicht leistet, zu gewähren, auf der anderen Seite aber muß es den Schuldner gegen unnötige Härten schüzten, seine Erwerbskraft und nach Möglichkeit auch die sonstigen Grundlagen seiner wirtschaftlichen Existenz erhalten. Die ZPO von 1877 hat, dem Zeitgeist entsprechend, aus dem heraus sie entstanden ist (oben § 2 VI), dieses Ziel dadurch zu erreichen versucht, daß sie dem Gläubiger, wenn gewisse formale Voraussetzungen erfüllt sind, einen Vollstreckungsanspruch, dem Schuldner und Dritten aber, wenn es ungerechtfertigt ist, daß der Gläubiger von dem Vollstreckungsanspruch Gebrauch macht, Rechtsbehelfe gibt, die darauf abzielen, daß die ZV für unzulässig erklärt, aufgehoben oder doch einstweilen eingestellt wird. Dem Ermessen des Vollstreckungsorgans ist dabei nur ein geringer Spielraum gewährt.

IV. Eingeleitet wird die ZV nur auf einen Antrag des Gläubigers hin. Dabei muß der Gläubiger sich, wenn es sich um die Vollstreckung einer Geldforderung handelt, entscheiden, ob die Vollstreckung in bewegliche Sachen des

Schuldners betrieben werden soll (dann hat er einen Gerichtsvollzieher zu „beauftragen" – bestimmte Sachen braucht er dabei nicht zu bezeichnen)[1]), oder ob er auf ein Grundstück oder auf ein Recht (insbesondere eine Forderung) des Schuldners seinen Zugriff nehmen will (in diesem Falle hat er den Antrag bei dem Vollstreckungsgericht zu stellen und das Grundstück oder das Recht anzugeben, auf das er seinen Zugriff nehmen will). Er braucht dabei nicht wie nach römischem und gemeinem Recht (oben § 2 III und IV) eine bestimmte Reihenfolge einzuhalten, kann auch die Sachpfändung, die Forderungspfändung und die Zwangsversteigerung und Zwangsverwaltung gleichzeitig betreiben, bis er befriedigt ist (freilich ist das Verbot der Überpfändung zu beachten. 803 I 2; unten § 14 VII 1).

V. Beginn der ZV. Der Antrag des Gläubigers begründet in der ZV das Prozeßrechtsverhältnis (oben § 5 III), aber er stellt nicht den Beginn, sondern eine Voraussetzung der ZV dar. Die ZV beginnt (das ist z. B. für die Art der Rechtsmittel von Bedeutung, unten § 10 II) mit der ersten Vollstreckungshandlung des für Vollstreckungsakte dieser Art zuständigen Vollstreckungsorgans. (Eine Vollstreckungshandlung in diesem Sinne liegt schon darin, daß das Gericht eine Vollstreckungsmaßnahme verfügt z. B. einen Pfändungsbeschluß erläßt, nicht etwa erst in der Zustellung der Verfügung.) Hat das Vollstreckungsgericht das Gesuch um Erlaß eines Pfändungsbeschlusses zurückgewiesen, so ist es zu einer ZV nicht gekommen. Erging der Beschluß, wurde er aber alsbald auf „Erinnerung" des Schuldners hin wieder aufgehoben, so hat eine ZV stattgefunden, sie ist nur nicht durchgeführt worden.

VI. Ist das ZV-Verfahren einmal eingeleitet, so wird es von dem Vollstreckungsorgan von Amts wegen fortgeführt, wenn nicht der betreibende Gläubiger Einhalt gebietet oder gerichtlich die Einstellung oder Aufhebung der ZV angeordnet wird, oder der Schuldner einen Tatbestand erfüllt, bei dessen Vorliegen die ZV einzustellen ist. (Der Gerichtsvollzieher versteigert die gepfändeten Sachen, ohne daß es eines neuen Auftrages des Gläubigers bedarf; in der ZVersteigerung von Grundstücken wird der Versteigerungstermin angesetzt, ohne daß es eines neuen Antrags des Gläubigers bedarf.)

VII. Mündliche Verhandlungen sind in der ZV grundsätzlich nicht erforderlich. Das Vollstreckungsgericht kann ohne mündliche Verhandlung entscheiden (764 III; oben § 4 IV 1), und in der Praxis wird kaum je vor ihm verhandelt. Vor dem Gerichtsvollzieher finden mündliche Verhandlungen überhaupt nicht statt. Auch wenn mündlich verhandelt ist, entscheidet das Vollstreckungsgericht durch Beschluß, nicht durch Urteil.

---

[1]) Er kann aber dem Gerichtsvollzieher bestimmte Sachen bezeichnen, die er gepfändet haben will. Solchen Weisungen wird der Gerichtsvollzieher im allgemeinen zu entsprechen haben.

VIII. Das Vollstreckungsverfahren ist zwar wie das Erkenntnisverfahren ein Parteiverfahren, es ist aber im Gegensatz zu dem Erkenntnisverfahren nicht kontradiktorisch gestaltet: der Gerichtsvollzieher hat nicht etwa vor der Ausführung des Pfändungsauftrags den Schuldner zu hören, noch hat das Vollstreckungsgericht vor der Entscheidung über einen Vollstreckungsantrag dem Schuldner Gelegenheit zur Äußerung zu geben (ja, die Anhörung des Schuldners vor der Entscheidung über ein Gesuch um Forderungspfändung ist durch 834 sogar verboten). Andererseits kann einem Antrag des Schuldners, die ZV einzustellen oder Vollstreckungsmaßnahmen aufzuheben, wenn die Voraussetzungen für eine solche Einstellung oder Aufhebung vorliegen, ohne Anhörung des Gläubigers entsprochen werden.

IX. Darauf, daß das Verfahren nicht kontradiktorisch gestaltet ist, beruht es, daß in der ZV ein besonderes Ermittlungsverfahren (Beweisaufnahme) nicht stattfindet. Wohl aber sind mitunter von dem Vollstreckungsorgan Ermittlungen anzustellen. Allgemeine Grundsätze gibt das Gesetz für diese Ermittlungen nicht.

X. Die ZV beginnt, wenn es sich um die Vollstreckung einer Geldforderung handelt, grundsätzlich mit einer Beschlagnahmehandlung. Beschlagnahme ist Bereitstellung für staatliche Zwecke. Durch die Beschlagnahme in der ZV wird der Vermögensgegenstand für die Befriedigung des Gläubigers bereitgestellt, die herbeizuführen der Staat zu seiner Aufgabe gemacht hat. Die Beschlagnahme liegt in der Pfändung beweglicher Sachen, in der Zustellung des Pfändungsbeschlusses an den Drittschuldner, in der Anordnung der Zwangsversteigerung oder Zwangsverwaltung. Nur bei der ZV durch Eintragung einer Sicherungshypothek kann von einer Beschlagnahme in diesem Sinne nicht die Rede sein.

Auf die Beschlagnahme folgt in der Regel nach einer gewissen Zeit die Zwangsverwertung und dann die Befriedigung des Gläubigers, die beide von der Pfändung wohl zu unterscheiden sind.

XI. Aufhebung von Vollstreckungsmaßnahmen. Der Gläubiger kann auf Rechte, die für ihn aus einer Vollstreckungsmaßnahme entstanden sind (auf das Pfändungspfandrecht oder auf das Recht auf weitere Durchführung der ZV) verzichten, aber die Gesamtwirkung eines Vollstreckungsaktes (Verstrickung und Pfändungspfandrecht) kann nur durch das Vollstreckungsorgan oder (auf Erinnerung oder Beschwerde hin) durch das dem Vollstrekkungsorgan übergeordnete Gericht beseitigt werden. Unter bestimmten Voraussetzungen kann das Prozeßgericht anordnen, daß die erfolgten Vollstrekkungsmaßregeln durch das Vollstreckungsgericht aufzuheben seien, in gewissen Fällen hat die Aufhebung aber auch ohne solche Anordnung durch das

Vollstreckungsorgan zu geschehen. Die Aufhebung kann sich auf alle Vollstreckungsmaßnahmen beziehen oder sich auf einzelne beschränken.

Das Prozeßgericht kann die Aufhebung insbesondere anordnen, wenn die Wiedereinsetzung in den vorigen Stand oder eine Wiederaufnahme des Verfahrens beantragt ist (707), wenn gegen ein vorläufig vollstreckbares Urteil der Einspruch oder die Berufung eingelegt wird (719 I) und wenn die Vollstreckungsgegenklage (767), die Klage auf Unzulässigkeitserklärung der Vollstreckungsklausel (768) oder die Widerspruchsklage (771) erhoben wird. In den Fällen 707, 719 I, 767 und 768 darf die Aufhebung nur gegen Sicherheitsleistung, in dem Falle 771 auch ohne Sicherheitsleistung angeordnet werden. In dem Ausspruch der Unzulässigkeit der ZV liegt zugleich die Anordnung der Aufhebung der bereits getroffenen Vollstreckungsmaßnahmen. Wenn die Ausfertigung einer vollstreckbaren Entscheidung solchen Inhalts dem Vollstreckungsorgane vorgelegt wird, hat dieses die Vollstreckungsmaßnahme aufzuheben. Ohne gerichtliche Anordnung hat das Vollstreckungsorgan dies zu tun, wenn der Gläubiger den Vollstreckungsantrag zurücknimmt oder dem Vollstreckungsorgan gegenüber in die Aufhebung der Vollstreckungsmaßnahmen willigt, oder wenn eine öffentliche Urkunde vorgelegt wird, aus der sich ergibt, daß die zur Abwendung der ZV nachgelassene Sicherheitsleistung oder Hinterlegung erfolgt ist (776 i. Vbdg. mit 775 Nr. 3), nicht dagegen, wenn sich herausstellt, daß die Vollstreckungsmaßnahme unzulässig war. (Dann hat das Vollstreckungsorgan den Schuldner oder den Dritten an den Gläubiger oder auf den Weg zu verweisen, auf dem die gerichtliche Anordnung der Aufhebung erwirkt werden kann, auch wird es gut tun, von sich aus bei dem Gläubiger anzufragen, ob er unter den gegebenen Umständen nicht in die Aufhebung der Vollstreckungsmaßnahme willigen will.) Das Vollstreckungsgericht **kann** auf Antrag des Schuldners ZV-Maßnahmen ganz oder teilweise aufheben, wenn die Maßnahmen für den Schuldner eine so außerordentliche Härte bedeuten, daß ihre Aufrechterhaltung mit den guten Sitten nicht vereinbar ist (Näheres 765a).

Regelmäßig bedarf es zur Aufhebung der ZV eines besonderen Aktes des Vollstreckungsorgans (bei der Sachpfändung der Abnahme der Siegel oder der Rückgabe der Sachen durch den Gerichtsvollzieher, bei der Pfändung von Forderungen eines Beschlusses des Vollstreckungsgerichts), doch liegt in dem Beschluß, durch den das Vollstreckungsgericht eine von ihm selbst ausgesprochene Forderungspfändung für unzulässig erklärt, zugleich die Aufhebung.

Eine Besonderheit ist, daß nach der Einreichung einer Vollstreckungsgegenklage, einer Klage auf Unzulässigkeitserklärung der Vollstreckungsklausel oder einer Widerspruchsklage in dringenden Fällen auch das Vollstreckungsgericht[1]) die Aufhebung von Vollstreckungsmaßnahmen anordnen kann. Es hat dabei eine Frist zu setzen, in der die Entscheidung des Prozeßgerichts beizubringen ist (769 II). Von dieser Möglichkeit wird das Vollstreckungsgericht aber keinen Gebrauch machen. Es wird höchstens die einstweilige Einstellung der ZV in einem solchen Falle anordnen (darüber unten XIV).

XII. **Stillstand der ZV** tritt ein:

1. wenn das Vollstreckungsorgan die ZV „einstweilen" oder „vorläufig" einstellt, d. h. in bindender Weise erklärt, daß die ZV bis auf weiteres nicht weiter durchgeführt werden soll (unten XIV).

2. Ohne Einstellung der ZV tritt ein Stillstand ein, wenn das Vollstreckungsorgan, ohne eine solche Erklärung abzugeben, mit der weiteren Durch-

---

[1]) Gem. §§ 2, 11 Buchstabe f der EntlVfg. v. 3. 7. 1943 u. U. der Rechtspfleger.

führung der ZV wartet, also die Maßnahmen nicht trifft, die zur weiteren Durchführung der ZV erforderlich wären. Zu solchem Zuwarten kann das Vollstreckungsorgan von sich aus kommen (z. B. wenn Zweifel auftauchen, ob die ZV durchzuführen ist), aber es kann auch jederzeit dazu vom Gläubiger veranlaßt werden.

XIII. Ihr Ende findet die ZV (d. h. das einzelne Vollstreckungsverfahren), wenn die beantragte Vollstreckung vollständig durchgeführt ist (mag sie zu ihrem Ziele geführt haben oder nicht), aber auch, wenn die ZV endgültig (nicht bloß vorläufig) eingestellt wird (unten XIV).

XIV. Die Einstellung der ZV kann, wie sich aus dem bereits Ausgeführten (oben XII, XIII) ergibt, entweder vorläufig (einstweilen) oder endgültig erfolgen. Sie ist immer Sache des Vollstreckungsorgans und besteht in der Erklärung, daß die ZV nicht (vorläufig nicht) weiter durchgeführt werden soll. (Gibt der Gerichtsvollzieher diese Erklärung bei der Vornahme einer Vollstreckungsmaßnahme ab, so hat er sie in das Protokoll aufzunehmen; sonst hat er einen Vermerk in seinen Akten zu machen und den Schuldner sofort zu benachrichtigen. Das Vollstreckungsgericht kann die ZV – bei ZV in Forderungen usw. – nur durch Beschluß einstellen.) Durch die Einstellung werden die bereits getroffenen Vollstreckungsmaßnahmen nicht hinfällig: Dazu bedarf es vielmehr der Aufhebung, die unter XI erörtert worden ist. Wird die ZV nur in bezug auf einzelne Vollstreckungsmaßnahmen eingestellt, so spricht man von einer Beschränkung der ZV. (So wenn die ZV nur in bezug auf einzelne der gepfändeten Sachen eingestellt wird; diese dürfen dann nicht mit versteigert werden; aber Verstrickung und Pfandrecht bleiben bestehen.)

Auch die Einstellung erfolgt entweder auf gerichtliche Anordnung oder ohne eine solche. Sie kann schon vor dem Beginn der ZV angeordnet werden: die Anordnung bedeutet dann, daß die ZV nicht begonnen werden darf, eine etwa gleichwohl begonnene ZV aber einzustellen ist. Die einstweilige Einstellung der ZV kann vom Prozeßgericht insbesondere angeordnet werden, wenn die Wiedereinsetzung in den vorigen Stand oder eine Wiederaufnahme des Verfahrens beantragt ist (707), wenn gegen ein für vorläufig vollstreckbares Urteil der Einspruch oder die Berufung eingelegt wird (719 I), und wenn die Vollstreckungsgegenklage (767), die Klage auf Unzulässigkeitserklärung der Vollstreckungsklausel (768) oder die Widerspruchsklage (771) erhoben wird — also in den fünf Fällen, in denen das Prozeßgericht mit Rücksicht darauf, daß der Titel in Frage gestellt ist oder Einwendungen gegen die ZV erhoben sind, auch bereits getroffene ZV-Maßnahmen aufheben kann (oben XI). Weiter kann das Prozeßgericht aber — ohne daß es eines Antrags bedarf — die einstweilige Einstellung auch anordnen wenn es durch Urteil über die Vollstreckungsgegenklage, die Klage auf Unzulässigkeitserklärung der Vollstreckungsklausel oder die Widerspruchsklage entscheidet (770). Aber nach der Erhebung einer solchen Klage kann in dringenden Fällen auch das Vollstreckungsgericht (unter Setzung einer Frist, in der die Entscheidung des Prozeßgerichts beizubringen ist) die einstweilige Einstellung der ZV anordnen (769 II). Schließlich kann das Gericht, dessen Urkundsbeamter die Vollstreckungsklausel erteilt hat, wenn Einwendungen gegen die Zulässigkeit der Klausel erhoben werden, anordnen, daß die ZV gegen oder ohne Sicherheitsleistung einstweilen einzustellen sei (732), und das Vollstreckungsgericht kann eine solche Anordnung erlassen, wenn eine Erinnerung eingelegt ist, die die Art und Weise der ZV betrifft.

Die Anordnung, daß die ZV nur gegen Sicherheitsleistung fortzusetzen sei, die das Gesetz in einigen Fällen vorsieht, ist die Anordnung einer einstweiligen Einstellung der ZV.

Die Anordnung einer endgültigen Einstellung der ZV liegt darin, daß das Gericht der Vollstreckungsgegenklage, der Klage auf Unzulässigkeitserklärung der Vollstreckungsklausel oder der Widerspruchsklage stattgibt (daß die einstweilige Einstellung daneben ausgesprochen werden kann — 770, s. oben — hat seinen Grund vor allem darin, daß das Urteil ja nicht sofort rechtskräftig zu sein braucht). Auch in dem Beschluß, durch den Einwendungen des Schuldners gegen die Zulässigkeit der Vollstreckungsklausel (732) stattgegeben wird oder durch den auf eine Erinnerung (766) hin eine ZV oder eine ZV-Maßnahme für unzulässig erklärt wird, liegt die Anordnung einer Einstellung.

Das Vollstreckungsorgan hat die ZV einzustellen, wenn die Ausfertigung einer vollstreckbaren Entscheidung vorgelegt wird, aus der sich ergibt, daß das zu vollstreckende Urteil oder dessen vorläufige Vollstreckbarkeit aufgehoben oder daß die ZV für unzulässig erklärt oder deren Einstellung angeordnet ist (775 Nr. 1). Ist die Entscheidung rechtskräftig, so ist die ZV endgültig, sonst vorläufig einzustellen. Das Vollstreckungsorgan hat die ZV weiter einstweilen einzustellen, wenn die Ausfertigung einer gerichtlichen Entscheidung vorgelegt wird, aus der sich ergibt, daß die einstweilige Einstellung der ZV oder einer Vollstreckungsmaßnahme angeordnet ist (775 Nr. 2). Ferner ist die ZV von dem Vollstreckungsorgane einstweilen einzustellen, wenn eine öffentliche Urkunde, nach der die zur Abwendung der ZV nachgelassene Sicherheitsleistung oder Hinterlegung erfolgt ist, oder eine öffentliche oder vom Gläubiger ausgestellte Privaturkunde, aus der sich ergibt, daß der Gläubiger nach Begründung des Vollstreckungstitels befriedigt ist oder Stundung bewilligt hat, oder ein Postschein vorgelegt wird, aus dem sich ergibt, daß nach Begründung des Vollstreckungstitels die zur Befriedigung des Gläubigers erforderliche Summe zur Auszahlung an den Gläubiger bei der Post eingezahlt ist (775 Nr. 3—5). Das Vollstreckungsgericht kann die ZV einstweilen einstellen, wenn die Voraussetzungen des Vollstreckungsschutzes nach 765a gegeben sind. Vor allem aber hat das Vollstreckungsorgan die ZV auch — einstweilen oder endgültig — einzustellen, wenn der Gläubiger es beantragt.

Nach einstweiliger Einstellung ist die ZV grundsätzlich nur auf Antrag des Gläubigers fortzusetzen, und grundsätzlich ist Voraussetzung für die Fortsetzung der ZV, daß der Gläubiger eine gerichtliche Entscheidung vorlegt, die die Fortsetzung der ZV gestattet (vgl. 770, 766, 793).

Einer solchen gerichtlichen Entscheidung bedarf es u. a. nicht, wenn die Fortsetzung der ZV von einer Sicherheitsleistung abhängig gemacht worden war und die Sicherheit inzwischen geleistet ist, wenn das Urteil erlassen ist, bis zu dessen Erlaß das Gericht auf Grund von 769 die Einstellung verfügt hatte, aber auch wenn die einstweilige Einstellung von dem Gläubiger selbst beantragt war. Von Amts wegen ist die ZV fortzusetzen, wenn das Vollstreckungsgericht nach Einreichung einer Vollstreckungsgegenklage, einer Klage auf Unzulässigkeitserklärung der Vollstreckungsklausel oder einer Widerspruchsklage die ZV auf Antrag einstweilen eingestellt hat und der Antragsteller innerhalb der ihm gesetzten Frist nicht die Entscheidung des Prozeßgerichts beigebracht hat.

Endgültige Einstellung beendet die ZV.

XV. Die Kosten der ZV. hat, soweit sie notwendig waren, im Verhältnis zum Gläubiger grundsätzlich der Schuldner zu tragen[1]), auch wenn der Gläubiger schließlich freiwillig befriedigt wird. Das Vollstreckungsorgan setzt die vom Schuldner zu tragenden Kosten fest (dagegen Erinnerung nach 766), und diese Kosten werden, ohne daß es eines besonderen Titels bedarf, zugleich mit dem zur ZV stehenden Anspruch beigetrieben (788 I). Aus dem Erlös versteigerter Sachen werden zunächst die Kosten der ZV gedeckt; soweit sie auf diese Weise keine Deckung finden, hat der Gläubiger sie dem Staat oder dem Gerichtsvollzieher zu zahlen (vorschußpflichtig ist er nicht). Wird das Urteil, bei dessen ZV Kosten beigetrieben wurden, später aufgehoben, so hat der Gläubiger dem Schuldner die Kosten zu erstatten (788 II).

Kosten der ZV sind alle Aufwendungen, die unmittelbar zur Vorbereitung und zur Durchführung der ZV gemacht werden. Dazu gehören auch die Kosten der Ausfertigung und der Zustellung des Urteils (788 I 2), die Auslagen und Gebühren des Gerichtsvollziehers (auch für die Zustellung einer Pfändungsvorbenachrichtigung, 845), die Kosten für die Unterbringung und Erhaltung der Pfänder usw. Die Vollstreckungsorgane sollten darauf bedacht sein, die Kosten der ZV möglichst niedrig zu halten.

§ 7
Vollstreckungsvoraussetzungen und Vollstreckungshindernisse

I. Vollstreckungsvoraussetzungen kann man die Umstände nennen, deren Vorliegen das Vollstreckungsorgan von Amts wegen vor dem Beginn der ZV zu prüfen hat. Ergibt sich während der ZV, daß es an einer solchen Voraussetzung fehlt, so ist die ZV nicht fortzuführen; meistens ist sie sogar alsbald einzustellen (oben § 6 XIV) und die getroffenen Vollstreckungsmaßnahmen sind aufzuheben. Die Vollstreckungsvoraussetzungen kann man als allgemeine bezeichnen, wenn ihr Vorliegen grundsätzlich vor Beginn jeder ZV zu prüfen ist. Besondere Vollstreckungsvoraussetzungen sind dann die, deren Vorliegen das Vollstreckungsorgan nur in besonderen Fällen (nämlich bei Vollstreckungstiteln bestimmten Inhalts oder wenn die ZV in ein Sondervermögen erfolgen soll) zu prüfen hat. Vollstreckungshindernisse kann man die Umstände nennen, die der ZV entgegentreten können derart, daß das Vollstreckungsorgan die ZV, obwohl die allgemeinen Vollstreckungsvoraussetzungen und die etwa erforderlichen besonderen Vollstreckungsvoraussetzungen gegeben sind, nicht beginnen oder fortsetzen darf. Zumeist ist auch, wenn sich ein Vollstreckungshindernis ergibt, eine begonnene ZV alsbald einzustellen und eine Vollstrekkungsmaßnahme, die bereits getroffen ist, aufzuheben. Auch die Vollstreckungshindernisse sind vom Vollstreckungsorgan von Amts wegen zu beachten, aber

[1]) Vollstreckungskosten, die wegen eines Verfahrens nach den Vollstreckungsschutzbestimmungen (765a, 811a, 811b, 813a, 851a und 851b) entstehen, kann das Gericht ganz oder teilweise auch dem Gläubiger auferlegen, wenn dies der Billigkeit entspricht.

ohne besonderen Anlaß braucht das Vollstreckungsorgan nicht zu prüfen, ob etwa ein Vollstreckungshindernis vorliegt.

II. Allgemeine Vollstreckungsvoraussetzungen (Voraussetzungen, deren Vorliegen das Vollstreckungsorgan vor Beginn jeder ZV von Amts wegen zu prüfen hat):

1. Stets bedarf es eines ordnungsmäßigen Vollstreckungsantrags („Auftrag" genannt, wenn er bei dem Gerichtsvollzieher gestellt wird; oben § 4 III 7).

2. Dem Vollstreckungsorgan muß eine Ausfertigung und zwar grundsätzlich eine vollstreckbare Ausfertigung eines Vollstreckungstitels übergeben werden. Es muß also ein Vollstreckungstitel vorliegen, d. h. eine öffentliche Urkunde über einen Staats- oder Privatakt, nach dem ein seiner Art nach vollstreckbarer Anspruch besteht (ein rechtskräftiges oder für vorläufig vollstreckbar erklärtes Endurteil, das zu einer Leistung verurteilt, ein Kostenfestsetzungsbeschluß, ein gerichtlicher Vergleich usw.). Diese Urkunden aber befinden sich beim Gericht oder bei einem Notar und müssen dort bleiben. Deshalb muß eine Ausfertigung hergestellt werden: eine amtliche Abschrift, die erteilt wird, um im Verkehr die bei den Akten bleibende Urschrift zu ersetzen. Aus dem Vollstreckungstitel ergibt sich jedoch nicht, daß der in ihm festgestellte Anspruch vollstreckbar ist. Dazu bedarf es z. B. bei einem Urteil, das nicht für vorläufig vollstreckbar erklärt ist, der Rechtskraft des Urteils, also ist bei einem Urteil erster Instanz grundsätzlich erforderlich, daß Berufung nicht eingelegt oder die Berufung zurückgenommen und die Berufungsfrist abgelaufen oder daß auf die Berufung verzichtet ist. Das kann das Prozeßgericht, das die Akten hat, leicht, das Vollstreckungsorgan aber in der Regel nicht ohne weiteres feststellen. Deshalb ist diese Prüfung dem Vollstreckungsorgan abgenommen und zu einer Voraussetzung der ZV gemacht worden. Die ZV darf grundsätzlich nur auf Grund einer „vollstreckbaren Ausfertigung" des Vollstreckungstitels erfolgen, d. h. eine Ausfertigung, die vom Urkundsbeamten der Geschäftsstelle des Prozeßgerichts mit dem amtlichen Zeugnis versehen ist, daß die Vollstreckung aus dem Titel betrieben werden kann (724. Näheres unten § 8 u. § 9). Dieses Zeugnis ist die „Vollstreckungsklausel". Die Personen, für und gegen die die ZV stattfinden soll, müssen sich aus dem Vollstreckungstitel ergeben oder aber in der Vollstrekkungsklausel mit Namen bezeichnet sein. Der Titel muß also, wenn nach seiner Begründung eine Rechtsnachfolge eingetreten ist, auf den Rechtsnachfolger „umgeschrieben" oder „umgestellt" werden, ehe die ZV für oder gegen den Rechtsnachfolger betrieben werden kann.

3. Die dritte allgemeine Voraussetzung für die Zulässigkeit der ZV ist die Zustellung des Vollstreckungstitels: grundsätzlich darf die ZV nur beginnen,

wenn der Vollstreckungstitel bereits zugestellt ist oder gleichzeitig zugestellt wird (750. Der Zustellung der Vollstreckungsklausel bedarf es nur in besonderen Fällen: unten III 3). Einmalige Zustellung des Vollstreckungstitels genügt für alle Vollstreckungen, die auf Grund dieses Titels erfolgen, mag die Zustellung auch nicht für die ZV, sondern etwa zur Herbeiführung der Rechtskraft des Urteils erfolgt sein. Ausnahmsweise bedarf es der Zustellung des Vollstreckungstitels nicht:

a) wenn es sich um die Vollziehung eines Arrestes oder einer einstweiligen Verfügung handelt (doch ist die Vollziehung ohne Wirkung, wenn die Zustellung nicht in der Frist des 929 III erfolgt). 929 III, 936; unten § 13 VI 5 a β;

b) wenn durch eine „Pfändungsvorbenachrichtigung" Arrestwirkungen herbeigeführt werden sollen (845, unten § 16 VIII 5 b).

4. Eine Frist zur Erfüllung seiner Verpflichtung braucht dem Schuldner vor der ZV nach der ZPO grundsätzlich nicht gelassen zu werden (anders nach altem römischem Vollstreckungsrecht — oben § 2 I — und heute noch nach manchen ausländischen Rechten). Auch ein Vollziehungs- oder Befriedigungsgebot (mandatum de solvendo) geht der ZV heute nicht mehr voraus. Wenn ein Vollstreckungstitel gegen ihn vorliegt, muß der Schuldner grundsätzlich damit rechnen, daß die ZV alsbald beginnt. Dieser Grundsatz wird aber durch drei Ausnahmen durchbrochen. Das Gesetz selbst läßt dem Schuldner in zwei Fällen, in denen ihm nicht zugemutet werden kann, mit der sofortigen ZV zu rechnen, eine Frist: die ZV aus einem Kostenfestsetzungsbeschluß, der nicht auf das Urteil gesetzt ist, und die ZV aus einer vollstreckbaren Urkunde (794 Nr. 5) darf nur beginnen, wenn der Schuldtitel mindestens eine Woche vorher zugestellt ist (798). Ferner kann das Gericht, wenn auf Räumung einer Wohnung erkannt ist, auf Antrag dem Schuldner eine angemessene Frist zur Räumung gewähren. (Näheres 721 — eine Bestimmung, die nur für Wohnungen Bedeutung hat, die nicht den Mieterschutzbestimmungen unterliegen. Für Wohnungen, die dem Mieterschutzgesetz unterliegen, gilt § 5a MSchG: dem Schuldner ist von Amts wegen eine angemessene Räumungsfrist zu gewähren.)

III. Besondere Vollstreckungsvoraussetzungen. (Voraussetzungen, deren Vorliegen das Vollstreckungsorgan vor Beginn der ZV aus Titeln bestimmten Inhalts und vor Beginn einer ZV in ein Sondervermögen zu prüfen hat.) Die wichtigsten sind:

1. Hängt nach dem Inhalt des Vollstreckungstitels der darin festgestellte Anspruch vom Eintritt eines Kalendertages ab (der Beklagte ist z. B. verurteilt, „14 Tage nach Pfingsten" zu zahlen), so darf die ZV erst nach Ablauf des Kalendertages beginnen (751 I).

2. Hängt die ZV von einer dem Gläubiger obliegenden Sicherheitsleistung ab (das Urteil ist nur gegen Sicherheitsleistung des Klägers für vorläufig vollstreckbar erklärt), so darf sie nur beginnen, wenn die Sicherheitsleistung durch eine öffentliche oder öffentlich beglaubigte Urkunde nachgewiesen und eine Abschrift dieser Urkunde bereits zugestellt ist oder gleichzeitig zugestellt wird (751 II).

3. Hängt die ZV nach dem Inhalt des Vollstreckungstitels von dem Eintritt einer anderen Vorbedingung ab, die vom Gläubiger zu beweisen ist (z. B. die Urteilssumme ist erst 3 Monate nach einer Kündigung oder erst nach einer Vorleistung des Gläubigers zu zahlen), oder soll die ZV für oder gegen eine Person betrieben werden, die nicht im Titel bezeichnet ist, (Fälle, in denen der Titel „umgeschrieben“ oder „umgestellt“ werden muß), so ist vor oder bei Beginn der ZV außer dem Vollstreckungstitel auch die Vollstreckungsklausel (oben II 2) zuzustellen und, sofern die Klausel auf Grund öffentlicher oder öffentlich beglaubigter Urkunden erteilt ist, muß auch eine Abschrift dieser Urkunden zugestellt werden (750 II).

4. Hängt die ZV von einer Zug um Zug zu bewirkenden Leistung des Gläubigers an den Schuldner ab (der Beklagte ist z. B. verurteilt worden, Zug um Zug gegen die Herausgabe bestimmter Möbel 3000 DM zu zahlen), so gilt:

a) der Gerichtsvollzieher darf mit der ZV erst beginnen, wenn er dem Schuldner die Leistung in einer den Verzug der Annahme begründenden Weise angeboten hat, sofern nicht der Beweis, daß der Schuldner befriedigt oder im Verzug der Annahme ist, durch öffentlich beglaubigte Urkunde geführt wird und eine Abschrift dieser Urkunde bereits zugestellt ist oder gleichzeitig zugestellt wird (756);

b) das Vollstreckungsgericht darf eine Vollstreckungsmaßnahme nur anordnen, wenn der Beweis, daß der Schuldner befriedigt oder im Verzuge der Annahme ist, durch öffentliche oder öffentlich beglaubigte Urkunde geführt wird und eine Abschrift dieser Urkunde bereits zugestellt ist (765 S. 1. Der Zustellung bedarf es im Falle 765 S. 2 nicht).

5. Bereits erörtert wurde (oben II 4), daß in zwei Fällen eine Wochenfrist zwischen der Zustellung des Vollstreckungstitels und dem Beginn der ZV liegen muß, und daß das Gericht, wenn eine Wohnung zu räumen ist, eine Räumungsfrist gewähren kann oder muß.

6. Besondere Vollstreckungsvoraussetzungen bestehen auch, wenn die ZV in ein Vermögen betrieben werden soll, an dem mehrere berechtigt sind, mag es sich dabei um ein Gesamthandsvermögen (736, 747, HGB 124 II, 129 IV), um Kindesvermögen (746), um ein Vermögen, an dem ein Nießbrauch besteht

(737, 738) oder um einen Nachlaß, der der Verwaltung eines Testamentsvollstreckers unterliegt (748, 749), handeln.

Große Bedeutung hatten früher die besonderen Vollstreckungsvoraussetzungen für die ZV in das eingebrachte Gut der Ehefrau und für die ZV in das Gesamtgut. Bei dem Güterstand der Verwaltung und Nutznießung (und ebenso bei der Errungenschafts- und Fahrnisgemeinschaft) ist die ZV in das eingebrachte Gut der Ehefrau nur zulässig, wenn die Ehefrau zur Leistung und der Ehemann zur Duldung der ZV in das eingebrachte Gut verurteilt war (739).

Seit dem 1. 4. 1953 ist der Güterstand der Verwaltung und Nutznießung nicht mehr gesetzlicher Güterstand; an seine Stelle ist Gütertrennung getreten. Daher hat die Bestimmung des 739 heute nur noch insoweit Bedeutung, als der Güterstand der Verwaltung und Nutznießung vor dem 1. 4. 1953 vertraglich zwischen den Eheleuten vereinbart wurde oder der frühere gesetzliche Zustand nach dem 31. 3. 1953 vertraglich vereinbart wird. In allen anderen Fällen entfällt die Notwendigkeit des Titels gegen den Ehemann.

Ähnliches gilt für 740, wonach bei der ZV in das Gesamtgut ein Urteil gegen den Ehemann erforderlich, aber auch genügend ist.

7. Für die ZV gegen den Bund, ein Land, Körperschaften, Stiftungen oder Anstalten[1]) des öffentlichen Rechts wegen einer Geldforderung gelten folgende Vollstreckungsvoraussetzungen: Anzeigepflicht und Wartefrist (882a I). Der Gläubiger darf die ZV erst 4 Wochen nach dem Zeitpunkt beginnen, zu dem er seine Absicht zu vollstrecken angezeigt hat. Die Anzeige hat immer der zur Vertretung des Schuldners berufenen Behörde gegenüber zu erfolgen, und, wenn die ZV in ein Vermögen erfolgen soll, das von einer anderen Behörde verwaltet wird, hat die Anzeige auch zusätzlich dem zuständigen Finanzminister gegenüber zu erfolgen. Der Anzeigepflicht und Wartefrist bedarf es nur dann nicht, wenn es sich um den Vollzug einer einstweiligen Verfügung handelt (882 a V).

IV. Vollstreckungshindernisse (Umstände, die der ZV entgegenstehen, vgl. oben I).

1. Konkurseröffnung. Gerät der Gläubiger in Konkurs und gehört der Anspruch zur Konkursmasse, so kann die ZV nur auf Betreiben des Konkursverwalters durchgeführt werden, und dieser braucht dazu eine Vollstreckungsklausel, die auf ihn lautet. Gerät der Schuldner in Konkurs, und ist der Gläubiger Konkursgläubiger, so darf eine Einzelvollstreckung nicht begonnen, eine begonnene nicht weiter durchgeführt werden (KO 3, 14), es sei denn, daß die ZV sich nicht gegen das Vermögen des Schuldners richtet (unten § 21 II; Beispiel: Strafandrohung zur Erzwingung einer Unterlassungspflicht).

2. Urkunden, deren Vorlegung[2]) die ZV hindert. Der bloße Widerspruch oder eine Einwendung des Schuldners, etwa die Behauptung, die Schuld sei inzwischen bezahlt oder durch Aufrechnung getilgt oder der Gläubiger habe

---

[1]) Öffentlichrechtliche Bank- und Kreditanstalten sind hierbei ausdrücklich ausgenommen. Für die Bundesbahn gilt eine Sonderregelung.

[2]) Durch den Schuldner oder einen Dritten (der Dritte, der die Widerspruchsklage erhoben hat, legt z. B. eine Ausfertigung des Gerichtsbeschlusses vor, durch den die einstweilige Einstellung der ZV angeordnet worden ist).

sich verpflichtet, bis zu einem bestimmten Termin die ZV nicht zu betreiben, steht natürlich der ZV nicht entgegen (oben § 5 V). Aber das Gesetz gibt dem Schuldner die Möglichkeit, durch Vorlegung gewisser Urkunden, die eine schlüssige Einwendung schlüssig belegen, die ZV zu hindern. Erwirkt der Schuldner z. B. durch ein Rechtsmittel die Aufhebung des vollstreckbaren Urteils, so kann er durch Vorlegung der aufhebenden Entscheidung, wenn sie vollstreckbar ist, die ZV hindern. Zahlt der Schuldner nach Begründung des Vollstreckungstitels, so mag er sich von dem Gläubiger die Quittung geben lassen, auf die er nach BGB 368 ein Recht hat; legt er sie dem Vollstreckungsorgan vor, so darf die ZV nicht begonnen werden und eine begonnene ZV ist einzustellen. Hat der Schuldner nach Begründung des Vollstreckungstitels mit einer Gegenforderung aufgerechnet und macht der Gläubiger trotzdem Anstalten, die ZV zu betreiben, so mag der Schuldner die „Vollstreckungsgegenklage“ (unten § 10 IV) erheben, damit der Vollstreckungstitel des Gläubigers der Vollstreckbarkeit entkleidet wird, und gleichzeitig kann er erwirken, daß vom Gericht die einstweilige Einstellung der ZV aus dem Titel angeordnet wird; durch Vorlegung dieser Anordnung kann er den Beginn der ZV ebenso wie die Fortsetzung einer bereits begonnenen ZV hindern. Im einzelnen sind die Urkunden, bei deren Vorlegung das Vollstreckungsorgan die ZV nicht beginnen, eine begonnene ZV nicht weiter durchführen darf, nach 775 folgende[1]):

a) die Ausfertigung einer vollstreckbaren Entscheidung, aus der sich ergibt, daß das zu vollstreckende Urteil oder dessen Vollstreckbarkeit aufgehoben oder daß die ZV für unzulässig erklärt oder deren Einstellung angeordnet ist;

b) die Ausfertigung einer gerichtlichen Entscheidung, aus der sich ergibt, daß die einstweilige Einstellung der ZV oder einer Vollstreckungsmaßnahme angeordnet ist (572 II, III, 707, 719, 732 II, 766 I 2, 769, 771 III);

c) eine öffentliche Urkunde, aus der sich ergibt, daß die zur Abwendung der ZV nachgelassene Sicherheitsleistung oder Hinterlegung erfolgt ist (unten § 8 III 2 b);

d) eine öffentliche Urkunde oder eine von dem Gläubiger ausgestellte Privaturkunde, aus der sich ergibt, daß der Gläubiger nach Erlaß des zu vollstreckenden Urteils befriedigt ist oder Stundung bewilligt hat;

e) ein Postschein, aus dem sich ergibt, daß nach Erlaß des Urteils oder nach Begründung des sonstigen Vollstreckungstitels die zur Befriedigung des Gläubigers erforderliche Summe zur Auszahlung an den Gläubiger bei der Post eingezahlt ist.

---

[1]) Für die Zwangsversteigerung und Zwangsverwaltung bringen die Bestimmungen ZVG 28—31, 33, 75—77, 161 II Abänderungen.

3. Die Vollziehung eines Arrestes oder einer einstweiligen Verfügung ist unstatthaft, wenn seit der Verkündung oder der Zustellung an den Antragsteller ein Monat vergangen ist (929 III, 936).

§ 8
Der Vollstreckungstitel

I. Durch den Vollstreckungsantrag wird eine Vollstreckungspflicht des Vollstreckungsorgans nur begründet, wenn der Gläubiger einen Vollstreckungstitel vorlegt (oben § 7 II 2), und grundsätzlich (Ausnahmen: unten § 9 IV) ist weiter erforderlich, daß der Vollstreckungstitel mit der Vollstreckungsklausel versehen ist (oben § 7 II 2, unten § 9).

II. Ein Vollstreckungstitel ist eine öffentliche Urkunde über einen bestimmt gearteten Staats- oder Parteiakt, durch den ein seiner Art nach vollstreckbarer Anspruch festgestellt wird.

III. Die einzelnen Vollstreckungstitel. Der praktisch wichtigste Vollstreckungstitel ist das Urteil eines deutschen Gerichts, das zu einer Leistung verurteilt und das rechtskräftig oder für vorläufig vollstreckbar erklärt ist (704 – 793). Die ZV aus ihm wird im Gesetz als der Normalfall zunächst (in 704 – 793) behandelt. Weitere Vollstreckungstitel zählt dann 794 auf (und 795a – 800 geben Sondernormen für die ZV aus solchen Titeln). Doch ist damit die Zahl der Vollstreckungstitel nicht erschöpft. Sowohl in der ZPO (922ff.: Arrest und einstweilige Verfügung) als auch in anderen Reichs- und Bundesgesetzen sind noch weitere Vollstreckungstitel genannt. Schließlich steht es der Landesgesetzgebung frei, die gerichtliche ZV auf Grund anderer Schuldtitel zuzulassen (801).

1. Grundsätzlich ist jedes rechtskräftige Urteil eines deutschen Gerichts (und zwar sowohl eines ordentlichen wie eines Sondergerichts) ein Vollstreckungstitel, sofern es den Schuldner zu einer Leistung verurteilt. Aus Feststellungs- und Rechtsgestaltungsurteilen kann nur hinsichtlich der Kosten die ZV betrieben werden.

Gewisse Urteile deutscher Gerichte sind, obwohl sie eine Verurteilung aussprechen, keine Vollstreckungstitel. Hier ist zwar nicht die Verurteilung zur Eingehung einer Ehe zu nennen, die 888 II erwähnt – eine solche Verurteilung könnte nur in einem ausländischen Urteil ausgesprochen sein (BGB 1297) – wohl aber die Verurteilung zur Herstellung des ehelichen Lebens (888 II), die Verurteilung zur Leistung von Diensten, die nicht von einem Dritten geleistet werden können (888 II)[1]), und die Verurteilung zur Abgabe einer Willenserklärung (z. B. die Verurteilung zum Widerruf einer falschen Auskunft oder zur Bewilligung einer Grundbuchberichtigung). Diese Urteile stellen keine Vollstreckungstitel dar. Bei der Verurteilung zur Abgabe einer Willenserklärung gilt die Erklärung grundsätzlich als abgegeben, sobald das Urteil rechtskräftig wird (894 I 1). Mitunter tritt diese Wirkung freilich erst ein, wenn eine vollstreckbare Ausfertigung des Urteils erteilt ist (894 I 2), und eine solche braucht der siegreiche Kläger auch, um die Grundbuchberichtigung zu erwirken. Aber daraus folgt nicht, daß die Verurteilung zur Abgabe einer Willenserklärung ein Vollstreckungstitel ist. (Die Beantragung und Erteilung einer vollstreckbaren Ausfertigung ist nicht ZV.) Näheres unten § 21 V.

2. Vollstreckungstitel ist ferner jedes für vorläufig vollstreckbar erklärte, zu einer Leistung verurteilende Urteil eines deutschen (ordentlichen oder Sonder-)Gerichts (708—720).

a) Vorläufig vollstreckbar ist ein Urteil, wenn es schon vor dem Eintritt der Rechtskraft vollstreckbar ist. Dies ist es nur, wenn es für vorläufig vollstreckbar erklärt ist: ohne solcher Eklärung ist kein Urteil vorläufig vollstreckbar. Doch sind gewisse Urteile stets und ohne weiteres für vorläufig vollstreckbar zu erklären. Ist keine Entscheidung über die vorläufige Vollstreckbarkeit erfolgt, so ist das Urteil auf Antrag zu ergänzen (716: 321).

b) Wann ein Urteil für vollstreckbar zu erklären ist, ist in 708—710 bestimmt. Durch die Novelle von 1924 sind die Fälle, in denen das Urteil für vorläufig vollstreckbar zu erklären ist, erheblich vermehrt worden: der Kläger erlangt heute, wenn er im ersten Rechtsgang siegt, in der Regel die Möglichkeit, alsbald die ZV zu betreiben. Auf den Beklagten wird dadurch, daß die ZV gegen ihn in der Regel schon auf Grund einer Verurteilung in erster Instanz droht, ein Druck ausgeübt, bereits in erster Instanz alles vorzubringen, was zu seinen Gunsten spricht.

Von gewissen Ausnahmefällen (712, 713a) abgesehen, in denen auf Antrag des Schuldners auszusprechen ist, daß das Urteil nicht vorläufig vollstreckbar sei, sind die in 708 und 709 bezeichneten Urteile (darunter alle Anerkenntnis- und Versäumnisurteile, alle Urteile der OLG in vermögensrechtlichen Streitigkeiten, alle Urteile im Urkunden- und Wechselprozeß) von Amts wegen für vollstreckbar zu erklären[2]). Das Gericht kann aber, wenn es sich nicht um ein OLG-Urteil handelt, auf Antrag des Schuldners die vorläufige Vollstreckbarkeit davon abhängig machen, daß der Gläubiger vor der Vollstreckung eine Sicherheit — deren Höhe das Gericht zu bestimmen hat — leistet (713 I). Dadurch soll der Anspruch sichergestellt werden, den der Schuldner hat, wenn der Gläubiger die ZV aus dem für vorläufig vollstreckbar erklärten Urteil betrieben hat und das Urteil dann abgeändert oder aufgehoben wird (unter e).

Die in 708 und 709 nicht bezeichneten Urteile sind (von den Ausnahmefällen 712 und 713a abgesehen) ebenfalls von Amts wegen für vorläufig vollstreckbar zu erklären, doch ist bei ihnen, ohne daß es eines Antrags bedarf, die Vollstreckbarkeit davon ab-

---

[1]) Die Bestimmung beruht auf politischen Gründen und ist auf die Verurteilung aus einem Werkvertrag nicht auszudehnen.

[2]) Zu beachten ist aber, daß Mietaufhebungsurteile über dem Mieterschutz unterliegende Räume nur in den sehr engen Grenzen des § 13 II MSchG für vorläufig vollstreckbar erklärt werden dürfen.

hängig zu machen, daß der Gläubiger Sicherheit leistet. Die Höhe der Sicherheit ist vom Gericht zu bestimmen. Einem Antrag des Gläubigers, ein solches Urteil ohne Sicherheitsleistung für vorläufig vollstreckbar zu erklären, ist nur unter den aus 710 S. 2 zu ersehenden Voraussetzungen zu entsprechen.

Wird ein Urteil ohne Sicherheitsleistung für vorläufig vollstreckbar erklärt, so hat das Gericht (wenn nicht der Ausnahmefall des 713a vorliegt) dem Schuldner auf seinen Antrag zu gestatten, durch Sicherheitsleistung oder durch Hinterlegung die Vollstreckung abzuwenden, wenn nicht der Gläubiger sich erbietet, vor der Vollstreckung Sicherheit zu leisten (713 II. „Abwendungsbefugnis", „Vollstreckungsschutz").

Die Anträge, die sich auf die vorläufige Vollstreckbarkeit beziehen, sind Sachanträge. Sie sind vor dem Verhandlungsschluß zu stellen (714) und zu verlesen (297 I).

c) Ende der vorläufigen Vollstreckbarkeit. 717. Die vorläufige Vollstreckbarkeit eines für vorläufig vollstreckbar erklärten Urteils endet nicht dadurch, daß gegen das Urteil ein Rechtsmittel oder (bei einem Versäumnisurteil) der Einspruch eingelegt wird. Wohl aber tritt sie kraft Gesetzes außer Kraft, wenn ein Urteil ergeht, das die Entscheidung in der Hauptsache oder die Vollstreckbarkeitserklärung aufhebt oder abändert, und zwar nicht erst mit der Rechtskraft, sondern mit der Verkündung des aufhebenden oder abändernden Urteils (im Falle schriftlicher Entscheidung mit der Zustellung der Urteilsformel), mag dieses Urteil für vorläufig vollstreckbar erklärt sein oder nicht.

d) Anordnungen zum Schutze des Beklagten, der gegen ein für vorläufig vollstreckbar erklärtes Urteil Einspruch oder ein Rechtsmittel einlegt.

Ist Einspruch oder Berufung gegen ein für vorläufig vollstreckbar erklärtes Urteil eingelegt, so kann das Gericht auf Antrag anordnen, daß die ZV gegen oder ohne Sicherheitsleistung einstweilen eingestellt werde oder nur gegen Sicherheitsleistung stattfinde. Daneben kann das Gericht auch anordnen, daß die erfolgten Vollstreckungsmaßnahmen gegen Sicherheitsleistung aufzuheben seien. Die Einstellung der ZV ohne Sicherheitsleistung ist nur zulässig, wenn glaubhaft gemacht wird, daß die ZV einen nicht zu ersetzenden Nachteil bringen würde (719: 707). Die Entscheidung über alle solche Anträge kann ohne mündliche Verhandlung und auch ohne Anhörung des Gegners ergehen. Sie ist nicht anfechtbar, doch kann das Gericht jederzeit eine andere Anordnung treffen. Ist Revision gegen ein für vorläufig vollstreckbar erklärtes Urteil eingelegt, so hat das Revisionsgericht, wenn ihm glaubhaft gemacht wird, daß die ZV dem Schuldner einen nicht zu ersetzenden Nachteil bringen würde, auf Antrag (ohne Rücksicht darauf, ob die Revision begründet zu sein scheint) anzuordnen, daß die ZV einstweilen eingestellt werde (719 II). Auch hier bedarf es weder einer mündlichen Verhandlung (719 III) noch der Anhörung des Gegners.

e) Verpflichtungen aus der Vollstreckung eines für vorläufig vollstreckbar erklärten Urteils. 717 II und III.

Grundsätzlich hat der Kläger, wenn er aus dem für vorläufig vollstreckbar erklärten Urteil die ZV betrieben hat und das Urteil dann — wenn auch aus einem formalen Grunde — aufgehoben oder abgeändert wird, dem Beklagten den Schaden zu ersetzen, der diesem durch die Vollstreckung des Urteils (auch wenn sie ergebnislos war) oder durch eine zur Abwendung der Vollstreckung gemachte Leistung entstanden ist. Eine Ausnahme besteht für den Fall, daß das aufgehobene Urteil von einem OLG erlassen war: dann ist der Kläger nur zur Rückerstattung der Leistung nach den Vorschriften über die Herausgabe einer ungerechtfertigten Bereicherung verpflichtet.

Die drohende Schadensersatzpflicht wird den Kläger häufig abhalten, die ZV aus einem für vorläufig vollstreckbar erklärten Urteil zu betreiben, namentlich wenn sehr zweifelhaft ist, wie die endgültige Entscheidung ausfallen wird. (Manche sehen in der Schadensersatzpflicht eine sehr wohltätige Einschränkung, andere eine zu weitgehende Entwertung der vorläufigen Vollstreckbarkeit.) Wie die Schadensersatzpflicht dogmatisch aufzufassen ist, ist zweifelhaft und bestritten. Zuweilen wird die Ansicht vertreten, dadurch, daß ein Urteil für vorläufig vollstreckbar erklärt werde, erhalte der Kläger nur einen Vollstreckungsanspruch gegen den Staat, nicht aber ein Vollstrekkungsrecht gegenüber dem Schuldner. Wenn das Urteil dann aufgehoben werde, so sei damit festgestellt, daß die betriebene ZV dem Schuldner gegenüber rechtswidrig gewesen sei, der Kläger hafte für dieses rechtswidrige Tun ohne Rücksicht darauf, ob es schuldhaft gewesen sei. Diese Auffassung ist in mehrfacher Beziehung anfechtbar. Es handelt sich vielmehr um einen der Fälle, wo aus rechtmäßigem Tun eine Schadensersatzpflicht entspringt: dadurch, daß das Urteil für vorläufig vollstreckbar erklärt wird, wird dem Kläger der Vollstreckungsanspruch mit der Maßgabe gegeben, daß der Gläubiger dem Schuldner den aus der ZV entstehenden Schaden zu ersetzen hat, wenn das Urteil aufgehoben oder abgeändert werden sollte.

Irgendein Verschulden des vollstreckenden Gläubigers ist nicht Voraussetzung für die Schadensersatzpflicht. Doch entsteht die Verpflichtung aus seinem Verhalten. Hat der Schuldner freiwillig geleistet, so ist der Schadensersatzanspruch nur gegeben, wenn nach dem Verhalten des Gläubigers die ZV drohte.

Der Ersatzanspruch kann in dem anhängigen Rechtsstreit geltend gemacht werden. Näheres: 717 II und III.

3. Die Vollstreckungstitel des 794.

a) Vergleiche, durch die ein Prozeß oder ein Güteverfahren vor einer durch die Landesjustizverwaltung eingerichteten oder anerkannten Gütestelle unmittelbar ganz oder zum Teil beendet worden ist.

b) Vergleiche, die im „Armenrechtsbewilligungsverfahren" zu richterlichem Protokoll genommen worden sind (118 a).

c) Kostenfestsetzungsbeschlüsse des Urkundsbeamten der Geschäftsstelle (durch sie wird festgesetzt, welche Kosten die eine Partei der anderen zu erstatten, nicht etwa welche Kosten eine Partei dem Staate zu zahlen hat. Sie unterliegen der Erinnerung, über die das Gericht entscheidet, dessen Geschäftsstelle den Beschluß erlassen hat; 104).

d) Entscheidungen, die mit der Beschwerde anfechtbar sind und — wie dem Gesetz hinzuzufügen ist — die Entscheidungen der OLG und des BGH, die, wenn sie von einem andern Gericht erlassen wären, mit der Beschwerde anfechtbar sein würden. Vorausgesetzt ist natürlich, daß die Entscheidungen einen vollstreckbaren Inhalt haben (oben II). Hierher gehört u. a. die „isolierte Kostenentscheidung" (99 III) und die „Verurteilung" eines Zeugen oder Sachverständigen zu Strafe und Kosten (380 III, 390 III, 409 II), die „Verurteilung" des Vollstreckungsschuldners, die Kosten vorzuschießen, die dadurch erforderlich werden, daß die Vornahme einer nach dem Vollstreckungstitel von ihm vorzunehmenden Handlung (z. B. das Einreißen einer Mauer) vom Gläubiger einem Dritten übertragen wird (887).

e) Vollstreckungsbefehle. (Durch den Vollstreckungsbefehl wird der Zahlungsbefehl, wenn kein Widerspruch eingelegt ist, für vollstreckbar erklärt; 699.)

f) Rechtskräftige oder für vorläufig vollstreckbar erklärte Beschlüsse deutscher Gerichte, durch die Schiedssprüche oder schiedsgerichtliche Vergleiche für vollstreckbar erklärt worden sind.

g) Die sog. vollstreckbaren Urkunden: Urkunden, die von einem deutschen Gericht oder Notar innerhalb der Grenzen seiner Amtsbefugnisse in der vorgeschriebenen Form aufgenommen sind, sofern die Urkunde über einen Anspruch errichtet ist, der die Zahlung einer bestimmten Geldsumme oder die Leistung einer bestimmten Menge anderer vertretbarer Sachen oder Wertpapiere zum Gegenstande hat, und der Schuldner sich in der Urkunde der sofortigen ZV unterworfen hat. Dem Gläubiger bietet sich hier ein Weg, ohne Prozeß von dem Schuldner einen Vollstreckungstitel zu erhalten. Auch wegen eines Anspruchs aus einer Hypothek, einer Grundschuld oder einer Rentenschuld kann dieser Weg eingeschlagen werden, ebenso dort, wo zur ZV die Verurteilung eines Beteiligten zur Duldung der ZV erforderlich ist (737, 748 II). Der Grundstückseigentümer kann sich in einer gerichtlichen oder notariellen Urkunde der sofortigen ZV mit Wirkung gegenüber dem jeweiligen Eigentümer des Grundstücks unterwerfen (800).

4. Weitere Vollstreckungstitel sind namentlich:

a) der Arrestbefehl und die einstweilige Verfügung, auch wenn sie als Beschluß erlassen sind (922, 924 III, 928, 929, 936). Arrestbefehl ist die Entscheidung eines deutschen Gerichts (oder des Vorsitzenden), die dem Antragsteller gestattet, bis zu einem bestimmten Betrage in das Vermögen des Antragsgegners die ZV bis zur Sicherstellung zu betreiben (unten § 13).

b) der im Zwangsversteigerungsverfahren ergangene Zuschlag (ZVG 93, 132; unten § 19 X 3 b ζ, § 10 V 5 d). Aus ihm findet gegen den Besitzer des Grundstücks oder einer mitversteigerten Sache die ZV auf Räumung und Herausgabe statt.

c) die Eintragung einer im Konkursverfahren festgestellten und vom Gemeinschuldner im Prüfungstermin nicht ausdrücklich bestrittenen Forderung in die Konkurstabelle. (Auf Grund des Auszugs aus der Tabelle kann der Gläubiger nach der Aufhebung des Konkurses die ZV betreiben, wenn nicht ein Zwangsvergleich abgeschlossen worden ist.) KO 164 II.

d) der rechtskräftig bestätigte Zwangsvergleich, der im Konkursverfahren geschlossen ist. (Aus ihm kann jeder Konkursgläubiger die ZV betreiben, dessen Forderung festgestellt und nicht vom Gemeinschuldner ausdrücklich bestritten worden ist.) KO 194.

e) der im Vergleichsverfahren abgeschlossene und bestätigte Vergleich in Verbindung mit einem Auszug aus dem berichtigten Gläubigerverzeichnisse. Vergl O 85.

f) Die rechtskräftigen und vorläufig vollstreckbaren Urteile der Arbeitsgerichte, die den Beklagten zu einer Leistung verurteilen. ArbGG 62.

g) die vor deutschen Arbeitsgerichten geschlossenen Vergleiche;

h) die Schiedssprüche der arbeitsrechtlichen Schiedsgerichte und die von ihnen geschlossenen Vergleiche, sofern sie von dem Vorsitzenden des Arbeitsgerichts, das für die Geltendmachung des Anspruchs zuständig wäre, für vollstreckbar erklärt worden sind (ArbGG 109).

i) die Vollstreckungsurteile deutscher Gerichte, durch die die Zulässigkeit der ZV aus dem Urteil eines ausländischen Gerichts ausgesprochen ist: 722, 723. (Die Zuständigkeit regelt 722. Das deutsche Gericht hat die Gesetzmäßigkeit der Entscheidung nicht nachzuprüfen, sondern nur, ob das Urteil nach 328 in Deutschland anzuerkennen ist. Das Vollstreckungsurteil ist nur zu erlassen, wenn das Urteil des ausländischen Gerichts nach dem ausländischen Recht die Rechtskraft erlangt hat. Ein Urteil, das nur vorläufig vollstreckbar ist, ist in Deutschland nicht für vollstreckbar zu erklären.)

5. Die Landesgesetzgebung kann die gerichtliche ZV auch aus anderen Schuldtiteln zulassen (also andere öffentliche Urkunden über Staats- oder Parteiakte zu Vollstreckungstiteln machen), und sie kann, soweit sie dies tut, die Art und Weise der gerichtlichen Vollstreckung auch abweichend von den Bestimmungen der ZPO regeln. 801.

§ 9
Die Vollstreckungsklausel

I. Jeder ZV hat die Prüfung vorauszugehen, ob aus dem Vollstreckungstitel die ZV zu betreiben ist. Das ergibt sich, wie bereits ausgeführt wurde (oben § 7 II 2), nicht ohne weiteres aus dem Vollstreckungstitel. Zumeist bedarf es zu dieser Prüfung der Prozeßakten, aber häufig müssen auch Tatsachen festgestellt werden, die nicht aus den Akten zu ersehen sind (Eintritt einer Bedingung). Nicht selten ist zudem die Entscheidung schwieriger Rechtsfragen erforderlich. (Namentlich wenn eine Rechtsnachfolge behauptet wird, weil aus einem Urteil für einen anderen als den Kläger oder gegen einen anderen als den Beklagten die ZV betrieben werden soll.) Da das Vollstreckungsorgan die Akten nicht hat, der Gerichtsvollzieher zudem nicht über die umfassenden Rechtskenntnisse verfügt, die zur Entscheidung der hier mitunter auftauchenden

Rechtsfragen erforderlich sind, erschien es nicht zweckmäßig, diese Prüfung dem Vollstreckungsorgan zu überlassen.

Ist der Vollstreckungstitel ein Urteil, so ist es das Gegebene, daß die Prüfung auf die Vollstreckbarkeit hin bei dem Prozeßgericht erfolgt, bei dem die Akten sind. Im Interesse der Beschleunigung und der Entlastung der Richter hat das Gesetz sie, da es sich regelmäßig nur um eine formale Prüfung handelt, dem Urkundsbeamten der Geschäftsstelle übertragen.

Aber das bisher Gesagte gilt nur für die Regelfälle. In ganz besonderen Ausnahmefällen, die das Gesetz anführt, muß im Urteilsverfahren mit den Beteiligten darüber verhandelt werden, ob die Voraussetzungen für die Vollstreckbarkeit des Titels vorliegen. (Der Gläubiger muß auf die Erteilung der Vollstreckungsklausel klagen.)

Entsprechendes gilt im wesentlichen, wenn es sich um einen anderen Vollstreckungstitel als ein Urteil handelt.

II. Die amtliche Feststellung, daß, für wen, gegen wen und in welchem Umfange aus einem bestimmten Vollstreckungstitel auf Antrag zu vollstrecken ist, ist der Inhalt der Vollstrekkungsklausel. Sie wird auf eine Ausfertigung des Titels gesetzt („vollstreckbare Ausfertigung") und ist aus dem Titel heraus zu verstehen. Nur dann, wenn die ZV von einem andern als dem, der im Urteil als Kläger bezeichnet ist, oder gegen einen andern als den Beklagten betrieben werden soll, hat die Klausel eine besondere Angabe über die subjektive Seite zu enthalten. (Man spricht in diesen Fällen von „Umschreibung" oder „Umstellung" des Titels.) Nur wenn die ZV nicht in das ganze Vermögen des Schuldners betrieben werden darf oder wenn der Schuldner seine „Haftung" beschränken kann, ist in der Klausel etwas über den Umfang zu sagen, in dem die ZV zulässig ist.

Durch die Vollstreckungsklausel wird nicht etwa die Zulässigkeit einer einzelnen, vom Gläubiger beantragten Vollstreckungshandlung, sondern die Vollstreckbarkeit festgestellt: die Entscheidung über sie gilt grundsätzlich für alle künftig vorzunehmenden Vollstreckungshandlungen (einmalige Prüfung).

III. Form der Vollstreckungsklausel. Die Klausel ist der Ausfertigung des Vollstreckungstitels (des Urteils, der vollstreckbaren Urkunde) am Schlusse beizufügen, von dem Beamten, der sie erteilt (bei dem Urteil also von dem Urkundsbeamten der Geschäftsstelle), zu unterschreiben und mit dem Amtssiegel (Gerichtssiegel) zu versehen. Sie hat im Regelfalle zu lauten (725):

„Vorstehende Ausfertigung wird dem usw. (Bezeichnung der Partei) zum Zwecke der Zwangsvollstreckung erteilt."

In vielen Fällen sind aber Einschaltungen und Zusätze erforderlich, so wenn die Vollstreckbarkeit des Titels beschränkt ist oder eine „Umschreibung" oder „Umstellung" des Titels erfolgt.

IV. Während ein Vollstreckungstitel („vollstreckbarer Schuldtitel“) stets vorliegen muß, damit eine Vollstreckungsmaßnahme zulässig ist, ist es nicht immer erforderlich, daß die Vollstreckungsklausel erteilt ist. Einmal sind gewisse Vollstreckungstitel ohne Vollstreckungsklausel vollstreckbar: die Vollstreckungsbefehle, Arreste und einstweilige Verfügungen, wenn nicht für oder gegen eine andere Person als den im Titel bezeichneten Gläubiger oder Schuldner vollstreckt werden soll (796 I, 929 I, 936), und die Kostenfestsetzungsbeschlüsse, wenn sie gemäß 105 auf das Urteil gesetzt sind (795a). Ferner sind gewisse Vollstreckungsmaßnahmen ohne Erteilung der Klausel zulässig (Pfändungsbeschluß im Falle des 830 I, Überweisungsbeschluß im Falle des 836 III, Haftbefehl nach 900 und 908f.; Pfändungsvorbenachrichtigung, 845, unten § 16 VIII 5b).

V. Die Erteilung der Vollstreckungsklausel.

1. Sie erfolgt nur auf Antrag, und zwar für die ZV aus einem Urteil oder einem Beschluß stets durch den Urkundsbeamten der Geschäftsstelle des Prozeßgerichts (und zwar grundsätzlich des Gerichts erster Instanz; ist aber der Rechtsstreit bei einem höheren Gericht anhängig, dann durch den Urkundsbeamten der Geschäftsstelle dieses Gerichts, weil sich bei ihm die Akten befinden; 724 II), für die ZV aus einer vollstreckbaren Urkunde durch den Notar, der die Urkunde verwahrt, oder durch den Urkundsbeamten der Geschäftsstelle des Gerichts, bei dem die Urkunde verwahrt wird (797 I, II), für die ZV aus einem Vergleich, der vor einer durch die Landesjustizverwaltung eingerichteten oder zugelassenen Gütestelle abgeschlossen worden ist, durch den Urkundsbeamten der Geschäftsstelle des Amtsgerichts, in dessen Bezirke die Gütestelle ihren Sitz hat (797a I).

2. Für und gegen andere als die im Vollstreckungstitel Genannten ist die ZV nur zulässig, wenn die Vollstreckungsklausel auf diese andern lautet. Dadurch, daß dem Titel eine solche, auf andere lautende Klausel hinzugefügt wird, wird der Titel „umgeschrieben“ oder „umgestellt“. Hier kommen vor allem die Fälle in Betracht, für die durch 325–327 die Rechtskraft auf Dritte erstreckt ist. Mit der Rechtskraft ist nicht zugleich die Vollstreckbarkeit für und gegen diese Dritte gegeben. Aber die Vollstreckbarkeit kann durch „Umschreibung des Titels“ erlangt werden. Die Umschreibung erfolgt, sofern die Voraussetzungen hierfür (727–729) durch öffentliche oder öffentlich beglaubigte Urkunden belegt werden oder bei Gericht offenkundig sind, ohne weiteres durch den Rechtspfleger. Eine neue selbständige Klage ist also hier nicht nur nicht nötig, sondern sie wäre sogar unzulässig, weil es am Rechtsschutzinteresse fehlen würde.

Nur dann muß der Gläubiger Klage auf Erteilung der Vollstreckungsklausel erheben, wenn er die Voraussetzungen der Umschreibung oder — wenn der Titel aufschiebend bedingt ist (726 Abs. 1) — den Eintritt der Bedingung nicht durch öffentliche oder öffentlich beglaubigte Urkunden belegen kann. Das ist unter 3. zu erörtern.

In gewissen anderen Fällen, in denen das materielle Recht für eine rechtskräftig festgestellte Schuld Dritte haften läßt, die Rechtskraft aber nicht auf diese Dritten erstreckt ist, ist doch auch eine Umschreibung des Vollstreckungstitels möglich (Haftung bei Vermögensübernahme und bei Fortführung eines unter Lebenden erworbenen Handelsgeschäfts unter der bisherigen Firma). Die einzelnen Fälle sind folgende:

a) Eintritt einer Rechtsnachfolge nach Prozeßbeginn oder nach Erlangung des Vollstreckungstitels. Dies liegt z. B. vor, wenn der Kläger während des Prozesses oder nach dessen Abschluß den Klageanspruch abgetreten oder die im Streit befangene Sache veräußert hat (Veräußerung der Streitsache: 265, 266, 325, 727), wenn der Schuldner oder der Gläubiger gestorben ist, wenn die Frau nach 627 eine einstweilige Verfügung erwirkt hat, daß das Kind während des Scheidungsprozesses bei ihr bleiben soll, der Mann aber das Kind inzwischen zu seinen Eltern gebracht hat, und die Eltern des Mannes das Kind, als die Frau es dort ausfindig macht, zu Dritten bringen.

b) Eintritt einer Nacherbfolge. Das für oder gegen den Vorerben ergangene Urteil wirkt im Rahmen des 326 für und gegen den Nacherben und wird durch Umschreibung des Titels für und gegen ihn vollstreckbar. 728 I.

c) Testamentsvollstreckung. Das für oder gegen den Testamentsvollstrecker ergangene Urteil wirkt im Rahmen des 327 für und gegen den Erben. Die Vollstreckungsklausel kann für und gegen den Erben erteilt werden, und zwar gegen ihn auch dann, wenn die Verwaltung des Testamentsvollstreckers noch besteht (728 II).

d) „Vermögensübernahme". BGB 419. Dem gegen den Veräußerer erwirkten rechtskräftigen Urteil (nicht auch dem bloß vorläufig vollstreckbaren) kann durch Umschreibung des Titels Vollstreckbarkeit gegen den Erwerber beigelegt werden (729 I), obwohl es keine Rechtskraft gegen ihn hat. (Daß der Übernehmer die Haftung beschränken kann, ist bei der Erteilung der Vollstreckungsklausel gegen ihn nicht zu beachten. Es bleibt ihm vorbehalten, die Beschränkung seiner Haftung nach 786, 767, 732 geltend zu machen).

e) Fortführung eines unter Lebenden erworbenen Handelsgeschäfts unter der bisherigen Firma. Der neue Inhaber haftet für die früheren Geschäftsschulden nach Maßgabe von HGB 25 I 1, II. Ist eine solche Schuld dem früheren Inhaber gegenüber rechtskräftig festgestellt, so hat das Urteil zwar keine Rechtskraft gegenüber dem neuen Inhaber, aber die Vollstreckungsklausel kann gegen ihn erteilt werden.

3. Die Klage auf Erteilung der Vollstreckungsklausel. 731.

In den Fällen, in denen der Eintritt einer aufschiebenden Bedingung vor Erteilung der Vollstreckungsklausel zu prüfen ist und in den Fällen, in denen es einer Umschreibung des Vollstreckungstitels bedarf, muß der Gläubiger, wenn er den Eintritt der Bedingung oder die Voraussetzungen für die Umschreibung nicht durch öffentliche oder öffentlich beglaubigte Urkunden beweisen kann, bei dem Prozeßgericht erster Instanz aus dem Vollstreckungstitel auf Erteilung der Vollstreckungsklausel klagen. Die Klage macht keinen privatrechtlichen, sondern den öffentlichrechtlichen Anspruch auf Erteilung der Vollstreckungsklausel geltend. Einwendungen gegen die Zulässigkeit der Vollstreckungsklausel sind in diesem Verfahren vorzubringen, sonst verfallen sie. Einwendungen, die den materiellen Anspruch betreffen (der Schuldner behauptet z. B., die Schuld sei inzwischen getilgt), können (bei Urteilen mit der Schranke des 767 III; und § 10 IV 4) in diesem Verfahren vorgebracht werden (unbestr.), verfallen aber nicht, wenn dies nicht geschieht (bestr.). Die Klage auf Erteilung der Vollstreckungsklausel ist keine Verurteilungs-, auch keine Feststellungs-, sondern eine Rechtsgestaltungsklage[1]): das Urteil soll die rechtlichen Voraussetzungen für die Erteilung der Vollstreckungsklausel geben. Es hat dahin zu lauten, daß die Vollstreckungsklausel zu erteilen sei. Ohne ein rechtskräftiges Urteil dieses Inhalts darf die Vollstreckungsklausel in diesen Fällen nicht erteilt werden.

4. Vor der Erteilung der Vollstreckungsklausel ist der Schuldner grundsätzlich nicht zu hören. Der Schuldner kann gehört werden, wenn der Titel aufschiebend bedingt ist oder eine Umschreibung erfolgen soll (730). Volles rechtliches Gehör im Urteilsverfahren wird ihm vor der Erteilung der Klausel nur in den Fällen gewährt, in denen der Gläubiger auf die Erteilung der Klausel klagen muß (oben 3).

5. Rechtsbehelfe.

a) Verweigert der Urkundsbeamte die Vollstreckungsklausel, so kann der Gläubiger das Prozeßgericht anrufen (576 I). Gegen dessen Entscheidung ist die einfache Beschwerde (nicht etwa nach 793 die sofortige Beschwerde[2]) gegeben an das LG, gegen die Entscheidung des LG gibt es unter den allgemeinen Voraussetzungen die weitere Beschwerde an das OLG.

b) Wird die Vollstreckungsklausel erteilt, so hat der Schuldner folgende Rechtsbehelfe:

α) Einwendungen gegen das Verfahren, das zur Erteilung der Vollstreckungsklausel geführt hat, kann er bei dem Gericht, von dessen Geschäftsstelle die Klausel erteilt ist, formlos geltend machen. (Beispiele: Er bemängelt, daß der Urkundsbeamte die Klausel in einem Falle ohne weiteres erteilt hat, in dem auf die Erteilung der Klausel geklagt werden mußte; er behauptet, daß der Nachweis der Rechtsnachfolge nicht durch öffentliche oder öffentlich beglaubigte Urkunden erbracht worden sei.) In diesen Fällen ergeht die Entscheidung im Beschlußverfahren. Mündliche Verhandlung ist nicht erforderlich. Das Gericht kann vor der Entscheidung eine einstweilige Anordnung zum

[1]) So auch StJSch., 18. Aufl. § 731 Anm. I. A. A. Baumbach, 22. Aufl. § 731 Anm. I.
[2]) Die ZV hat noch nicht begonnen!

Schutze des Schuldners erlassen, insbesondere anordnen, daß die ZV gegen oder ohne Sicherheitsleistung einzustellen oder nur gegen Sicherheitsleistung fortzusetzen sei (732).

β) Bestreitet der Schuldner, daß die materiellen Voraussetzungen für die Erteilung der Vollstreckungsklausel, die als erwiesen angesehen wurden, vorgelegen haben (er bestreitet z. B., daß die Rechtsnachfolge eingetreten, die Prozeßführung des Vorerben ihm, dem Nacherben, gegenüber wirksam sei, oder er behauptet, die Vermögensübernahme — BGB 419 — sei von ihm mit Recht angefochten worden), so kann er dies als eine Einwendung gegen die Zulässigkeit der Vollstreckungsklausel gemäß 732 geltend machen (Beschlußverfahren), er kann aber auch nach 768 darauf klagen, daß die ZV für unzulässig erklärt wird (Urteilsverfahren). Diese Klage ist wie die Vollstreckungsgegenklage (767; unten § 10 IV) eine Rechtsgestaltungsklage[1]). Sie ist bei dem Prozeßgericht erster Instanz zu erheben und kann auch noch erhoben werden, wenn die Einwendung gegen die Zulässigkeit der Vollstreckungsklausel bereits im Beschlußverfahren (732) zurückgewiesen worden ist. Auf Einwendungen, die in dem Verfahren über eine Klage des Gläubigers auf Erteilung der Vollstreckungsklausel (731; oben 3) rechtskräftig zurückgewiesen worden sind, kann die Klage aus 768 nicht mehr gestützt werden.

VI. Schutz des Schuldners gegen mehrfache ZV aus einem Vollstreckungstitel.

Das Erfordernis der Vollstreckungsklausel dient in Verbindung mit einigen Gesetzesbestimmungen auch dazu, den Schuldner dagegen zu sichern, daß aus dem Vollstreckungstitel mehrfach vollstreckt wird:

1. Vor der Aushändigung einer vollstreckbaren Ausfertigung ist auf der Urschrift des Vollstreckungstitels zu bemerken, für welche Partei und zu welcher Zeit die Ausfertigung erteilt ist (734).

2. Vor Erteilung einer weiteren vollstreckbaren Ausfertigung kann — sofern die erste nicht zurückgegeben wird — der Schuldner gehört werden. Die weitere Ausfertigung ist als solche zu bezeichnen, und die Geschäftsstelle hat den Gegner von der Erteilung einer weiteren vollstreckbaren Ausfertigung in Kenntnis zu setzen (733).

3. Die vollstreckbare Ausfertigung ist, wenn der Gläubiger befriedigt ist, dem Schuldner auszuliefern (mit einer Quittung), Teilleistungen sind auf der vollstreckbaren Ausfertigung zu bemerken (und dem Schuldner zu quittieren). 757.

---

[1]) Sie ist auch sonst der Vollstreckungsgegenklage nahe verwandt. Das ist freilich bestritten.

§ 10
Die Rechtsbehelfe der Zwangsvollstreckung

I. In der ZV gibt es mancherlei Rechtsbehelfe. Daß gegen die Entscheidung des Urkundsbeamten der Geschäftsstelle die Entscheidung des Gerichts nachgesucht werden kann, daß der Schuldner, wenn er Einwendungen gegen die Zulässigkeit der Vollstreckungsklausel vorzubringen hat, sich formlos an das Gericht wenden kann, dessen Geschäftsstelle die Klausel erteilt hat (732), daß ihm aber unter Umständen auch eine Klage wegen Unzulässigkeit der Vollstreckungsklausel zur Verfügung steht (768), ist bereits erörtert (oben § 9 V 5). Fünf Rechtsbehelfe aber kann man, weil sie allgemein im Wesen der ZV begründet sind, als die ZV-Rechtsbehelfe bezeichnen.

Übersicht über die fünf ZV-Rechtsbehelfe:

Die Entscheidungen, die in der ZV ergehen, sind Beschlüsse und grundsätzlich als solche mit der Beschwerde anfechtbar. Diese Beschlüsse müssen, das erfordert das Wesen der ZV, nach Ablauf einer kurzen Zeit unanfechtbar sein. Deshalb ist die Beschwerde gegen sie an eine Notfrist von 2 Wochen gebunden: gegen Entscheidungen, die in der ZV ergehen, findet grundsätzlich die sofortige Beschwerde statt (793; unten II).

Eine wichtige Ausnahme ergibt sich aber daraus, daß das Vollstreckungsgericht vor Erlaß einer Vollstreckungsmaßnahme (vor allem vor Erlaß eines Pfändungsbeschlusses) grundsätzlich weder den Schuldner noch Dritte hört: Diese sollen nach Erlaß einer solchen Maßnahme das, was sie dagegen vorzubringen haben (ihre Einwendungen und Erinnerungen) zunächst dem Vollstreckungsgericht zur Entscheidung unterbreiten können, damit dieses zunächst prüfen kann, ob es trotz dieser Vorstellungen bei seiner Entscheidung bleiben will. (Bei der „sofortigen Beschwerde" würde das Gericht zu einer Änderung seiner Entscheidung nicht befugt sein: 577 III.) Diese Gegenvorstellung, die an keine Frist und keine besondere Form gebunden ist, wird (nicht im Gesetz, aber in der Praxis und der Lehre) als „Erinnerung" (766; unten III) bezeichnet. (In den Ausnahmefällen, in denen dem Schuldner vor einer Vollstreckungsmaßnahme des Vollstreckungsgerichts Gehör zu gewähren ist — z. B. 844 II — hat der Schuldner, der gehört worden ist, diesen Rechtsbehelf nicht.) Den gleichen Rechtsbehelf stellt das Gesetz aber dem Gläubiger, dem Schuldner und Dritten zur Verfügung, wenn sie das Verhalten des Gerichtsvollziehers der Nachprüfung des Vollstreckungsgerichts unterbreiten wollen. Davon war bereits die Rede (oben § 4 III 8). In beiden Fällen ist gegen die Entscheidung des Vollstreckungsgerichts über die „Erinnerung" (766) die sofortige Beschwerde gegeben.

Die andern drei Rechtsbehelfe der ZV beruhen darauf, daß der Schuldner und Dritte mit Einwendungen gegen die ZV, die nicht die Art und Weise der ZV betreffen, also nicht bloß einen Verstoß eines Vollstreckungsorgans gegen Zwangsvollstreckungsvorschriften rügen, sondern sich auf die materielle Rechtslage stützen, nicht in der ZV gehört werden: das Gesetz verweist sie mit diesen Einwendungen auf den Klageweg (um den Beteiligten hier, dem Gegenstand dieser Rechtsstreitigkeiten entsprechend, einen möglichst vollkommenen Rechtsschutz zu geben).

Hat der Schuldner Einwendungen gegen den Anspruch, der vollstreckt werden soll, geltend zu machen, so muß er eine Klage erheben, die darauf abzielt, daß die ZV aus dem Vollstreckungstitel für unzulässig erklärt, der Vollstreckungstitel also seiner Vollstreckbarkeit entkleidet wird: „Vollstrekkungsgegenklage" (767; unten IV).

Will ein Dritter geltend machen, daß er an dem Gegenstande der ZV ein die Veräußerung hinderndes Recht habe, so ist der Widerspruch gegen die ZV durch Klage bei dem Gericht, in dessen Bezirk die ZV erfolgt, geltend zu machen. Diese „Widerspruchsklage" (771; unten V) zielt natürlich nicht darauf ab, daß die ZV aus dem Vollstreckungstitel überhaupt für unzulässig erklärt werde, sondern hat nur den Anspruch zum Ziel, daß die Vollstreckungsmaßnahme unzulässig sei, die in den Rechtskreis des Dritten eingegriffen hat (z. B. die Pfändung der dem Dritten gehörigen Sache).

Den fünften Rechtsbehelf der ZV bildet die „Klage auf vorzugsweise Befriedigung aus dem Erlös", mit der ein Vorzugsberechtigter, dessen Recht der ZV in den dem Vorzugsrecht unterliegenden Gegenstand nicht entgegensteht (der Vermieter kann nicht verhindern, daß ein anderer Gläubiger seines Mieters die ZV in die eingebrachten Sachen betreibt) sein Vorzugsrecht durchsetzen kann (805; unten VI).

II. Die „sofortige Beschwerde" ist geradezu das Rechtsmittel der ZV, weil sie grundsätzlich gegen alle Entscheidungen, die im ZV-Verfahren „ohne vorgängige mündliche Verhandlung erfolgen können", gegeben ist (793), eine mündliche Verhandlung aber den Beschlüssen im ZV-Verfahren nicht vorauszugehen braucht (764 III). Ob im Einzelfall eine mündliche Verhandlung stattgefunden hat, ist für die Zulässigkeit der sofortigen Beschwerde ohne Belang. Für Entscheidungen, die vor Beginn der ZV ergehen (z. B. die Ablehnung des Antrags auf Erteilung der Vollstreckungsklausel) kommt 793 nicht in Betracht. (Die in einem besonderen Beschluß ergehende Strafandrohung nach 890 II ist bereits ein ZV-Akt und ist deshalb mit der sofortigen Beschwerde anfechtbar. So auch VZS in RG 42, 419ff.)

1. Die „sofortige Beschwerde" ist wirkliches Rechtsmittel: sie bringt die Sache zur Entscheidung an das höhere Gericht („Devolutiveffekt"). Aufschie-

bende Wirkung („Suspensiveffekt") kommt ihr nicht zu, doch kann das Gericht, dessen Entscheidung angefochten wird („iudex a quo"), die Vollziehung aussetzen, und das Beschwerdegericht („iudex ad quem") kann vor der Entscheidung eine einstweilige Anordnung erlassen, insbesondere anordnen, daß die Vollziehung der angefochtenen Entscheidung auszusetzen sei (572).

2. Auf das Rechtsmittel finden die Vorschriften des 3. Buches der ZPO über die Beschwerde (567—576) und namentlich die Sonderbestimmungen über die „sofortige Beschwerde" (577) Anwendung. Die „sofortige Beschwerde" kann vom Gläubiger, vom Schuldner, aber unter Umständen auch von einem Dritten eingelegt werden. Sie ist innerhalb einer Notfrist von zwei Wochen, die mit der Zustellung der Entscheidung beginnt, bei dem iudex a quo oder dem iudex ad quem einzulegen. Der iudex a quo ist zu einer Änderung seiner Entscheidung nicht befugt.

3. Gegen die Entscheidung des Beschwerdegerichts ist, soweit in ihr ein neuer selbständiger Beschwerdegrund enthalten ist, eine weitere Beschwerde zulässig (568 II). Auch diese weitere Beschwerde ist eine sofortige Beschwerde, für die die Regeln des 577 gelten.

III. Die „Erinnerung nach 766" ist gegeben, um das Verhalten eines Vollstreckungsorgans der Nachprüfung durch das Vollstreckungsgericht zu unterwerfen (oben § 4 III 8). Sie setzt nicht voraus, daß die ZV bereits begonnen hat. Sie ist z. B. auch zulässig, wenn ein Gerichtsvollzieher sich weigert, einen Vollstreckungsauftrag zu übernehmen (766 II).

1. Die „Erinnerung" ist kein Rechtsmittel: über sie hat das Vollstreckungsgericht zu entscheiden, sie bringt also die Sache nicht zur Entscheidung an das höhere Gericht (auch nicht wenn gegen das Verhalten des Gerichtsvollziehers die Entscheidung des Vollstreckungsgerichts angerufen wird, denn der Gerichtsvollzieher ist keine Instanz). Sie hat keine aufschiebende Wirkung, doch kann das Vollstreckungsgericht, an das sie sich wendet, vor der Entscheidung eine einstweilige Anordnung erlassen, insbesondere anordnen, daß die ZV gegen oder ohne Sicherheitsleistung einstweilen einzustellen oder nur gegen Sicherheitsleistung fortzusetzen sei (766 I 2, 732 II).

2. Die Erinnerung ist bei dem Vollstreckungsgericht einzulegen. Der Einhaltung einer Frist bedarf es nicht. Doch kann sie nicht mehr nach der Beendigung der ZV eingelegt werden, und eine vorher eingelegte Erinnerung kann ihre Erledigung dadurch finden, daß die ZV beendet wird. Sowohl der Gläubiger wie der Schuldner wie auch ein Dritter kann sich dieses Rechtsbehelfs bedienen, wenn er geltend machen will, daß er durch gesetzwidriges Verhalten eines Vollstreckungsorgans verletzt worden sei. Der Gläubiger bedient sich der Erinnerung z. B., wenn der Gerichtsvollzieher sich weigert, eine Vollstreckungs-

handlung dem Auftrag gemäß auszuführen, wenn der Gerichtsvollzieher dem Schuldner Frist gewährt oder pfändbare Sachen als unpfändbar behandelt hat, wenn das Vollstreckungsgericht die Pfändung einer Forderung abgelehnt hat; der Schuldner kann sich mit der Erinnerung z. B. darauf berufen, daß der Vollstreckungstitel noch nicht zugestellt, daß die Forderung des Gläubigers durch ein Pfand oder durch ein Zurückbehaltungsrecht gesichert, daß die Pfändung weiter als erforderlich ausgedehnt sei, daß der Gerichtsvollzieher unpfändbare Sachen, das Vollstreckungsgericht unpfändbare Forderungen gepfändet habe. Ein besonderer Fall der Erinnerung ist der Antrag des Schuldners gem. 765a. Ein Dritter kann mit der Erinnerung z. B. geltend machen, daß durch eine Pfändung in seinen Gewahrsam eingegriffen sei (809), daß die gepfändete Sache unpfändbar sei und ihm als Ehegatten oder Hausgenossen die Pfändungsbeschränkung unmittelbar zugute komme, daß die gepfändete Forderung, deren Drittschuldner er ist, unpfändbar sei (RG 66, 233f.), oder daß das Vollstreckungsgericht für die Pfändung der Forderung nicht zuständig sei. Dagegen kann ein Dritter seine Erinnerung nicht damit begründen, daß die im Gewahrsam des Schuldners gepfändete Sache ihm gehöre; denn eine Verletzung einer ZV-Vorschrift wäre damit nicht behauptet. Der Dritte mußte die Widerspruchsklage erheben (unten V).

IV. Die „Vollstreckungsgegenklage" des Vollstreckungsschuldners (767).

1. Der Vollstreckungstitel gibt, wenn er mit der Vollstreckungsklausel versehen ist, dem Gläubiger den öffentlichrechtlichen Anspruch gegen den Staat darauf, daß die Vollstreckungsorgane auf Antrag die ZV durchführen. Dieser Anspruch ist auch dann gegeben, wenn der in dem Titel festgestellte Anspruch nicht (etwa nicht mehr) besteht oder nicht (etwa vorläufig nicht) geltend gemacht werden kann, oder wenn der Gläubiger sich etwa verpflichtet hat, die ZV vorläufig nicht zu betreiben (oben § 5 V). Der Schuldner kann dadurch, daß er sich dem Vollstreckungsorgan gegenüber auf einen solchen Tatbestand beruft, die ZV nicht aufhalten (wenn er nicht etwa die Befriedigung des Gläubigers durch Vorlegung der Quittung oder des Postscheins nachweist: 775, oben § 7 IV 2). Aber die Möglichkeit, sich auf solche Umstände zu berufen, und auch die Möglichkeit, der ZV dadurch zu begegnen, durfte dem Schuldner nicht abgeschnitten werden. Das Gesetz hat ihn auf den Weg der Klage vor dem Prozeßgericht verwiesen, mit der er erreichen kann, daß die ZV aus dem Vollstreckungstitel für die Dauer oder doch vorläufig für unzulässig erklärt wird. Ist das Urteil vollstreckbar, so kann der Schuldner durch die Vorlegung dieses Urteils die Einstellung der ZV erwirken (775); ja, er kann schon vor dem Erlaß dieses Urteils, oder ehe es vollstreckbar wird, durch einstweilige Anordnungen des Prozeßgerichts gegen die ZV oder ihre weitere Durchführung ge-

schützt werden. Dadurch wird erreicht, daß durch Einwendungen, die den zu vollstreckenden Anspruch betreffen, solange sie nicht vom Prozeßgericht geprüft sind, die ZV nicht aufgehalten werden kann, daß aber solche Einwendungen doch auf Grund besonderer richterlicher Prüfung dazu führen können, dem Vollstreckungstitel (dauernd oder einstweilen) seine Kraft zu nehmen. Es ist weiter erreicht, daß über solche Einwendungen, ihrer materiellen Bedeutung entsprechend, nicht vom Vollstreckungsorgan, sondern vom Prozeßgericht und nicht im Beschluß —, sondern im Urteilsverfahren entschieden wird.

2. Nach 767 I kann der Vollstreckungsschuldner mit der Klage „Einwendungen, welche den durch das Urteil festgestellten Anspruch selbst betreffen", geltend machen. Dies bedeutet: Der Vollstreckungsschuldner kann geltend machen, daß der Anspruch nicht (nicht mehr) bestehe[1]) oder nicht (vorläufig nicht) geltend gemacht werden dürfe, oder daß der Gläubiger sich seines Vollstreckungsrechtes gegenüber dem Schuldner begeben habe. (Er kann z. B. vorbringen, die Schuld sei inzwischen getilgt, erlassen oder gestundet worden; der Gläubiger habe den im Vollstreckungstitel festgestellten Anspruch inzwischen abgetreten; dem Anspruch stehe ein Zurückbehaltungsrecht gegenüber; der in dem Vollstreckungstitel beurkundete Privatakt — Vergleich, Unterwerfung unter die ZV — sei nichtig; die im Vollstreckungstitel festgestellte Unterhaltsverpflichtung sei durch Scheidung erloschen.) Aber die Klage zielt, wenn sie geltend macht, daß der Anspruch nicht mehr bestehe, nicht etwa darauf ab, daß dem Gläubiger der Anspruch aberkannt werde. Nur die ZV aus dem Titel soll für unzulässig erklärt werden. Dem rechtskräftigen Urteil bleibt die materielle Rechtskraft, nur die Vollstreckbarkeit wird ihm genommen.

3. Die Klage ist bei dem Prozeßgericht erster Instanz zu erheben. Voraussetzung für ihre Zulässigkeit ist nicht etwa, daß die ZV schon begonnen hat (dies war früher die herrschende Meinung). Es genügt, daß ein Vollstreckungstitel vorliegt und die Besorgnis begründet ist, er werde zur ZV verwendet werden. Nach Beendigung der ZV ist die Erhebung der Klage unzulässig: der Schuldner kann nunmehr nur materielle Ansprüche darauf gründen, daß die ZV unzulässig gewesen sei. (Zu einem solchen Antrag muß er übergehen — 268 Nr. 3 —, wenn die Klage nicht abgewiesen werden soll.) Für die Vollstreckbarkeit und Anfechtbarkeit des Urteils gelten die allgemeinen Regeln.

4. Einschränkung der Einwendungen bei Urteilen (767 II) und gewissen anderen Vollstreckungstiteln. Ist der Vollstreckungstitel, dem die Vollstreckbarkeit genommen werden soll, ein Urteil, so kann die Voll-

---

[1]) Inwieweit die Rechtskraft diese Einwendungen ausschließt, ist eine andere Frage.

streckungsklage nur auf neue Einwendungen gestützt werden: sind die Gründe, auf denen eine Einwendung beruht, schon vor dem Verhandlungsschluß („dem Schlusse derjenigen mündlichen Verhandlung, in welcher Einwendungen ... spätestens hätten geltend gemacht werden müssen") entstanden (der Schuldner behauptet z. B., er habe schon vor der Schlußverhandlung gezahlt gehabt), so kann die Klage auf diese Einwendung nicht gestützt werden, und zwar auch dann nicht, wenn der Schuldner von den Umständen, auf die die Einwendung gestützt wird, erst später Kenntnis erlangt hat (es hat z. B. ein anderer für ihn gezahlt, und er hat erst jetzt davon erfahren). Entstehen die Umstände, aus denen eine Einwendung hergeleitet werden kann, während der Berufungsfrist, so kann der Schuldner, um sie geltend zu machen, Berufung einlegen, aber auch statt dessen die Vollstreckungsklage erheben. Die Zulässigkeit der Berufung schließt also nicht aus, daß auf die neue Tatsache die Vollstreckungsgegenklage gestützt wird. (Das Gesetz hat keinen Grund, den Schuldner mit dieser neuen Tatsache in die höhere Instanz zu drängen.) Dagegen ist, wenn es sich um ein Versäumnisurteil handelt, die Vollstreckungsgegenklage jedenfalls so lange unzulässig, als die neue Tatsache durch Einspruch geltend gemacht werden kann. Ob auch nach diesem Zeitpunkt die Vollstreckungsgegenklage auf eine Tatsache, die durch Einspruch geltend gemacht werden konnte, nicht gestützt werden kann, ist zweifelhaft und bestritten.

Die in 767 II für Urteile gegebene Einschränkung der Einwendungen, auf die die Vollstreckungsgegenklage gestützt werden kann, gilt entsprechend bei anderen Vollstreckungstiteln, die gerichtliche Entscheidungen sind, und bei Schiedssprüchen, nicht aber bei den sog. vollstreckbaren Urkunden (797 IV) und auch nicht — anders freilich die herrschende Meinung — bei Prozeßvergleichen und Vergleichen, die in einem Sühneverfahren abgeschlossen sind. Bei Vollstreckungsbefehlen greift 796 II ein.

5. Verlust von Einwendungen, die nicht in dem Verfahren über die Vollstreckungsgegenklage geltend gemacht werden (767 III). Nach 767 III muß der Schuldner in der Klage alle Einwendungen geltend machen, die er zur Zeit der Erhebung der Klage geltend zu machen imstande ist. Der Zweck dieser Vorschrift ist offenbar, eine Häufung von Prozessen, in denen Einwendungen gegen den zu vollstreckenden Anspruch geltend gemacht werden, soweit es ohne Beeinträchtigung berechtigter Interessen des Schuldners geschehen kann, auszuschließen. Demgemäß wird die Vorschrift dahin auszulegen sein, daß der Schuldner alle Einwendungen verliert, die er in diesem Verfahren geltend machen konnte, aber nicht geltend gemacht hat. Sie schließt nicht aus, daß der Schuldner durch Klageänderung noch Einwendungen vorbringt, die er zur Zeit der Erhebung der Klage bereits geltend zu

machen imstande war. Aber der Schuldner verliert danach durch den Abschluß des Verfahrens auch die Einwendungen, die er während des Verfahrens geltend zu machen instand gesetzt wurde.

6. Die Vollstreckungsgegenklage wirkt nicht unmittelbar auf die Vollstreckbarkeit und auf eine im Gang begriffene ZV ein. Sie hat keine „aufschiebende Wirkung". Aber das Prozeßgericht kann auf Antrag vor der Entscheidung über die Klage vorläufige Anordnungen zum Schutze des Schuldners erlassen (769) und kann solche Anordnungen auch in seinem Urteil treffen (770), um den Schuldner zu schützen, solange die Entscheidung noch nicht vollstreckbar ist. Über diese Anordnungen ist dann in der Berufungsinstanz auf Antrag vor der Verhandlung der Hauptsache zu verhandeln und zu entscheiden. Die Entscheidung des Berufungsgerichts ist unanfechtbar.

7. Die Rechtsnatur der Vollstreckungsgegenklage. Sie ist keine negative Feststellungsklage: sie zielt weder, wie Rich. Schmidt lehrt, auf die Feststellung, daß der Anspruch, der vollstreckt werden soll, nicht mehr bestehe, noch, wie L. Seuffert meinte, auf die Feststellung ab, daß der Vollstreckungsanspruch nicht mehr gegeben sei, weil das materielle Gläubigerrecht erloschen sei. Der materielle Anspruch ist nicht Voraussetzung der Vollstreckung (oben § 5 V). Auch die von Oetker, Kleinfeller, Kohler u. a. vertretene Auffassung, daß es sich um eine besondere Klage aus ungerechtfertigter Bereicherung handele, läßt sich nicht halten: der Vollstreckungsanspruch ist kein privatrechtlicher Vorteil, der Vorteil ist nicht aus dem Vermögen des Schuldners erlangt, und der Gläubiger kann den erlangten Vorteil nicht zurückgewähren. Es handelt sich vielmehr, wie Hellwig und Stein lehrten, um eine Art der Rechtsgestaltungsklage: sie ist auf die Entziehung des Vollstreckungsanspruchs gerichtet. Insofern ist sie das Gegenstück zu der Klage aus einem ausländischen Urteil auf Gewährung des Vollstreckungsanspruchs (722, oben § 8 III 4 i). In dem Urteil ist die ZV aus dem Vollstreckungstitel (in bezug auf den ganzen Anspruch oder einen Teil desselben, für eine bestimmte Zeit oder für immer) für unzulässig zu erklären. Dadurch wird der Titel seiner Vollstreckbarkeit, nicht aber, wenn der Titel ein rechtskräftiges Urteil ist, dieses seiner materiellen Rechtskraft entkleidet (oben 2 a. E.).

V. Die „Widerspruchsklage" Dritter (771–774).

1. Die Widerspruchsklage (Exekutionsintervention) wendet sich nicht dagegen, daß aus einem bestimmten Vollstreckungstitel überhaupt die ZV betrieben wird. Sie richtet sich stets nur gegen einzelne Vollstreckungsmaßnahmen und ist nur gegeben, wenn die ZV in das Vermögen – in bewegliche

oder unbewegliche Sachen oder in Rechte — betrieben wird[1]). Mit ihr erstrebt ein Dritter (nicht der Schuldner[2]) ein Urteil, durch das die ZV in ein bestimmtes Vermögensstück für unzulässig erklärt wird. Die Klage ist nur begründet, wenn dem Dritten „ein die Veräußerung hinderndes Recht" in bezug auf den Gegenstand der ZV zusteht. Meist wird der Kläger, wenn es sich um eine Sache dreht, behaupten, daß sie ihm gehöre oder daß er ein dingliches Recht an ihr habe, kraft dessen der Vollstreckungsschuldner die Sache nicht veräußern dürfe. Aber es braucht nicht zur Begründung der Klage ein dingliches Recht behauptet zu werden. (771 spricht zwar von einem Recht „an dem Gegenstande der ZV"; nach dem Sprachgebrauch des BGB wäre das ein dingliches Recht; aber die ZPO hat diesen Sprachgebrauch nicht.) Es genügt, daß der Kläger eine Rechtslage geltend macht, nach der der Gegenstand der ZV nicht zum Schuldnervermögen gehört, und daß die Veräußerung des Gegenstandes in die Rechte des Klägers (namentlich auf Herausgabe) eingreifen würde. Die Klage ist deshalb auch begründet, wenn der Kläger zwar nicht der Eigentümer der gepfändeten Sache ist, er aber dem Schuldner die Sache geliehen hatte; sie ist unbegründet, wenn der Kläger die Sache nur vom Schuldner gekauft, also nur einen Anspruch auf Übereignung erlangt hat — dann gehört die Sache ja zum Schuldnervermögen. (Aber es braucht nicht einmal immer, damit die Klage begründet ist, behauptet zu werden, daß der Gegenstand nicht zum Schuldnervermögen gehöre. Darüber unten 6.)

2. Besonders häufige Fälle sind: Die Frau des Schuldners behauptet, die gepfändeten Sachen seien ihr Eigentum, oder ein Möbelhändler macht geltend, daß die gepfändeten Möbel auf Abzahlung gekauft seien und daß er sich bis zur Zahlung der letzten Rate, die noch nicht erfolgt sei, das Eigentum vorbehalten habe. (Über die Frage, ob in diesem Falle der Gläubiger dem Möbelhändler die Interventionsmöglichkeit dadurch nehmen kann, daß er ihm die letzte Rate anbietet: unten § 16 I Anm. 2.)

3. Die Klage ist bei dem Gericht — je nach der sachlichen Zuständigkeit bei dem AG oder dem LG — zu erheben, in dessen Bezirk die ZV erfolgt. Diese Bestimmung beruht auf dem engen Zusammenhang, in dem die Klage mit der ZV steht. Mit der Klage gegen den Gläubiger kann der Dritte die Klage aus dem materiellen Rechte gegen den Schuldner verbinden. (Der Möbelhändler kann also in demselben Prozesse gegen den Schuldner, die Frau gegen ihren

---

[1]) Sie greift aber nicht etwa nur bei der ZV wegen Geldforderungen, sondern auch bei der ZV von Ansprüchen Platz, die auf die Herausgabe oder Leistung von Sachen gerichtet sind.

[2]) Ausnahmsweise kann der Schuldner selbst die Widerspruchsklage erheben, wenn die ZV sich auf ein Sondervermögen oder auf einzelne Gegenstände zu beschränken hat, der Gegenstand der ZV aber nicht zu dem Sondervermögen oder zu den Gegenständen gehört, auf die die ZV gerichtet werden darf.

Mann auf Herausgabe klagen.) Das ist der Sinn des 771 II (dessen es wegen 59, 60 bedurfte).

4. Auch die Widerspruchsklage hat, wie die Vollstreckungsgegenklage, keine aufschiebende Wirkung. Aber auch hier kann das Gericht auf Antrag vor der Entscheidung über die Klage vorläufige Anordnungen zum Schutze des Klägers erlassen (769) und kann solche Anordnungen auch in seinem Urteil treffen (770), um den Schuldner zu schützen, solange die Entscheidung noch nicht vollstreckbar ist (oben § 6 XIV). Die Aufhebung einer Vollstreckungsmaßnahme ist auch ohne Sicherheitsleistung zulässig. Über die vorläufigen Anordnungen ist in der Berufungsinstanz auf Antrag vor der Verhandlung der Hauptsache zu verhandeln und zu entscheiden. Die Entscheidung des Berufungsgerichts ist unanfechtbar. (771 III i. Vbdg. mit 769, 770.)

5. Besondere Widerspruchsklagen. 772—774, 810 II, ZVG 93 I.

Das Gesetz gewährt eine Widerspruchsklage auch in gewissen Fällen, in denen der Gegenstand der ZV zwar zum Schuldnervermögen gehört, aber durch die ZV doch in die Rechte eines Dritten eingegriffen werden würde. (Gleichzeitig wird in 772 und 773 angeordnet, daß die ZV, soweit sie in ein solches Recht eingreifen würde, nicht durchgeführt werden soll; insofern enthalten 772 und 773 zugleich Vollstreckungsbeschränkungen.)

a) Ein gesetzliches oder behördliches Veräußerungsverbot, das den Schutz gewisser Personen bezweckt, schließt die Verfügung über den Gegenstand nicht aus, doch ist die Verfügung der Person gegenüber, zu deren Schutz das Verbot dient, unwirksam (relative Unwirksamkeit). Das gilt auch von einer Verfügung, die im Wege der ZV oder der Arrestvollziehung erfolgt (BGB 135, 136), doch soll der Gegenstand nach 772 S. 1 nicht im Wege der ZV veräußert werden, solange diese Verfügungen infolge des Veräußerungsverbots unwirksam werden können[1]). Der durch das Verbot geschützte Dritte kann, wenn dies doch geschieht, aber wohl auch schon von der Pfändung an (bestr.), die Widerspruchsklage erheben mit dem Ziele, daß die Verwertung für unzulässig erklärt wird. Daß er daneben auch die Erinnerung (766) habe, wird allgemein, aber wohl kaum mit Recht angenommen.

b) Entsprechendes gilt, wenn ein Gegenstand zu einer Vorerbschaft gehört, und die Veräußerung (oder Überweisung) im Falle des Eintritts der Nacherbfolge nach BGB 2115 dem Nacherben gegenüber unwirksam sein würde.

c) Obwohl die Pfändung von Früchten, die vom Boden noch nicht getrennt sind, zulässig ist, solange ihre Beschlagnahme nicht im Wege der ImmobiliarZV erfolgt ist (810 I), kann ein Gläubiger, der ein Recht auf Befriedigung aus dem Grundstück (z. B. eine Hypothek) hat, die Widerspruchsklage erheben, sofern nicht die Pfändung für einen im Falle der ImmobiliarZV vorgehenden Anspruch erfolgt ist. 810 II.

d) Die ZV aus dem Zuschlagsbeschluß gegen den Besitzer des Grundstücks oder einer mitversteigerten Sache auf Räumung oder Herausgabe (oben § 8 III 4 b) soll nicht erfolgen, wenn der Besitzer auf Grund eines Rechtes besitzt, das durch den Zu-

[1]) Wenn es sich um eine Forderung handelt, soll die Überweisung solange nicht erfolgen.

schlag nicht erloschen ist (er hat z. B. ein dem Anspruch des Gläubigers vorgehendes Nießbrauchsrecht), und der Besitzer kann, wenn gleichwohl die ZV erfolgt, zu seinem Schutze die Widerspruchsklage erheben (ZVG 93 I 2 u. 3).

6. Rechtsnatur der Widerspruchsklage.

Die Klage muß, um begründet zu sein, immer auf ein materielles Recht des Klägers gestützt werden. Aber sie macht keinen privatrechtlichen Anspruch gegen den Beklagten geltend. Sie ist weder eine Art der Störungsklage, die auf Verurteilung zur Freigabe zu richten wäre, noch ist sie eine Feststellungsklage. (Nach L. Seuffert sollte sie eine negative Feststellungsklage, gerichtet auf die Feststellung der Unzulässigkeit der konkreten, in die Rechtssphäre des Klägers übergreifenden ZV, nach Langheineken eine positive Feststellungsklage, gerichtet auf die Feststellung des die ZV hindernden Rechts des Dritten, sein.) Sie zielt ab auf eine Entscheidung des Gerichts, durch die die zu Recht erfolgte ZV für unzulässig erklärt wird und auf Grund deren (775 Nr. 1) die ZV einzustellen ist. Da sie die Grundlage für die Einstellung der ZV beschaffen soll, ist die Widerspruchsklage eine Rechtsgestaltungsklage, und zwar zielt sie ab auf eine prozessuale Rechtsgestaltung. Indessen ist die Rechtsnatur der Widerspruchsklage auch heute noch bestritten.

VI. Die Klage auf vorzugsweise Befriedigung aus dem Erlös (805).

Hat jemand an der dem Schuldner gehörigen Sache ein Pfandrecht oder ein sonstiges Recht, das dem Rechte des Vollstreckungsgläubigers vorgeht, so kann er, wenn er zum Besitze berechtigt und im Besitze der Sache ist, die ZV in die Sache verhindern. (Er hat den Gewahrsam an der Sache, die Pfändung der Sache wäre also nur zulässig, wenn er zur Herausgabe bereit wäre; unten § 15 II.) Befindet er sich aber nicht im Besitze der Sache, so hat er diese Möglichkeit nicht. Er hat auch keine Widerspruchsklage, er kann nur nach 805 sein Recht, das dem Vollstreckungsgläubiger vorgeht, dadurch schützen, daß er gegen den Vollstreckungsgläubiger auf vorzugsweise Befriedigung aus dem Erlöse klagt. Dies kann er auch, wenn seine Forderung noch nicht fällig ist. Ohne den Besitz können vor allem die gesetzlichen Pfandrechte bestehen (z. B. das des Vermieters, Verpächters, Gastwirts, Frachtführers, Verfrachters), aber auch das rechtsgeschäftliche Pfandrecht (weil es fortdauert, wenn der Pfandgläubiger unfreiwillig den Besitz der Sache verliert). Hat jemand z. B. bei einem Mieter Sachen pfänden lassen, so kann der Vermieter sich nicht auf Grund seines gesetzlichen Pfandrechts der Pfändung, der Entfernung oder der Verwertung der Sachen widersetzen, und er kann auch nicht mit der Widerspruchsklage erreichen, daß die ZV für unzulässig erklärt wird: er kann sich nur durch die Klage aus 805 die vorzugsweise Befriedigung aus dem Erlöse sichern. Die Klage kann bis zur Beendigung der ZV erhoben werden. Sie ist — wie die

Widerspruchsklage — bei dem AG oder LG, in dessen Bezirk die ZV erfolgt, zu erheben, auch mit ihr kann — wie mit der Widerspruchsklage — die Klage verbunden werden, durch die der Dritte sein materielles Recht gegen den Schuldner geltend macht. Das Gericht hat die Hinterlegung des Erlöses anzuordnen, wenn der Anspruch auf vorzugsweise Befriedigung aus dem Erlös glaubhaft gemacht wird. Dabei finden 769, 770 entsprechende Anwendung.

§ 11
Offenbarungseid. Haft

I. Um dem Gläubiger Gewißheit darüber zu verschaffen, welche Vollstreckungsmöglichkeiten für ihn bestehen, ist der Schuldner, wenn die ZV in das bewegliche Vermögen ergebnislos verläuft oder aussichtslos erscheint, auf Verlangen des Gläubigers verpflichtet, sein Vermögen offenzulegen, und wenn der Schuldner eine bewegliche Sache herauszugeben hat, diese Sache aber bei ihm vom Gerichtsvollzieher nicht vorgefunden wird, hat der Schuldner Auskunft darüber zu erteilen, ob er die Sache besitzt und wo sie sich befindet. Die gewissenhafte Erfüllung dieser Verpflichtungen hat der Schuldner auf Antrag des Gläubigers durch einen Offenbarungseid zu bekräftigen. Der Zwang zur Leistung dieses Offenbarungseides dient somit der Durchführung der ZV: er ist ein Hilfsmittel der ZV. Das Verfahren, das auf die Leistung des Eides abzielt, und die prozessualen Folgen, die sich an die Eidesleistung knüpfen, sind im 8. Buche der ZPO (899—915) geregelt. Das Verfahren wird vom Zwang beherrscht; es ist ein Teil der ZV.

II. Von dieser zwar im Interesse des Gläubigers begründeten, aber öffentlichrechtlichen Pflicht zu Leistung des Offenbarungseides ist die bürgerlichrechtliche Verpflichtung zur Leistung eines solchen Eides zu unterscheiden, die im BGB für eine Reihe von Fällen vorgesehen ist (namentlich für den Fall, daß jemand zur Rechnungslegung verpflichtet ist, einen Inbegriff von Gegenständen herauszugeben oder über den Bestand eines solchen Inbegriffs Auskunft zu erteilen hat; BGB 259, 260). In diesen Fällen kann auf die Leistung des Offenbarungseides geklagt werden. Nach Erlaß des Urteils wie vorher kann der Eid freiwillig geleistet werden: dies hat vor dem AG (Zuständigkeit: BGB 261 I) im Verfahren der freiwilligen Gerichtsbarkeit zu geschehen. Die ZV aus dem verurteilenden Erkenntnis aber erfolgt dadurch, daß der Schuldner durch Geldstrafe oder Haft zur Leistung des Eides angehalten wird (Beugezwang; 888, 889; oben § 3 III 2b β und unten § 21 VII 3b).

III. Die Verpflichtung zur Leistung des prozessualen Offenbarungseides besteht in zwei Fällen:

1. Wenn die ZV wegen einer Geldforderung in das bewegliche Vermögen nicht zur vollständigen Befriedigung des Gläubigers geführt hat oder der Gläubiger glaubhaft macht, daß er durch ZV seine Befriedigung nicht vollständig erlangen kann, hat der Schuldner auf Antrag ein Vermögensverzeichnis[1]) vorzulegen, in betreff seiner Forderungen den Grund und die Beweismittel zu bezeichnen und den Offenbarungseid dahin zu leisten: „daß er die von ihm verlangten Angaben nach bestem Wissen und Gewissen richtig und vollständig gemacht habe" (807).

2. Wenn der Schuldner eine bewegliche Sache herauszugeben hat, die Sache aber vom Gerichtsvollzieher nicht vorgefunden wird, hat der Schuldner auf Antrag des Gläubigers den Offenbarungseid dahin zu leisten: „daß er die Sache nicht besitze, auch nicht wisse, wo die Sache sich befinde". Die Eidesnorm kann vom Gericht der Sachlage entsprechend abgeändert werden (883; unten § 21 VII 1).

IV. Das Offenbarungseidsverfahren (899ff.).

Das Vollstreckungsgericht (Zuständigkeit: 899) hat auf Antrag des Gläubigers (der Vollstreckungstitel und die sonstigen Urkunden, aus denen sich die Verpflichtung zur Leistung des Eides ergibt, müssen dem Antrag beigefügt sein: 900 I) einen Termin zur Leistung des Offenbarungseides zu bestimmen. Bei diesem Termin, der nicht öffentlich ist und in dem der Gläubiger nicht anwesend und nicht vertreten zu sein braucht, bestehen drei Möglichkeiten:

1. Der Schuldner (oder sein gesetzlicher Vertreter) erscheint und leistet den Eid. Zuvor muß dem Gläubiger, wenn er anwesend ist, Gelegenheit gegeben werden, dem Schuldner hinsichtlich der Vollständigkeit des vorgelegten Vermögensverzeichnisses Vorhaltungen zu machen, und in jedem Falle hat der Richter, wenn das Verzeichnis offenbar unrichtig ist, auch von sich aus darauf hinzuwirken, daß es vor der Eidesleistung vervollständigt wird. Nach der Eidesleistung ist der Schuldner in die „schwarze Liste" einzutragen (unten VI).

2. Der Schuldner (oder sein gesetzlicher Vertreter oder ein Bevollmächtigter) bestreitet die Verpflichtung zur Leistung des Offenbarungseides. (Diese Erklärung ist wohl zu unterscheiden von der Verweigerung des Eides. Erklärt der Schuldner oder sein Vertreter, daß er die Verpflichtung zur Leistung des Offenbarungseides bestreite, gibt er dabei aber einen Grund nicht an, oder wird ein Grund angegeben, der erkennen läßt, daß der Schuldner seine Verpflichtung zur Leistung des Eides gar nicht ernstlich bestreiten will, so liegt in Wirklichkeit eine Eidesverweigerung vor.) Über den Widerspruch hat das Gericht durch Beschluß zu entscheiden. Der Beschluß ist mit der sofortigen Beschwerde anfechtbar (in 900 V ist die Zulassung der sofortigen Beschwerde im Sinne von 567 zu sehen), und erst nach der Rechtskraft der Entscheidung erfolgt die Eidesleistung (900 V; die sofortige Beschwerde hat also hier ausnahmsweise aufschiebende Wirkung). Der Schuldner gewinnt somit durch den Widerspruch Zeit. In dem neuen Eidesleistungstermin ist ein neuer Widerspruch zulässig, wenn er auf andere (nicht notwendig neue) Tatsachen gestützt wird: auch über ihn ist durch Beschluß, der

---

[1]) In dem Vermögensverzeichnis muß der Schuldner auch die Geschäfte angeben, die der Gläubiger als ihm gegenüber unwirksam anfechten kann.

mit sofortiger Beschwerde anfechtbar ist, zu entscheiden, doch kann das Vollstreckungsgericht in diesem Falle die Eidesleistung vor Eintritt der Rechtskraft anordnen (900).

3. Bestreitet der Schuldner nicht ernstlich die Verpflichtung zur Eidesleistung, weigert er sich aber, den Eid zu leisten, oder ist er nicht persönlich erschienen, so hat das Gericht auf Antrag des Gläubigers (der schon vor dem Termin z. B. schon bei der Beantragung eines Termins zur Leistung des Offenbarungseides, aber auch schriftlich nach dem Termin gestellt werden kann) zur Erzwingung der Eidesleistung die Haft (unten VIII) anzuordnen (901). Die Anordnung der Haft ist wie die Ablehnung des Antrags mit der sofortiger Beschwerde anfechtbar. Der verhaftete Schuldner kann jederzeit bei dem AG des Haftorts die Abnahme des Eides beantragen. Dem Antrag ist sofort zu entsprechen. Nach der Eidesleistung wird der Schuldner aus der Haft entlassen und der Gläubiger davon in Kenntnis gesetzt (902).

4. Wenn der Schuldner glaubhaft macht, daß er die Forderung des Gläubigers binnen einer Frist von drei Monaten tilgen werde, kann das Gericht den Eidestermin bis zu drei Monaten vertagen.

Wenn der Schuldner dann in dem neuen Termin nachweist, daß er die Forderung mindestens zu zwei Dritteln getilgt hat, kann das Gericht nochmals bis zu 6 Wochen vertagen. Gegen den Vertagungsbeschluß gibt es sofortige Beschwerde (900 IV).

V. Wirkung der Eidesleistung gegenüber anderen Gläubigern.

Wer den allgemeinen Offenbarungseid (den Eid des 807) geleistet hat und noch in der „schwarzen Liste“ steht, ist zur nochmaligen Leistung des Offenbarungseides — auch wenn ein anderer Gläubiger die Abnahme des Eides beantragt — in den ersten drei Jahren nach der Eidesleistung nur dann verpflichtet, wenn der Gläubiger glaubhaft macht, daß der Schuldner wieder Vermögen erworben hat oder daß ein bisher bestehendes Arbeitsverhältnis mit dem Schuldner gelöst ist. 903.

VI. Das Schuldnerverzeichnis. (Die sog. schwarze Liste.) Das Vollstreckungsgericht hat ein öffentliches Verzeichnis der Schuldner zu führen, die den allgemeinen Offenbarungseid (807) geleistet haben, oder gegen die, weil sie den Eid verweigert haben oder im Termin nicht erschienen sind, die Haft angeordnet ist. (Ist die Haft vollstreckt worden und hat sie das Höchstmaß von 6 Monaten erreicht, so soll das — mit Rücksicht auf 914 — in dem Verzeichnis vermerkt werden.) Die Eintragung ist auf Antrag des Schuldners zu löschen, wenn die Befriedigung des Gläubigers nachgewiesen wird oder seit dem Schluß desjenigen Jahres in welchem die Eintragung erfolgte, drei Jahre verstrichen sind (der Name ist unkenntlich zu machen, oder das Verzeichnis ist zu vernichten). 915. Für unrichtige Eintragungen (z. B. Eintragung des Gläubigers statt des Schuldners!) haftet, da das Verzeichnis in Ausübung öffentlicher Gewalt geführt wird (RG 118, 241ff.), grundsätzlich der Staat (GG Art. 34).

VIII. Die Haft.

1. Die ZPO sieht die Haft als Ordnungsstrafe (Freiheitsberaubung als Strafe für einen Bruch der Rechtsordnung) vor: im Erkenntnisverfahren bei

dem Ausbleiben eines Zeugen und bei unberechtigter Zeugnisverweigerung (380 I, 390 I), in der ZV aber, wenn der Schuldner der Verpflichtung zuwiderhandelt, eine Handlung zu unterlassen oder die Vornahme einer Handlung zu dulden (890 I; unten § 21 VIII). Die Anordnung und Vollstreckung dieser Haft erfolgt nach strafprozessualen Grundsätzen und auf Staatskosten (für die in der ZV der Schuldner haftet). Die ZPO enthält darüber keine besonderen Regeln.

2. Anders ist es in den Fällen, in denen die Haft nicht als Strafe, sondern zur Erzwingung eines vom Gesetz angeordneten Verhaltens (als „Zwangshaft") angeordnet wird. Als solche sieht die ZPO sie vor im Erkenntnisverfahren zur Erzwingung eines Zeugnisses (390 II) und in der ZV, wenn der Schuldner eine Handlung vorzunehmen hat, die durch einen Dritten nicht vorgenommen werden kann und ausschließlich von dem Willen des Schuldners abhängt (888; unten § 21 VII 3b), insbesondere wenn der Schuldner den Offenbarungseid des materiellen Rechts zu leisten hat (889), ferner zur Erzwingung des prozessualen Offenbarungseides (901) und schließlich zum Vollzuge des persönlichen Arrestes (918, 933; unten § 13). In allen diesen Fällen gelten die Normen, die die ZPO für die Haft zur Erzwingung des Offenbarungseides in 904—914 aufgestellt hat, und auf die hier verwiesen werden kann.

§ 12
Anfechtung von Rechtshandlungen des Schuldners durch den Gläubiger

I. Grundsätzlich haftet nur das, was zur Zeit der ZV dem Schuldner gehört, für seine Schuld, nicht das, was schon vor der ZV aufgehört hat, Teil des Schuldnervermögens zu sein. Schuldner, denen die ZV droht, verschieben und verschleudern aber erfahrungsgemäß häufig Vermögensgegenstände. Schon das römische Recht schützte den Gläubiger dagegen. Justinian gab dem Gläubiger einen Rückgewähranspruch bei Vermögensentäußerungen, die der Schuldner mit dem Willen und voraussehbaren Erfolg einer Benachteiligung der Gläubiger vorgenommen hatte (alienatio in fraudem creditorum), wenn deren Erwerber dieser Wille bekannt (particeps fraudis) oder der Erwerb unentgeltlich (ex titulo lucrativo) gewesen war. Die gemeinrechtliche Lehre sprach hier von einer „actio Pauliana". Auch das geltende Recht schützt den Gläubiger gegen gewisse Vermögensentäußerungen, die der Schuldner vor der ZV vollgültig vollzogen hat. Der Gläubiger kann unter bestimmten Voraussetzungen Rechtshandlungen des Schuldners, durch die vor der ZV etwas „aus dem Vermögen des Schuldners veräußert, weggegeben oder aufgegeben ist", anfechten mit der Wirkung, daß das dem Dritten gehörige Vermögensstück dem

Zwangszugriff des Gläubigers unterliegt, als ob es noch dem Schuldner gehört; soweit Rückgewähr in Natur unmöglich ist, hat der Dritte den Wert zu erstatten. Diese „Gläubigeranfechtung" bedeutet einen Eingriff in den Erwerb eines Dritten; natürlich ist ein solcher Eingriff nur unter beschränkten Voraussetzungen zulässig; er ist es dann, wenn der Dritte sich den Gläubigern des Schuldners gegenüber einer Unredlichkeit schuldig gemacht hat (wenn er „particeps fraudis" war: „Absichtsanfechtung") oder wenn er unentgeltlich erwarb (Erwerb ex titulo lucrativo: „Schenkungsanfechtung"). Außerdem mußten zeitliche Schranken gezogen werden.

II. Die Gläubigeranfechtung ist im engsten Anschluß an die Regelung, die die Anfechtung im Konkurse durch KO 29–42 erfahren hat, durch ein besonderes Gesetz „betreffend die Anfechtung von Rechtshandlungen eines Schuldners außerhalb des Konkursverfahrens" (AnfG) v. 21. 7. 1879 geregelt (das durch die Bekanntmachung v. 20. 5. 1898 neu gefaßt und in Einzelheiten durch die Vergleichsordnung geändert worden ist).

III. Die allgemeinen Voraussetzungen der Gläubigeranfechtung außerhalb des Konkurses:

1. Grundsätzlich muß der Gläubiger, um anfechten zu können, einen vollstreckbaren Schuldtitel haben (AnfG 2). Durch Einrede kann jedoch auch schon vorher angefochten werden; dann hat der Gläubiger aber den Titel vor der Entscheidung binnen einer vom Gericht zu bestimmenden Frist beizubringen (AnfG 5).

2. Die Forderung des Gläubigers muß fällig sein (AnfG 2).

3. Die ZV in das Vermögen des Schuldners muß bereits fruchtlos betrieben oder doch voraussichtlich fruchtlos sein (AnfG 2): subsidiäre Natur des Anfechtungsanspruchs.

4. Nur eine Rechtshandlung des Schuldners kann angefochten werden. Unter Rechtshandlung ist hier jede Willensbetätigung, an die die Rechtsordnung Folgen knüpft, zu verstehen, mögen die Folgen als gewollt erklärt sein (wie beim Rechtsgeschäft) oder nicht. Unter den Rechtsgeschäften kommen sowohl die Verpflichtungs- wie die Erfüllungsgeschäfte in Betracht. (Oft bilden Verpflichtungs- und Erfüllungsgeschäft zusammen die anfechtbare Rechtshandlung.) Dadurch, daß der Schuldner zu der Rechtshandlung verpflichtet war, wird die Anfechtung nicht ausgeschlossen. Ja, sie wird auch dadurch nicht ausgeschlossen, daß für die anzufechtende Rechtshandlung ein Vollstreckungstitel erlangt[1]) oder daß die Rechtshandlung durch ZV oder durch Vollziehung eines Arrestes erwirkt worden ist (AnfG 6). Aber nur Rechts-

[1]) Sonst könnte der Schuldner die Anfechtbarkeit dadurch, daß er ein Urteil gegen sich ergehen läßt, ausschalten.

handlungen des Schuldners sind anfechtbar (anders im Konkurse): z. B. unterliegt eine ohne Zutun des Schuldners erwirkte Vollstreckung nicht der Anfechtung.

5. Immer ist Voraussetzung der Anfechtung, daß die Rechtshandlung dem Gläubiger zum Nachteil gereicht, ihn in seiner Befriedigung unmittelbar oder mittelbar verkürzt. Das sagt das Gesetz zwar nicht ausdrücklich, es ergibt sich aber, wenn man AnfG 1, 2 und 7 zusammen betrachtet. Benachteiligt ist der Gläubiger, wenn der Schuldner eine Veräußerung vorgenommen hat, und kein Entgelt in das Vermögen des Schuldners gelangt ist, das für den Gläubiger gleich viel wert ist wie der veräußerte Gegenstand.

IV. Die besonderen Voraussetzungen der „Absichtsanfechtung" (AnfG 3 I Nr. 1 u. 2). Anfechtbar sind:

1. alle Rechtshandlungen, die der Schuldner in der Absicht, seine Gläubiger zu benachteiligen, vorgenommen hat, wenn der Anfechtende beweist, daß der Dritte die Gläubigerbenachteiligungsabsicht kannte (in diesem Sinne particeps fraudis war), gleichviel wann und wem gegenüber die Rechtshandlung vorgenommen worden ist;

2. Verträge mit dem Ehegatten und gewissen nahe Verwandten oder nahe Verschwägerten sind, wenn sie im letzten Jahre vor der Anfechtung gegen Entgelt abgeschlossen worden sind, anfechtbar, sofern nicht der Anfechtungsgegner nachweist, daß ihm die Gläubigerbenachteiligungsabsicht unbekannt war. (Bei diesen Verträgen wird also, wenn sie im letzten Jahr vor der Anfechtung geschlossen sind, davon ausgegangen, daß nicht nur die Gläubigerbenachteiligungsabsicht des Schuldners, sondern auch die Kenntnis des Dritten von dieser Absicht vorgelegen hat, und dem Anfechtungsgegner wird der Entlastungsbeweis aufgebürdet.)

V. Die besonderen Voraussetzungen der „Schenkungsanfechtung" (AnfG 3 I Nr. 3 u. 4). Anfechtbar sind:

1. alle unentgeltlichen Verfügungen, die der Schuldner im letzten Jahre vor der Anfechtung vorgenommen hat, wenn nicht der Anfechtungsgegner nachweist, daß es sich um „gebräuchliche Gelegenheitsgeschenke" handelte;

2. alle unentgeltlichen Verfügungen, die der Schuldner zugunsten seines Ehegatten in den letzten beiden Jahren vor der Anfechtung vorgenommen hat.

VI. Wie eine unentgeltliche Verfügung soll kraft positiver Vorschrift (AnfG 3a) auch die Verfügung anfechtbar sein, die der Schuldner als Erbe dadurch vorgenommen hat, daß er Verbindlichkeiten aus Pflichtteilen, Vermächtnissen und Auflagen aus dem Nachlaß erfüllte: doch ist hier nur der Nachlaßgläubiger anfechtungsberechtigt, der im Konkursverfahren über den Nachlaß dem Empfänger der Leistung im Range vorgehen oder gleichstehen würde.

VII. Berechnung der Fristen. Anfechtungsankündigung. Die Fristen, die im AnfG 3 I Nr. 2—4 (oben IV 2 u. V 1 u. 2) vorgesehen sind (und in die die Zeit, in der ein Verfahren auf Herbeiführung eines Vergleichs zur Abwendung des Konkurses anhängig war, nicht eingerechnet wird, 3 II), werden von dem Zeitpunkt der Anfechtung (unten VIII) zurückgerechnet. Der Gläubiger kann aber, wenn er noch keinen vollstreckbaren Schuldtitel hat oder seine Forderung noch nicht fällig ist, er also noch nicht anfechten kann (oben III 1 u. 2), den Empfänger der anfechtbaren Leistung durch Zustellung eines Schriftsatzes von seiner Absicht, die Handlung anzufechten, in Kenntnis setzen: dann wird die Frist von dem Zeitpunkte der Zustellung zurückgerechnet, „sofern schon zu dieser Zeit der Schuldner zahlungsunfähig war und bis zum Ablaufe von zwei Jahren seit diesem Zeitpunkte die Anfechtung erfolgt ist“ (AnfG 4).

VIII. Die Geltendmachung der Anfechtbarkeit.

Das AnfG spricht von einer Anfechtung „im Wege der Klage“ (AnfG 9) und von einer Anfechtung „im Wege der Einrede“ (AnfG 5), und in der Praxis ist allgemein anerkannt, daß die Anfechtung in einer die Fristen (AnfG 3 Nr. 2—4) wahrenden Weise nur gerichtlich erfolgen kann. Wird durch eine Klage angefochten, so muß sie auf Leistung gerichtet werden, und der Klageantrag muß bestimmt bezeichnen, in welchem Umfange und in welcher Weise die Rückgewähr seitens des Empfängers bewirkt werden soll (AnfG 9). Durch Einrede (oder Gegeneinrede) wird die Anfechtbarkeit besonders häufig im Interventionsprozesse (oben § 10 V) geltend gemacht: oft erhebt z. B. die Frau des Schuldners die Widerspruchsklage mit der Behauptung, daß die bei ihrem Manne gepfändeten Möbel ihr Eigentum seien, und der Gläubiger begegnet dieser Klage damit, daß er die Eigentumsübertragung samt dem zugrunde liegenden Geschäft auf Grund des Anfechtungsgesetzes anficht.

IX. Die Anfechtung ist Geltendmachung eines dem Gläubiger kraft Gesetzes zustehenden Anspruchs auf Rückgewähr an den Schuldner. Liegen die Anfechtungsvoraussetzungen vor, so kann der Gläubiger grundsätzlich die Rückgewähr dessen verlangen, was durch die anfechtbare Handlung aus dem Vermögen des Schuldners veräußert, weggegeben oder aufgegeben ist (AnfG 7 I). Er kann die Rückgewähr aber nur so weit und in der Weise verlangen, wie sie zu seiner Befriedigung erforderlich ist. Er kann also fordern, daß der Dritte die ZV in das Vermögensstück duldet, als ob es noch dem Schuldner gehörte; er kann aber unter Umständen auch auf Auskunft über den Verbleib bestimmter Vermögensstücke oder auf Herbeischaffung verschleppter Sachen klagen. Ist die Rückgewähr in Natur unmöglich, so haftet der Anfechtungsgegner auf Wertersatz, er hat die Ersatzsumme dem anfechtenden Gläubiger zu zahlen. Aus Billigkeitsgründen schränkt aber AnfG 7 II die Rückgewährpflicht zugunsten des gutgläubigen Erwerbers einer unentgeltlichen Leistung ein: er hat sie nur zurückzugewähren, soweit er durch sie bereichert ist.

X. Die Rechte des Anfechtungsgegners. Wenn der Schuldner die angefochtene Veräußerung nicht unentgeltlich, sondern für eine Gegenleistung oder zur Erfüllung einer Verbindlichkeit vorgenommen hat, darf der Anfechtungsgegner doch den Anspruch auf Erstattung der Gegenleistung und seine Forderung, die durch die anfechtbare Leistung getilgt worden ist, nicht dem Rückgewähranspruch entgegenhalten: er kann sich wegen Erstattung der Gegenleistung oder wegen der Forderung, die wieder auflebt, nur an den Schuldner halten (AnfG 8). Ob diese Regelung rechtspolitisch zu rechtfertigen ist, ist zweifelhaft.

XI. Sind die Vermögensstücke, die durch die anfechtbare Rechtshandlung aus dem Vermögen hinausgelangt sind, inzwischen von dem Empfänger auf einen andern übergegangen, so haftet, wenn eine Gesamtrechtsnachfolge vorliegt, der Gesamtrechtsnachfolger statt des Empfängers („Die gegen den Erblasser begründete Anfechtung findet gegen den Erben statt", AnfG 11 I), während bei Sondernachfolge unter Umständen zu der Haftung des Empfängers (Ersterwerbers), die immer bestehenbleibt, die Haftung des Sondernachfolgers hinzutritt. Dies ist einmal der Fall, wenn dem Sondernachfolger das Erlangte unentgeltlich zugewendet worden ist. Es ist aber auch der Fall, wenn ihm zur Zeit seines Erwerbes die Umstände bekannt waren, die die Anfechtbarkeit des Erwerbes seines Rechtsvorgängers begründeten. Es ist schließlich der Fall, wenn der Sondernachfolger der Ehegatte des Schuldners ist oder zu den in AnfG 3 I Nr. 2 bezeichneten nahe Verwandten oder Verschwägerten des Empfängers gehört und nicht nachweist, daß ihm zur Zeit seines Erwerbes die Umstände unbekannt waren, die die Anfechtbarkeit des Erwerbers seines Rechtsvorgängers begründeten. Ist dem Rechtsnachfolger das Erlangte unentgeltlich zugewendet worden, so hat er die Leistung nur so weit zurückzugewähren, als er durch sie bereichert ist. Um die Anfechtungsfristen (AnfG 3 I Nr. 2–4) gegen den Sondernachfolger gemäß AnfG 4 zu erstrecken, genügt die Zustellung des Schriftsatzes an ihn (AnfG 11).

XII. Zeitliche Schranken für die Ausübung des Anfechtungsrechts bei der „Absichtsanfechtung": AnfG 12.

XIII. Die Anfechtungsrechte der einzelnen Gläubiger müssen im Konkurse des Schuldners, soweit sie Konkursgläubiger sind, dem Gemeinschaftsrechte weichen (AnfG 13 I–III). Durch die Beendigung des Konkursverfahrens endet die Beschränkung der einzelnen Konkursgläubiger in der Verfolgung ihrer Rechte. Rechtshandlungen, die der Gemeinschuldner rücksichtlich seines konkursfreien Vermögens vorgenommen hat, können von den Konkursgläubigern auch während des Konkursverfahrens zum Zwecke ihrer Befriedigung angefochten werden (AnfG 13 IV u. V).

XIV. Rechtsnatur der Gläubigeranfechtung. Die Gläubigeranfechtung hat nichts mit der Anfechtung von Willenserklärungen zu tun, die im Allgemeinen Teil des BGB geregelt ist. Sie bezieht sich nicht nur auf rechtsgeschäftliche Willenserklärungen, sondern auf Rechtshandlungen aller Art; nicht der, der die Rechtshandlung vorgenommen hat, sondern sein Gläubiger ist anfechtungsberechtigt; Anfechtungsgrund ist nicht ein Willensmangel, sondern Gläubigerbenachteiligung durch einen der Tatbestände des AnfG 3 I Nr. 1–4; die Anfechtung kann nicht durch formlose Erklärung, sondern nur gerichtlich – durch Klage oder Einrede – erfolgen. Darüber, daß die Gläubigeranfechtung mit der im BGB geregelten Anfechtung von Willenserklärungen nichts zu tun hat, besteht kein Zweifel und kein Streit. Sehr bestritten ist dagegen, ob durch die Anfechtungsklage oder -einrede der Rechtserwerb des Dritten ohne weiteres, soweit es sich um die Befriedigung des Gläubigers handelt, in das Schuldnervermögen zurückfällt (ähnlich der Wirkung, die die Anfechtung einer Willenserklärung bei einem Willensmangel hat, wenn eine Verfügung angefochten wird), oder ob hier nur ein Anspruch auf Rückgewähr gegeben ist. Die Frage ist in mehrfacher Beziehung von praktischer Bedeutung; sie wird namentlich wichtig, wenn der Dritte nach der Anfechtung, aber vor der Durchführung der ZV in Konkurs fällt.

Das AnfG sagt einerseits, daß die Rechtshandlung des Schuldners von dem Gläubiger „als diesem gegenüber unwirksam" angefochten werden könne (AnfG 1), und andererseits bestimmt es, der Gläubiger könne, soweit es zu seiner Befriedigung erforderlich sei, beanspruchen, daß dasjenige, was durch die anfechtbare Handlung aus dem Vermögen des Schuldners veräußert, weggegeben oder aufgegeben sei, als noch zu demselben gehörig von dem Empfänger zurückgewährt werde (AnfG 7). Die beiden Stellen sind nur dann miteinander zu vereinbaren, wenn man das Gesetz dahin deutet: die anfechtbare Rechtshandlung ist dem Gläubiger gegenüber insofern unwirksam, als er, soweit es zu seiner Befriedigung erforderlich ist, die Rückgewähr von dem Empfänger fordern kann. Gerät der Empfänger in Konkurs, so hat der Gläubiger also kein Aussonderungsrecht. Sein Anspruch wird zu einer Geldforderung nach KO 69.

Wenn der Gläubiger eine Rechtshandlung seines Schuldners anficht, zieht er etwas zu seiner Befriedigung heran, was sonst seinem Zwangszugriff nicht unterliegt. Insofern handelt es sich bei der Gläubigeranfechtung um ein Hilfsmittel der ZV wegen Geldforderungen.

§ 13
Arrest. Einstweilige Verfügung

I. Der Arrest dient zur Sicherung der ZV in das bewegliche und unbewegliche Vermögen wegen einer Geldforderung oder wegen eines Anspruchs, der in eine Geldforderung übergehen kann (916). Es gibt zwei Arten des Arrestes:

1. Der sog. dingliche Arrest ist die gerichtliche Entscheidung, die dem Gläubiger das Recht gegen den Staat darauf gibt, daß die ZV in das Vermögen des Schuldners bis zur Sicherung (nicht bis zur Befriedigung) eines vom Gläubiger behaupteten Anspruchs (Arrestanspruch) durchgeführt wird (917). Vgl. unten VI 1.

2. Der sog. persönliche Arrest ist die gerichtliche Entscheidung, durch die eine Beschränkung der persönlichen Freiheit des Schuldners angeordnet wird, „um die gefährdete ZV in das Vermögen des Schuldners zu sichern" (918). Welche Beschränkung eintreten soll, hat das Gericht in dem Arrestbefehl zu bestimmen. (Daß der Schuldner sich in seiner Wohnung aufzuhalten hat, daß er sich zu bestimmten Zeiten zu melden hat, daß er in Haft zu nehmen ist u. a.). Vgl. unten VI 2.

II. „Einstweilige Verfügungen" gibt es nach dem 8. Buche der ZPO zwei Arten, die ganz verschiedenen Zwecken dienen und verschiedene Rechtsnatur haben.

1. Nur die eine Art der einstweiligen Verfügung dient der Sicherung künftiger ZV: dies ist die „einstweilige Verfügung in Beziehung auf den Streitgegenstand" (935), die man auch als „anspruchsichernde" oder „arrestähnliche" einstweilige Verfügung bezeichnen kann. Sie zielt darauf ab, die ZV wegen eines Anspruchs, der nicht Geldforderung ist, zu sichern. Vgl. unten VII 1.

2. Die einstweilige Verfügung nach 940 soll dagegen einen einstweiligen Zustand in bezug auf ein streitiges Rechtsverhältnis regeln. Eine solche Regelung kann dem Gläubiger bei künftiger ZV zugute kommen, ja für ihre Anordnung mag im einzelnen Falle auch die Erwägung sprechen, daß sie die künftige ZV sichert. Aber das eigentliche Ziel dieser einstweiligen Verfügung ist nicht die Sicherung der künftigen ZV, sondern daß der Streit darüber, was für die Dauer des Prozesses in Ansehung des Streitgegenstandes gelten soll, ausgeschaltet wird. Vgl. unten VII 2.

III. Die Praxis hat in Anlehnung an 627 (nach dem für die Dauer des Eheprozesses durch einstweilige Verfügung die gegenseitige Unterhaltspflicht der Ehegatten geregelt werden kann) in Verbindung mit 940 noch eine Abart der einstweiligen Verfügung entwickelt: sie gibt in gewissen Fällen, namentlich wenn es sich um Unterhaltsleistungen handelt, dem einen Teil die Bewirkung fortlaufender Leistungen an den andern auf, derart, daß auf Grund der Anordnung die ZV nicht nur bis zur Sicherung, sondern bis zur Befriedigung betrieben werden kann.

IV. Weder der Arrest noch die einstweilige Verfügung setzt voraus, daß der Anspruch, dessen ZV gesichert werden soll, oder das Rechtsverhältnis, in bezug auf das eine einstweilige Regelung getroffen werden soll, bereits Gegenstand eines Rechtsstreits ist. Aber ein solcher Rechtsstreit geht in der Regel nebenher. Er wird im Verhältnis zu dem Rechtsstreit, in dem es sich um den Arrest oder die einstweilige Verfügung handelt, als die „Hauptsache" bezeichnet.

V. Das Verfahren, das auf den Erlaß eines Arrestes oder einer einstweiligen Verfügung gerichtet ist, ist Erkenntnisverfahren, die Vollziehung des Arrestes und der einstweiligen Verfügung erfolgt grundsätzlich nach den Vorschriften über die ZV. Die ZPO behandelt beide Verfahren zusammen im 8. Buche im Schlußabschnitt (916–945). Für den Arrest und die „anspruchsichernde" einstweilige Verfügung ist das gerechtfertigt, weil sie dazu dienen, die zwangsweise Befriedigung des Gläubigers zu sichern. Für die einstweilige Verfügung nach 940 rechtfertigt es sich nur durch den Zusammenhang mit der „anspruchsichernden" einstweiligen Verfügung.

VI. Der Arrest.

1. Der dingliche Arrest „findet statt":

a) Zur Sicherung der ZV in das Vermögen des Schuldners wegen einer Geldforderung oder eines Anspruchs, der in eine Geldforderung übergehen kann (916). Der zu sichernde Anspruch wird als Arrestanspruch bezeichnet. Er kann betagt und — wenn er nur einen gegenwärtigen Vermögenswert hat — auch bedingt sein. Ist für einen Anspruch schon ein Vollstreckungstitel erlangt, aus dem alsbald vollstreckt werden kann, so besteht kein Rechtsschutzbedürfnis für den Arrest, der ja doch auch nur einen vollstreckbaren Titel geben soll.

b) Nur wenn zu besorgen ist, daß ohne Verhängung des Arrestes die Vollstreckung des Urteils vereitelt oder wesentlich erschwert werden würde, findet der dingliche Arrest statt. Schlechte Vermögenslage des Schuldners und drohende Konkurrenz anderer Gläubiger bilden, auch wenn sie zusammenkommen, nicht schon einen solchen „Arrestgrund". Ein Arrestgrund kann aber darin liegen, daß der Schuldner sich der Verschwendung ergeben hat, oder daß er sein Vermögen verschleudert, oder daß er sein Vermögen — aus welchem Grunde auch immer — beiseite bringt. (Er steht z. B. im Begriff, seine ganze Habe zu verkaufen, um dann mit dem Erlös spurlos zu verschwinden.) Nach 917 II ist es als ein ausreichender Arrestgrund anzusehen, wenn das Urteil im Ausland vollstreckt werden müßte. Hat eine deutsche Reederei — etwa aus einer auf hoher See stattgefundenen Kollision — eine Forderung gegen eine ausländische Reederei, so kann sie ein Schiff der ausländischen Reederei, das in einen deutschen Hafen kommt, „an die Kette legen lassen", es sei denn, daß die ausländische Reederei im Inland genügendes Vermögen hat, und die Gefahr nicht besteht, daß sie dieses Vermögen aus Deutschland wegnimmt.

2. Auch der persönliche Arrest „findet statt" (gegen Inländer und Ausländer) zur Sicherung eines Arrestanspruchs (oben 1a), wenn ein Arrestgrund (oben 1b) gegeben ist. Aber er ist subsidiärer Natur: er darf nur erlassen werden, wenn auf eine andere Weise als durch eine Freiheitsbeschränkung die gefährdete ZV in das Vermögen des Schuldners nicht zu sichern ist (918), also nicht, wenn durch einen dinglichen Arrest die Sicherung erreicht werden kann. Der persönliche Arrest ist z. B. zulässig, wenn der Schuldner im Begriffe steht, sich in das Ausland zu begeben, um den Offenbarungseid nicht leisten zu müssen, er aber offenbar noch Vermögensgegenstände hat, deren Verbleib unbekannt ist. Dagegen ist der persönliche Arrest nicht zulässig, um den Schuldner zur Herbeischaffung von Deckungsmitteln zu zwingen. Die Freiheitsbeschränkung braucht nicht in Haft zu bestehen (oben I 2), wird aber Haft verhängt, so darf sie nicht länger als 6 Monate dauern.

3. Der „Arrestprozeß" (das Verfahren über den Erlaß eines Arrestes) ist eine besondere Verfahrensart. (Soweit nicht im 8. Buche, besonders im 5. Abschnitt, Sondervorschriften enthalten sind, gelten für den Arrestprozeß die Normen des 1. bis 4. Buches der ZPO.) Es ist ein sog. summarisches Verfahren (der Arrest kann ohne mündliche Verhandlung und ohne Anhörung des Gegners erlassen werden; der Anspruch, der gesichert werden soll — der „Arrestanspruch" — und der Tatbestand, der solche Sicherung rechtfertigt, — der „Arrestgrund" — brauchen nur glaubhaft gemacht, nicht bewiesen zu werden; der Parteieid ist ausgeschlossen). Das Verfahren gehört zu den Feriensachen.

a) Zuständig für den Erlaß des Arrestes ist sowohl das Gericht der Hauptsache (oben IV — mag die „Hauptsache" bereits anhängig sein oder nicht) wie das AG, in dessen Bezirk der mit Arrest zu belegende Gegenstand oder die in ihrer persönlichen Freiheit zu beschränkende Person sich befindet (919). In dringenden Fällen kann der Vorsitzende des Gerichts der Hauptsache, wenn eine mündliche Verhandlung nicht erforderlich ist, den Arrest erlassen (944).

b) „Arrestgesuch" ist der Antrag auf Erlaß eines Arrestes. Es soll den Anspruch und den Arrestgrund bezeichnen und glaubhaft machen, auch den Geldbetrag oder den Geldwert der Forderung angeben. Es kann schriftlich eingereicht oder zu Protokoll der Geschäftsstelle erklärt werden (920). Anwaltszwang besteht für das Gesuch nicht (78 II). Auf welchen Gegenstand des Schuldners der Gläubiger seinen Zwangszugriff nehmen will, braucht in dem Gesuch nur gesagt zu werden, wenn nicht das Gericht der Hauptsache angegangen wird (arg. 919). Es genügt sonst als Antrag die

Erklärung, das Gericht möge zur Sicherung des Anspruchs „den dinglichen Arrest in das Vermögen des Schuldners anordnen".

c) Das Verfahren über das Gesuch. Weder mündliche Verhandlung noch Gehör des Gegners ist vorgeschrieben. Wird der Schuldner gehört, so wird er mitunter noch vor Erlaß des Arrestes die Vollstreckungsobjekte beiseite bringen. Es gibt aber Ausnahmefälle, in denen es doch angezeigt ist, den Schuldner zu hören (z. B. wenn dem Schuldner nicht zuzutrauen ist, daß er sein Vermögen zum Nachteil seiner Gläubiger verschiebt, oder wenn das Gericht Unterlagen dafür hat, daß „an der Sache nichts ist"). Die Anhörung des Schuldners kann in der Weise erfolgen, daß ihm eine Frist zur schriftlichen Erklärung gesetzt wird. Wird (durch Beschluß, der dem Gläubiger zuzustellen ist) mündliche Verhandlung angeordnet, so sind im Amtsgerichtsprozeß beide Parteien von Amts wegen dazu zu laden, im landgerichtlichen Prozeß hat der Gläubiger dem Schuldner Arrestgesuch und Ladung zuzustellen. Die mündliche Verhandlung, für die vor den Kollegialgerichten Anwaltszwang besteht, richtet sich nach den allgemeinen Normen, mit den Abänderungen, die sich daraus ergeben, daß Arrestanspruch und Arrestgrund nur glaubhaft zu machen, und der Eid ausgeschlossen sind. Auch das Versäumnisverfahren richtet sich nach den allgemeinen Regeln (330ff.).

d) Die Entscheidung über das Arrestgesuch hat, wenn sie ohne mündliche Verhandlung ergeht, durch Beschluß, sonst durch Urteil zu erfolgen (922 I). Das Gericht kann den Arrest gegen Sicherheitsleistung auch dann anordnen, wenn der Arrestanspruch oder der Arrestgrund oder beides nicht glaubhaft gemacht ist, und es kann andererseits, obwohl Arrestanspruch und Arrestgrund glaubhaft gemacht sind, die Anordnung des Arrestes von einer Sicherheitsleistung abhängig machen (921 II)[1]. Unter Umständen kann der Arrest, weil er von einer Sicherheitsleistung abhängig gemacht ist, für den Gläubiger wertlos sein. (Die Abwägung der berechtigten Interessen vor dem Erlaß eines Arrestes ist oft sehr schwierig.) Wird der Arrest von dem AG, das nicht „Gericht der Hauptsache" ist, erlassen, so ist er auf die im Bezirke des Gerichts befindlichen Gegenstände zu beschränken. (Das wird ziemlich allgemein aus 919 geschlossen.) Sonst ist einfach wegen des (genau zu bezeichnenden) Arrestanspruchs „der dingliche Arrest in das Vermögen des Schuldners" anzuordnen. Wird der persönliche Arrest erlassen, so sind die Freiheitsbeschränkungen genau zu bezeichnen. In jedem Falle ist in dem Arrestbefehl ein Geldbetrag — die sog. Lösungssumme — festzustellen, durch dessen Hinterlegung die Vollziehung des Arrestes gehemmt und der Schuldner zu dem Antrag, die zur Vollziehung des Arrestes erfolgten Zwangsmaßregeln („den Arrest") aufzuheben, berechtigt wird (923). Den Arrestbefehl hat die Partei, die ihn erwirkt hat, dem Gegner zustellen zu lassen (922 II). Der Beschluß, durch den das Arrestgesuch zurückgewiesen oder vorgängige Sicherheitsleistung für erforderlich erklärt wird, ist dem Gegner nicht mitzuteilen (922 III).

e) Rechtsmittel gegen die Entscheidung über das Arrestgesuch. Ist das Arrestgesuch durch Beschluß abgewiesen, so hat der Gesuchsteller dagegen die einfache (unbefristete) Beschwerde. Ist es durch Urteil abgewiesen, so hat er die Berufung oder den Einspruch nach allgemeinen Regeln. Ist der Arrestbefehl durch Beschluß erlassen, so ist dagegen kein Rechtsmittel, sondern nur der Widerspruch ge-

---

[1]) Es ist in der Regel besser, den Arrest durch Beschluß oder Urteil anzuordnen und seine Vollziehung von der Leistung der Sicherheit abhängig zu machen, als dem Gläubiger zunächst durch Beschluß — der dem Schuldner nicht mitgeteilt werden darf: 922 III — die Sicherheitsleistung aufzugeben und erst nach Leistung der Sicherheit den Arrest zu erlassen.

geben (unten f). Ist er durch Urteil erlassen, so hat der Schuldner dagegen nach allgemeinen Regeln die Berufung. Gegen die Entscheidung des Berufungsgerichtes gibt es keine Revision (545 II).

f) Der Widerspruch ist gegen den Erlaß des Arrestbefehls nur zulässig, wenn der Arrest durch Beschluß angeordnet ist. Er hemmt die Vollziehung des Arrestes nicht[1]), führt aber zu einer mündlichen Verhandlung, und über die Rechtmäßigkeit des Arrestes ist dann durch Endurteil (das mit der Berufung angefochten werden kann) zu entscheiden. 924, 925 I. „Das Gericht kann den Arrest ganz oder teilweise bestätigen, abändern oder aufheben, auch die Bestätigung, Abänderung oder Aufhebung von einer Sicherheitsleistung abhängig machen" (925 II).

g) Anordnung der Klageerhebung. Solange der Arrestbefehl besteht und die Hauptsache noch nicht anhängig ist, hat das Gericht[2]), das den Arrest erlassen hat (das „Arrestgericht"), auf (schriftlich einzureichenden) Antrag des Schuldners ohne mündliche Verhandlung anzuordnen, daß der Gläubiger binnen einer bestimmten Frist Klage zu erheben hat. Entspricht der Gläubiger dieser Auflage nicht, so kann der Schuldner ihn zu mündlicher Verhandlung laden, und es ist dann auf Antrag die Aufhebung des Arrestes durch Endurteil auszusprechen (926).

4. Die Aufhebung des Arrestbefehls wegen veränderter Umstände. Im Arrestprozeß kann der erlassene Arrest auf ein Rechtsmittel (oben 3e) oder auf den Widerspruch (oben 3f) hin, oder wenn der Gläubiger nicht innerhalb der ihm gesetzten Frist die Hauptsache anhängig gemacht hat (oben 3g), aufgehoben werden. Der Arrest kann aber auch, und zwar auch nach Abschluß des Arrestverfahrens („auch nach der Bestätigung") wegen veränderter Umstände, insbesondere wegen der Erledigung des Arrestgrundes oder auf Grund des Erbietens zur Sicherheitsleistung aufgehoben werden. Der Schuldner (oder sein Gesamtrechtsnachfolger) kann die Aufhebung jederzeit beantragen. Er muß dann den Gegner zur mündlichen Verhandlung laden. Zu entscheiden hat das Gericht, das den Arrest erlassen hat, und wenn die Hauptsache anhängig ist, das Gericht der Hauptsache. Die Entscheidung hat durch Endurteil zu erfolgen (927).

5. Die Vollziehung des Arrestes. Auf sie finden, soweit nicht der 5. Abschnitt des 8. Buches der ZPO Sondernormen enthält, die Vorschriften über die ZV Anwendung (928): Der Arrestbefehl ist als ein Vollstreckungstitel anzusehen (oben § 8 III 4a). Die Sondernormen sind folgende:

a) Voraussetzungen der Arrestvollziehung:

α) Arrestbefehle bedürfen grundsätzlich nicht der Vollstreckungsklausel. Nur wenn sie für einen anderen als den im Arrestbefehl bezeichneten Gläubiger oder gegen einen anderen als den im Befehl bezeichneten Schuldner vollzogen werden sollen, ist die Klausel („Umschreibung" des Arrestbefehls) erforderlich (929 I).

β) Die Vollziehung des Arrestes ist vor der Zustellung des Arrestbefehls an den Schuldner zulässig, doch ist sie ohne Wirkung, wenn die Zustellung nicht innerhalb

---

[1]) Dazu muß der Schuldner die Lösungssumme hinterlegen: 923.

[2]) Die Anordnung, daß Klage zu erheben sei, hat der Rechtspfleger zu erlassen (§§ 2, 11 I g der EntlVfg. v. 1943).

einer Woche nach der Vollziehung und vor Ablauf eines Monats nach der Verkündung des Arrestes oder nach seiner Zustellung an den Gesuchsteller erfolgt (929 III).

γ) Vollziehungshindernis: die Vollziehung ist unstatthaft, wenn ein Monat verstrichen ist seit der Verkündung des Arrestes oder seit seiner Zustellung an den Gesuchsteller (929 II).

b) Vollziehung des dinglichen Arrestes:

α) Der dingliche Arrest wird in bewegliches Vermögen durch Pfändung vollzogen, die nach den allgemeinen Grundsätzen erfolgt. Durch die Vollziehung des Arrestes entsteht ein Pfändungspfandrecht, das aber mit der Aufhebung des Arrestes erlischt (während die Verstrickung erst mit der förmlichen Aufhebung der Pfändung aufhört). Erwirkt der Arrestpfandgläubiger vor der Aufhebung des Arrestbefehls in der Hauptsache einen vollstreckbaren Titel über die Arrestforderung, so braucht er nicht noch einmal pfänden, sondern nur den vollstreckbaren Titel zustellen zu lassen: wird der Arrestbefehl dann aufgehoben, so hat der Gläubiger ein Pfandrecht auf Grund des in der Hauptsache erwirkten Titels, freilich hat das Pfandrecht nicht den Rang nach dem Tage der Arrestpfändung, sondern nach dem Tage der Zustellung des vollstreckbaren Titels (RG 121, 349ff.).

Grundsätzlich schließt sich an die Arrestpfändung keine Verwertung des Pfandes, da der Arrest nur der Sicherung, nicht der Befriedigung des Gläubigers dienen soll. In zwei Ausnahmefällen kann das Vollstreckungsgericht aber auf Antrag anordnen, daß die gepfändete bewegliche Sache versteigert und der Erlös hinterlegt wird: wenn die Sache einer beträchtlichen Wertminderung ausgesetzt ist, oder wenn ihre Aufbewahrung unverhältnismäßige Kosten verursachen würde (930). Über die Vollziehung des Arrestes in ein Schiff, das im Schiffsregister eingetragen ist, vgl. 931.

β) In ein Grundstück oder eine Berechtigung, für die Grundstücksrecht gilt, kann der Arrest nur durch Eintragung einer Sicherungshypothek (nicht durch Anordnung der Zwangsversteigerung oder Zwangsverwaltung) vollzogen werden. Näheres darüber in 932. Vgl. auch unten § 18 II 5.

c) Vollziehung des persönlichen Arrestes: 933.

6. Das Vollstreckungsgericht kann in zwei Fällen die Vollziehungsmaßnahmen aufheben oder ihre Aufhebung anordnen, und zwar ohne daß es einer mündlichen Verhandlung bedarf, durch Beschluß, der mit der sofortigen Beschwerde anfechtbar ist. Solche Aufhebung von Maßnahmen, die zur Vollziehung des Arrestes getroffen sind, oder die Anordnung der Aufhebung sind wohl zu unterscheiden von der (oben 3e, f und g und 4 behandelten) Aufhebung des Arrestbefehls (934). Die beiden Fälle sind:

a) Wenn die Lösungssumme (923, oben IV 3d) hinterlegt wird, sind die Vollziehungsmaßregeln vom Vollstreckungsgericht aufzuheben. Der Arrestbefehl bleibt unberührt.

b) Wenn die Fortdauer des Arrestes besondere Aufwendungen erfordert (z. B. Fütterungs- oder Lagerkosten) und der Gläubiger den nötigen Geldbetrag nicht vorschießt, kann das Vollstreckungsgericht die Aufhebung der Vollziehungsmaßregeln (auch von Amts wegen) anordnen. 934 II spricht zwar von der Aufhebung des Arrestes, doch ist das ungenau; der Arrestbefehl bleibt auch in diesem Falle unberührt.

VII. Die einstweilige Verfügung.

1. Die „arrestähnliche" einstweilige Verfügung (935, oben II 1) unterscheidet sich von dem dinglichen Arrest dadurch, daß sie nicht die Erlangung einer Geldleistung, sondern die Erlangung einer individuell bestimmten Leistung (z. B. die Herausgabe einer bestimmten Sache) sichern soll. Handelt es sich um die Sicherung eines Anspruchs, der in eine Geldforderung übergehen kann, so hat der Gläubiger die Wahl, ob er einen Arrest erwirken und durch dessen Vollziehung die Ersatzforderung sichern oder eine einstweilige Verfügung zur Sicherung der Individualleistung beantragen will. In beiden Fällen hat er den „Arrestanspruch" und den „Arrestgrund" glaubhaft zu machen. Der Arrestgrund für die einstweilige Verfügung ist gegeben, wenn zu besorgen ist, daß durch eine Veränderung des bestehenden Zustandes hinsichtlich des Streitgegenstandes die Verwirklichung des Rechtes einer Partei vereitelt oder wesentlich erschwert werden könnte (935).

2. Die einstweilige Verfügung zur Regelung eines einstweiligen Zustandes in bezug auf ein streitiges Rechtsverhältnis (940, oben II 2) kommt nur in Betracht, wenn es sich um ein Verhältnis von einer gewissen Dauer handelt: sie regelt das Rechtsverhältnis vorläufig (bis im Hauptprozeß rechtskräftig darüber entschieden ist oder bis zu einem anderen Zeitpunkt). Damit ist eine scharfe Abgrenzung gegenüber der arrestähnlichen Verfügung gegeben. Der Erlaß einer einstweiligen Verfügung nach 940 ist zulässig, sofern die einstweilige Regelung zur Abwendung wesentlicher Nachteile oder zur Verhinderung drohender Gewalt oder aus anderen Gründen nötig erscheint. Das Gericht hat hier weitgehende Ermessensfreiheit.

3. Die ZPO läßt einstweilige Verfügungen ferner in 627 (Ehesachen), 672 (Anfechtung einer Entmündigung), 679 IV (Aufhebung einer Entmündigung), und in 684 IV (Aufhebung einer Entmündigung wegen Verschwendung oder Trunksucht) zu, und das BGB sieht einstweilige Verfügungen in 489, 885, 899 II und 1716 vor. Daß die Praxis darüber hinaus auch durch einstweilige Verfügungen zuweilen einer Partei einen Anspruch auf Geldleistungen gibt, derart, daß nicht nur die Sicherung, sondern die Befriedigung des Anspruchs durch die ZV erwirkt werden kann, wurde bereits erwähnt (oben III).

4. Das Gericht hat nach freiem Ermessen zu bestimmen, welche Anordnungen zur Erreichung des Zweckes, der mit der einstweiligen Verfügung verfolgt wird, erforderlich sind (938 I). Auch für die einstweilige Verfügung gilt zwar der Grundsatz, daß der Partei nicht zuerkannt werden darf, was sie nicht beantragt hat (308), aber hier ist der Zweck, der mit dem Antrag auf einstweilige Verfügung verfolgt wird, von besonderer Bedeutung: zur Erreichung dieses Zweckes können auch Anordnungen getroffen werden, die vom Gesuchsteller nicht beantragt sind. Eine wichtige Schranke ergibt sich daraus, daß die

einstweilige Verfügung der Entscheidung der „Hauptsache" nicht vorgreifen darf. Dies tut sie, wenn sie das vom Antragsteller behauptete Recht vorbehaltlich späterer Wiederaufhebung verwirklicht. Behauptet z. B. der Antragsteller, daß er einen Herausgabeanspruch habe, so kann dem Gegner durch einstweilige Verfügung zwar die Herausgabe der Sache aufgegeben werden, aber nicht an den Antragsteller, sondern etwa an einen vom Antragsteller zu bezeichnenden Gerichtsvollzieher. Es ist zulässig, durch einstweilige Verfügung die Verwahrung und Verwaltung beweglicher oder unbeweglicher Sachen durch einen Vertrauensmann (Sequestration) oder eine Hinterlegung anzuordnen, dem Mieter die Rückschaffung bestimmter Sachen in die Mieträume aufzuerlegen, dem Antragsgegner die Veräußerung, Belastung oder Verpfändung eines Grundstücks zu untersagen, dem Antragsgegner aufzugeben, die Eintragung des Eigentumserwerbs im Grundbuch bis zu einem bestimmten Zeitpunkte nicht zu beantragen, dem Antragsgegner die Durchführung von Bauarbeiten vorläufig zu untersagen, aber es darf z. B. bei Ansprüchen aus einem Kauf nicht die Lieferung der Ware, bei Räumungsstreitigkeiten nicht die Räumung aufgegeben, beim Streit um eine Firma nicht die Löschung der Firma angeordnet werden. Der Verkauf einer Ware und die Hinterlegung des Erlöses kann nur im Falle von BGB 489 durch einstweilige Verfügung angeordnet werden: wenn über den Anspruch auf Wandelung eines Viehkaufs ein Rechtsstreit anhängig und die Besichtigung des Tieres nicht mehr erforderlich ist. Daß sonst ein Verkauf der Ware, die den Streitgegenstand bildet, nicht durch einstweilige Verfügung angeordnet werden kann, wird von den Gerichten oft als ein Mangel empfunden.

5. Auf die Anordnung einstweiliger Verfügungen und auf das weitere Verfahren finden die Vorschriften über die Anordnung von Arresten und über das Arrestverfahren entsprechende Anwendung, soweit nichts Besonderes bestimmt ist (936).

a) Zum Erlaß einer einstweiligen Verfügung, durch die die Eintragung einer Vormerkung oder eines Widerspruchs im Grundbuch angeordnet wird, ist nicht erforderlich, daß eine Gefährdung des zu sichernden Anspruchs glaubhaft gemacht wird (BGB 885, 899, 1138, 1179, SchiffsG 11). Die Gefährdung ergibt sich in diesen Fällen daraus, daß bei einer unbefugten Verfügung des Eingetragenen der gutgläubige Erwerber durch den öffentlichen Glauben des Grundbuchs geschützt sein würde.

b) Grundsätzlich ist für den Erlaß der einstweiligen Verfügung das Gericht der Hauptsache zuständig (937 I). In dringenden Fällen kann aber auch das AG, in dessen Bezirk sich der Streitgegenstand befindet, die einstweilige Verfügung erlassen; es hat dann dem Gesuchsteller eine Frist zu setzen, innerhalb deren er den Gegner zur mündlichen Verhandlung über die Rechtmäßigkeit der einstweiligen Verfügung vor das Gericht der Hauptsache zu laden hat. Ist die Klage innerhalb der Frist nicht erhoben, so hat das AG auf Antrag die erlassene Verfügung aufzuheben (942 I, III). Eine einstweilige Verfügung, auf Grund deren eine Vormerkung oder ein Widerspruch gegen die Richtigkeit des Grundbuchs eingetragen werden soll, kann vom AG der belegenen Sache auch dann erlassen werden, „wenn der Fall für dringlich nicht erachtet wird“, und eine Frist wird hier nur auf Antrag des Gegners bestimmt. (Entsprechendes gilt für das Schiffsregister.) (942 II.)

c) Das Gericht der Hauptsache wie das AG kann grundsätzlich nur in dringenden Fällen ohne mündliche Verhandlung entscheiden (937 II, 942 IV; über den Erlaß eines Arrestes kann immer ohne mündliche Verhandlung entschieden werden: 921 I, oben VI 3c). Davon gilt die Ausnahme, daß das AG eine einstweilige Verfügung, auf Grund deren eine Vormerkung oder ein Widerspruch gegen die Richtigkeit des Grundbuchs (oder des Schiffsregisters) eingetragen werden soll, auch in nicht dringenden Fällen ohne mündliche Verhandlung erlassen kann.

d) Da es sich bei der einstweiligen Verfügung nicht um die Sicherung einer Geldleistung handelt, ist ein Recht des Antraggegners, durch Hinterlegung eines bestimmten Geldbetrages („Lösungssumme“) die Vollziehung der einstweiligen Verfügung zu hemmen und die Aufhebung der bereits erfolgten Vollziehungsmaßnahmen zu verlangen (923), hier nicht gegeben. Aber das Gericht darf die Aufhebung von Vollziehungsmaßnahmen, die auf Grund einer einstweiligen Verfügung getroffen sind, gegen Sicherheitsleistung gestatten, jedoch „nur unter besonderen Umständen“ (939): in der Regel nur, wenn der Zweck der einstweiligen Verfügung auch durch eine Sicherheitsleistung erreicht werden kann oder der Gläubiger einverstanden ist.

e) Während Eintragungen in das Grundbuch (oder Schiffsregister), die zur Vollziehung eines Arrestes erforderlich werden, vom Gläubiger beim Grundbuchamt (oder der Schiffsregisterbehörde) beantragt werden müssen, kann nach 941, wenn eine einstweilige Verfügung erlassen ist, das Gericht (ohne daß es eines Antrags bedarf) das Grundbuchamt oder die Registerbehörde um die Eintragung ersuchen.

VIII. Schadensersatzpflicht der Partei, die den Arrest oder die einstweilige Verfügung erwirkt hat. 945.

1. Unter den Voraussetzungen, die unter 2 zu erörtern sind, hat die Partei, die den Arrest oder die einstweilige Verfügung erwirkt hat, dem Gegner den Schaden zu ersetzen, der ihm aus der Vollziehung der angeordneten Maßnahme (nicht auch aus der Anordnung) oder dadurch entstanden ist, daß er Sicherheit geleistet hat, um die Vollziehung abzuwenden oder die Aufhebung der Maßregel zu erwirken.

2. Voraussetzungen der Schadensersatzpflicht.

a) Die Schadensersatzpflicht tritt einmal ein, wenn sich nachträglich herausstellt, daß die Anordnung des Arrestes oder der einstweiligen Verfügung von Anfang an ungerechtfertigt war (daß z. B. bei Erlaß des Arrestes der Arrestanspruch nicht gegeben war oder kein Arrestgrund vorlag). Dabei ist nicht etwa Voraussetzung, daß der Arrest auf den Widerspruch des Schuldners oder auf ein Rechtsmittel hin im Arrestverfahren aufgehoben worden ist. Auch wenn die Anordnung bestätigt wurde, kann die Schadensersatzpflicht gegeben sein.

b) Die Schadensersatzpflicht tritt ferner ein, wenn der Arrest oder die einstweilige Verfügung aufgehoben wird, weil der Gesuchsteller der Anordnung, innerhalb bestimmter Frist die Hauptsache anhängig zu machen, nicht Folge geleistet (926; oben VI 3g) oder nicht innerhalb der ihm vom AG gesetzten

Frist den Gegner zur mündlichen Verhandlung über die Rechtmäßigkeit der einstweiligen Verfügung vor das Gericht der Hauptsache geladen hat (942; oben VII 5b).

3. Wie bei der Schadensersatzpflicht aus der Vollstreckung eines für vorläufig vollstreckbar erklärten Urteils (717 II u. III; oben § 8 III 2e) so wird auch hier ein Verschulden der Partei, die den Arrest oder die einstweilige Verfügung erwirkt hat, nicht vorausgesetzt. Wie dort, so handelt es sich auch hier nicht um eine Haftung aus rechtswidrigem Tun. Dem Gesuchsteller wird der Arrest oder die einstweilige Verfügung nur mit der aus dem Gesetze zu entnehmenden Auflage gegeben, beim Eintritt der oben unter 2 wiedergegebenen Voraussetzungen dem Gegner den Schaden zu ersetzen, der diesem durch die Vollziehung der Anordnung oder durch die Sicherheitsleistung entsteht. Das BGB faßt aber den Begriff der unerlaubten Handlung so weit, daß auch die Haftung aus 945 als eine Haftung aus unerlaubter Handlung im Sinne des BGB anzusehen ist. BGB 254 (mitwirkendes Verschulden des Verletzten) ist anwendbar.

4. Der Schadensersatzanspruch kann nicht im Arrestverfahren geltend gemacht werden. Ist im Arrestverfahren der Arrest oder die einstweilige Verfügung durch formell rechtskräftige Entscheidung mit der Begründung aufgehoben worden, daß die Anordnung von Anfang an ungerechtfertigt gewesen sei, so wird dadurch das Gericht, das im Schadensersatzprozesse zu entscheiden hat, gebunden. (Das ist freilich sehr bestritten.)

II. Besonderer Teil

I. Die Zwangsvollstreckung wegen Geldforderungen

Der ZV wegen Geldforderungen unterliegen die einzelnen Vermögensgegenstände des Schuldners: seine beweglichen Sachen, seine Grundstücke, die ihm zustehenden veräußerlichen Rechte. Ihr unterliegt nicht die Arbeitskraft des Schuldners. Auch das gewerbliche Unternehmen des Schuldners, insbesondere sein Handelsgeschäft,[1]) unterliegt als solches nach geltendem deutschem Recht[2]) nicht der Einzelvollstreckung[3]). Dies entspricht dem Grundsatz des materiellen Rechts, daß ein Unternehmen nicht verpfändet werden kann.

Wird die ZV in ein Grundstück betrieben, so ergreift sie nicht nur das Grundstück selbst, sondern auch die Grundstücksbestandteile[4]), insbesondere also grundsätzlich auch die Gebäude, die auf dem Grundstück stehen, und die Bestandteile dieser Gebäude[5]) sowie die Erzeugnisse des Grundstücks, wenn sie noch mit dem Grund und Boden verbunden sind. Sie ergreift aber auch die Forderungen aus der Versicherung von Grundstücksbestandteilen (aus der Ver-

---

[1]) Das Handelsgeschäft ist wohl zu unterscheiden vom Geschäftsvermögen. Das Geschäft kann, wie HGB 25 ergibt, unter Ausschluß des Übergangs der Aktiven und der Passiven veräußert werden.

[2]) Nach dem preußischen Gesetz v. 19. 8. 1895 ist das Unternehmen einer Privateisenbahn als solches der ZV unterworfen. Die österreichische Exekutionsordnung (341 ff.) regelt die Zwangsverwaltung und -verpachtung gewerblicher Unternehmen, die sich in der österreichischen Praxis herausgebildet hatte. Ein französisches Gesetz v. 17. 3. 1909 sieht die öffentliche Versteigerung eines zugunsten eines Gläubigers gepfändeten gewerblichen Unternehmens vor.

[3]) Wohl aber fällt das gewerbliche Unternehmen als solches in die Konkursmasse, wird also von der Gesamtvollstreckung ergriffen. Das Geschäft kann „im ganzen" von dem Konkursverwalter veräußert werden (KO 117 II, 134 Nr. 1. Das Recht zur Fortführung der Firma kann freilich nur der Gemeinschuldner selbst einräumen).

[4]) Auch die unwesentlichen Grundstücksbestandteile, an denen Sonderrechte bestehen (auch die, die einem andern als dem Grundstückseigentümer gehören — ihr Eigentümer kann aber ihre Freigabe erwirken).

[5]) Aber nicht die Scheinbestandteile und auch nicht die auf Grund eines Erbbaurechts errichteten Gebäude.

sicherung des Gebäudes oder der Erzeugnisse z. B. der stehenden Ernte). Sie erstreckt sich weiter auf das Zubehör des Grundstücks, und dazu gehören z. B. bei einer Fabrik die zu deren Betriebe dienenden Maschinen (soweit sie nicht Bestandteile des Grundstücks sind), bei einem Gasthof die Einrichtung, bei einem Landgut das Inventar und in gewissem Umfange die Wirtschaftsvorräte. Auch die Forderungen aus der Versicherung von Grundstückszubehör werden durch die ZV in das Grundstück ergriffen. Damit ist für die meisten Fälle (nicht für alle!) die Möglichkeit gegeben, durch einen einzelnen ZV-Akt seinen Zugriff außer auf das Grundstück auch auf die beweglichen Sachen und Rechte zu nehmen, die erforderlich sind, um das auf dem Grundstück betriebene Unternehmen weiterzubetreiben. Das entspricht wiederum dem materiellen Recht, nach dem mit der Verpfändung des Grundstücks (Bestellung einer Hypothek, Grund- oder Rentenschuld) das Pfandrecht auch an jenen beweglichen Sachen und Rechten begründet wird (so daß dem Grundstückspfandgläubiger praktisch gesehen in den meisten Fällen doch das auf dem Grundstück betriebene Unternehmen — die Fabrik, der Gasthof, die Brauerei, das Landgut — haftet).

Damit der wirtschaftliche Zusammenhang zwischen dem Grundstück und dem Zubehör nicht durch die ZV zerrissen wird, ist die Pfändung von Zubehör des Grundstücks[1][2] — solange es Grundstückszubehör ist — schlechthin ausgeschlossen (während das materielle Recht die Verpfändung von Grundstückszubehör — wie die Übereignung — zuläßt).

So trägt das ZV-Recht dem Rechnung, daß das Unternehmen als solches einen Wert darstellt, und ermöglicht, ohne das Unternehmen als ZV-Objekt anzuerkennen, für die meisten und praktisch wichtigsten Fälle den Zugriff auf diesen Wert (ebenso wie das materielle Recht die Verpfändung eines Unternehmens ausschließt, den Grundstückspfandgläubigern aber die Gegenstände, die zum Fortbetrieb des Unternehmens erforderlich sind, mit haften läßt und damit die Möglichkeit schafft, das Unternehmen als Kreditunterlage zu verwerten).

Der ZV wegen einer Geldforderung hinsichtlich der der Bund, ein Land, eine Körperschaft, Stiftung oder Anstalt des öffentlichen Rechts (außer Bank- und Kreditinstituten) Schuldner ist, unterliegen nicht die Sachen, die für die Erfüllung öffentlicher Aufgaben unentbehrlich sind oder deren Veräußerung ein öffentliches Interesse entgegensteht (Näheres 882a II. Vgl. auch oben § 7, III, 7).

Damit sind dem Zugriff privater Gläubiger auch solche Sachen entzogen, die zwar nicht für die Erfüllung öffentlicher Aufgaben unentbehrlich sind, deren Erhaltung aber für die Öffentlichkeit von Interesse ist. Hier ist vor allem

---

1) Soweit es in das Eigentum des Grundstückseigentümers gelangt ist.
2) Auch der Realgläubiger kann Grundstückszubehör nicht pfänden.

an kulturelle Einrichtungen, wie Kunstsammlungen, Archive oder Bibliotheken, zu denken.

1. Die Zwangsvollstreckung in das bewegliche Vermögen

§ 14
Allgemeines

I. „Die Zwangsvollstreckung in das bewegliche Vermögen erfolgt durch Pfändung" (803 I 1). Dieser Satz des Gesetzes ist nicht genau: zur ZV gehört auch die Zwangsverwertung und die Befriedigung des Gläubigers; die Pfändung ist regelmäßig nur der erste Akt dieser Art der ZV. (Wo die ZV nur zur Sicherung des Gläubigers erfolgt, wie bei der Vollziehung eines Arrestes, erschöpft sie sich allerdings grundsätzlich in der Pfändung.)

II. Die Pfändung ist der Akt, durch den der staatliche Wille zum Ausdruck gelangt, einen Gegenstand zugunsten eines bestimmten Gläubigers der staatlichen Verfügungsmacht zu unterwerfen und ein Pfandrecht für den Gläubiger zu begründen. Eine Erklärung dieses Inhalts ist nur dann dem Staate zuzurechnen, wenn sie von einem funktionell zuständigen Organ ausgeht, also von einem Organ, das zu Pfändungen der in Rede stehenden Art (Sachpfändung — Pfändung von Rechten) ermächtigt ist — auf die örtliche Zuständigkeit kommt es nicht an — und wenn der Akt in der Form vollzogen wird, die das Gesetz für Pfändungsakte dieser Art durch wesentliche Formvorschriften vorgeschrieben hat. Die Pfändung ist eine Art der Beschlagnahme, d. h. der Sicherstellung von Gegenständen für staatliche Zwecke.

III. Zum Gegenstand dieser Art der ZV können grundsätzlich (Ausnahmen: unten IV, V) alle beweglichen Sachen und Rechte (namentlich auch Forderungen), die zum Vermögen gehören, und grundsätzlich (Ausnahmen: unten VI) nur solche Sachen und Rechte gemacht werden. Die rein familienrechtlichen Rechte und die einzelnen Persönlichkeitsrechte unterliegen ihr nicht (sie gehören nicht zum Vermögen).

IV. Gewisse bewegliche Sachen und Rechte sind der ZV überhaupt entzogen: gewisse Sachen und Rechte sind „der Pfändung nicht unterworfen", gewisse andere Sachen „sollen nicht gepfändet werden". Aus „billiger Rücksichtnahme gegen den Schuldner", aber auch im öffentlichen Interesse (damit der Schuldner nicht der öffentlichen Unterstützung zur Last fällt) sind in 811 gewisse bewegliche Sachen, in 850—852 gewisse Forderungen für unpfändbar erklärt (unten § 15 III, § 16 V, VI). Aus billiger Rücksichtnahme gegen den Schuldner bestimmt ferner 812, daß gewöhnlicher Hausrat unter bestimmten Voraussetzungen nicht gepfändet werden soll (unten § 15 IV).

V. Gewisse bewegliche Sachen und Rechte unterliegen nicht der Mobiliar-, sondern der Immobiliar-ZV. (Sie „können nicht gepfändet werden".) Es handelt sich hier um bewegliche Sachen und Rechte, die mit dem Grundstück zusammen eine wirtschaftliche Einheit bilden. Diese Gegenstände sollen nur dem Gläubiger, der auf das Grundstück seinen Zugriff nimmt, haften, damit die wirtschaftliche Einheit nicht durch die ZV zerrissen wird (oben vor § 14).

1. Grundstückszubehör kann von den Gläubigern des Grundstückseigentümers nicht gepfändet werden (865 II 1 in Verbindung mit BGB 1120). Gehört es dem Grundstückseigentümer, so wird es lediglich von der Immobiliar-ZV erfaßt. Gehört es einem Dritten, so kann es nur von dessen Gläubigern gepfändet werden.

Der Hotelomnibus eines Hotels, der dem „Hotelbesitzer" gehört, kann also zugunsten eines Gläubigers des „Hotelbesitzers" nicht gepfändet werden (auch nicht zugunsten eines Hypothekengläubigers). Wird aber die ZVersteigerung oder die ZVerwaltung des Hotels angeordnet, so wird der Omnibus ohne weiteres von der Beschlagnahme mit erfaßt, und er gelangt mit zur Versteigerung. Gehört er nicht dem Hotelbesitzer — ist er etwa auf Abzahlung unter Eigentumsvorbehalt verkauft und noch nicht bezahlt — so kann er zugunsten eines Gläubigers des Omnibuseigentümers (obwohl der Omnibus Grundstückszubehör ist) gepfändet werden, und in der ZVersteigerung oder ZVerwaltung des Hotels kann der Eigentümer die Einstellung der ZV hinsichtlich des Omnibus erwirken. ZVG 37 Nr. 5.

2. Gewisse andere bewegliche Sachen und Rechte, die mit dem Grundstück eine wirtschaftliche Einheit bilden, können zwar grundsätzlich gepfändet werden, doch ist die Pfändung ausgeschlossen, sobald ihre Beschlagnahme im Wege der Immobiliar-ZV[1]) erfolgt ist (865 II 2). Welche Gegenstände dies sind, bestimmt die ZPO durch Verweisung auf das materielle Recht: es sind die Gegenstände, auf die sich bei Grundstücken und Berechtigungen die Hypothek, bei Schiffen das eingetragene Pfandrecht erstreckt, mit Ausnahme der Zubehörstücke (die auch schon vor der Beschlagnahme im Wege der Immobiliar-ZV „nicht gepfändet werden können" — s. oben 1). Dabei kommt es nicht darauf an, ob im Einzelfall eine Hypothek (ein Schiffspfandrecht) besteht oder nicht.

Welche Gegenstände hiernach von der Beschlagnahme im Wege der Immobiliar-ZV an nicht mehr gepfändet werden können, ergibt sich aus BGB 1120ff.: die vom Grundstück getrennten Erzeugnisse und sonstigen Bestandteile, soweit sie nicht mit der Trennung nach BGB 954—957 in das Eigentum eines andern als des Eigentümers

---

[1]) Durch Anordnung der ZVerwaltung (die ZVersteigerung erstreckt sich nicht auf diese Gegenstände: ZVG 21, unten § 19 IV 4b) oder durch Pfändung für einen Hypothekengläubiger auf Grund eines dinglichen Titels (RG 88, 101; 103, 138).

oder des Eigenbesitzers des Grundstücks gelangt sind[1]) und soweit sie nicht nach BGB 1121 und 1122 von der Haftung für die Hypothek frei geworden sind; die Miet- und Pachtzinsforderungen mit den Beschränkungen, die sich aus BGB 1123 II, 1124 ergeben; die Ansprüche aus mit dem Grundstück verbundenen Rechten auf wiederkehrende Leistungen nach Maßgabe von 1126; die Forderungen aus der Versicherung, von Gegenständen, die der Hypothek unterliegen (aus der Versicherung des Grundstücks selbst oder seiner Bestandteile — namentlich der auf ihm stehenden Gebäude und der stehenden Ernte — aus der Versicherung getrennter Bestandteile, aber auch aus der Versicherung von Miet- und Pachtzinsforderungen).

VI. „Früchte auf dem Halm". In einem Ausnahmefall können auch wesentliche Grundstücksbestandteile (obwohl sie keine beweglichen Sachen sind) gepfändet werden: Früchte, die vom Boden noch nicht getrennt sind, können gepfändet werden, solange sie nicht in der Immobiliar-ZV beschlagnahmt sind. Aber die Pfändung darf nicht früher als einen Monat vor der Zeit der gewöhnlichen Reife erfolgen (810 I. „Früchte auf dem Halm" können also zwar nicht verpfändet — BGB 93, 94 — aber unter Umständen gepfändet werden).

Ist das Grundstück verpachtet und im Besitz des Pächters, so ist, wenn ein Gläubiger des Grundstückseigentümers „Früchte auf dem Halm" pfändet, die Widerspruchsklage (771; oben § 10 V) des Pächters begründet, dagegen steht dem Gläubiger des Pächters, der „Früchte auf dem Halm" pfändet, keine Widerspruchsklage entgegen. Wenn der Pächter im Besitze des Grundstücks ist, ist gegenüber dem Gläubiger des Pächters, der „Früchte auf den Halm" pfändet, eine Widerspruchsklage auch dann unbegründet, wenn die Pfändung nach der Beschlagnahme des Grundstücks erfolgt ist (ZVG 21 III). Ist das Grundstück nicht im Pachtbesitz, und pfändet ein Gläubiger eines Nutzungsberechtigten vor der Beschlagnahme des Grundstücks Früchte auf dem Halm, so kann dieser statthaften Pfändung ein Gläubiger, der ein Recht auf Befriedigung aus dem Grundstück hat (ZVG 10), nach Maßgabe von 771 widersprechen, dieser Widerspruchsklage kann aber der pfändende Gläubiger mit einer Einrede begegnen, sofern der Anspruch, für den die Pfändung erfolgt ist, im Falle der ZV in das Grundstück dem Anspruch des widersprechenden Gläubigers vorgeht (810 II).

Bestritten ist, ob bei einer Pfändung von Früchten auf dem Halm das Pfändungspfandrecht schon mit der Pfändung oder erst mit der Trennung der Früchte entsteht. Im ersten Falle würde 810 eine Ausnahme von BGB 93 darstellen[2]).

VII. „Überpfändungen" (803 I 2) und zwecklose Pfändungen (803 II) haben zu unterbleiben.

1. Die ZV darf nicht weiter ausgedehnt werden, als zur Befriedigung des Gläubigers und zur Deckung der Kosten der ZV erforderlich ist.

---

[1]) Wenn Gläubiger des Grundstückseigentümer vom Boden getrennte Grundstückserzeugnisse gepfändet haben, die durch die Trennung Eigentum des Pächters geworden sind, ist die Widerspruchsklage (771; oben § 10 V) des Pächters natürlich begründet.

[2]) Für die Ansicht, daß das Pfandrecht erst mit dem Zeitpunkt der Trennung entsteht: Enneccerus-Nipperdey § 125 III 1; v. Tuhr § 9 III, 7; dagegen: Stein-Jonas-Schönke, 17. Aufl. § 810 I 1 (gegen früher).

Dieses „Verbot der Überpfändung" kommt bei der Sachpfändung nur in Betracht, wenn mehrere Gegenstände des beweglichen Vermögens (Sachen oder Rechte) gepfändet werden sollen. (Es wird eine Sachpfändung beantragt, nachdem bereits Sachen oder Rechte gepfändet sind, oder der Gerichtsvollzieher hat schon an einige Sachen Siegel angelegt und steht vor der Frage, ob er noch weitere pfänden soll.) Das Verbot steht aber, wenn noch nichts gepfändet ist, nicht der Pfändung einer Sache von 1000 DM Wert entgegen, wenn die zu vollstreckende Forderung nur 50 DM beträgt. Eine Forderung darf nur in der Höhe des Betrages, der zur Sicherstellung der Forderung des Gläubigers und der Kosten erforderlich ist, gepfändet werden. (Das ist freilich sehr bestritten.) Das Gericht hat dabei den Wert der Forderung abzuschätzen, darf aber davon ausgehen, daß er dem Nennbetrag entspricht. Daß er geringer sei, hat der Gläubiger darzutun. Auch der Gerichtsvollzieher kann in die Lage kommen, den Wert einer Forderung (nämlich einer solchen, die bereits gepfändet ist) abschätzen zu müssen.

2. Die Pfändung einer beweglichen Sache oder eines Rechtes hat zu unterbleiben, wenn von der Verwertung des Gegenstandes ein Überschuß über die Kosten der ZV nicht zu erwarten ist. (Das gilt nur bei der Erst-, nicht bei einer späteren Pfändung.)

VIII. Die Rechtsfolgen der Pfändung.

Jeder Staatsakt, der Pfändung ist (oben II), hat die Verstrickung zur Folge. Wenn gewisse weitere Voraussetzungen erfüllt sind (unten 2), tritt außerdem eine privatrechtliche Folge ein: „durch die Pfändung erwirbt der Gläubiger ein Pfandrecht an dem gepfändeten Gegenstande" (804 I), das sog. Pfändungspfandrecht. Das gilt sowohl bei der Pfändung von beweglichen Sachen wie bei der Pfändung von Forderungen und anderen Rechten.

1. Unter der Bezeichnung „Verstrickung" faßt man genau genommen mehrere Wirkungen zusammen.

Die Verstrickung besteht vor allem in der staatlichen Verfügungsgewalt über den gepfändeten Gegenstand (die bewegliche Sache oder das Recht): die staatlichen Vollstreckungsorgane erhalten durch die Pfändung die Macht, die Verfügungen über den Gegenstand vorzunehmen, die die ZPO zur Durchführung der ZV vorsieht.

Gewissermaßen nur die andere Seite davon ist es, daß die Pfändung die Wirkung eines Veräußerungsverbotes hat. Bei der Pfändung einer Forderung oder eines anderen Vermögensrechtes hat das Gericht an den Schuldner das Gebot zu erlassen, sich jeder Verfügung über die Forderung oder das Recht zu enthalten (829, 857), und für die Pfändung beweglicher Sachen schreiben die Geschäftsanweisungen dem Gerichtsvollzieher vor, dem Schuldner zu eröffnen, daß er die Sache nicht veräußern darf. Aber ob der Gerichtsvollzieher bei der Pfändung dies ausspricht oder nicht und ob der Pfändungsbeschluß jenes Gebot enthält oder nicht, ist für die Rechtsfolgen der Pfändung ohne Belang (die Vorschriften gehören nicht zu den wesentlichen Formvorschriften): jeder Akt, der Pfändung ist, wirkt als Veräußerungsverbot im Sinne des BGB.

Ob dieses Verbot ein gesetzliches (BGB 135) oder ein behördliches (BGB 136) ist, ist eine rein theoretische Frage. Es ist nur relativ: es besteht nur zugunsten des Gläubigers, für den die Pfändung erfolgt ist, und nur zum Schutze gegen Beeinträchtigungen der ZV. Verfügt der Schuldner dem Verbot zuwider über die Sache oder das Recht, so ist die Verfügung für die Durchführung der durch die Pfändung begonnenen ZV ohne Wirksamkeit, soweit den Erwerber nicht die Vorschriften über den gutgläubigen Erwerb von Rechten (BGB 407, 892, 893, 932 in Verbindung mit 935, 936, 1032, 1138, 1155, 1207, 1208, 1244) schützen (BGB 135, 136). Soweit es sich nicht um die Durchführung dieser ZV handelt, steht das Verfügungsverbot der Wirksamkeit der Verfügung nicht entgegen.

Der Schuldner kann die bewegliche Sache, die im Gewahrsam eines zur Herausgabe bereiten Dritten gepfändet worden ist (809), einem andern durch Abtretung des Herausgabeanspruchs übereignen, aber die ZV wird ohne Rücksicht auf diese Veräußerung durchgeführt. Tritt der Schuldner eine Forderung, die sein Gläubiger gepfändet hat, einem Dritten ab, so wird der Dritte zwar Gläubiger, aber die ZV nimmt ihren Fortgang ohne Rücksicht auf diese Abtretung.

Die Verstrickung schließt bei beweglichen Sachen[1]) Strafschutz in sich: wer Sachen, die durch einen Gerichtsvollzieher gepfändet worden sind, vorsätzlich beiseite schafft, zerstört oder in anderer Weise der Verstrickung ganz oder teilweise entzieht, wird mit Gefängnis bis zu einem Jahr oder mit Geldstrafe bestraft (StGB 137: Arrestbruch, Verstrickungsbruch). Zum Vorsatz ist das Bewußtsein erforderlich, daß die Sache von einem Gerichtsvollzieher gepfändet worden ist: die Annahme, daß der Gerichtsvollzieher nicht zuständig, oder daß die Pfändung sonst unzulässig gewesen sei, schließt den Vorsatz nicht aus.

Die Verstrickung, die stets mit der Pfändung entsteht, endet, wenn die gepfändete Sache durch Versteigerung oder durch freihändigen Verkauf verwertet wird, mit der Übergabe an den Ersteher oder Käufer, bei Forderungen mit der Überweisung an Zahlungs Statt oder — bei der Überweisung zur Einziehung — mit der Einziehung. Sie endet auch, wenn die Pfändung aufgehoben wird (oben § 6 XI), ferner, wenn der Gerichtsvollzieher die Sache dem Schuldner zurückgibt oder die Pfandzeichen entfernt. Sie endet nicht dadurch, daß die Pfandzeichen abfallen oder von dem Schuldner oder einem Dritten entfernt werden.

2. Das Pfändungspfandrecht (804) ist das private Recht des Gläubigers an dem gepfändeten Gegenstande, das unter bestimmten Voraussetzungen (darüber unten) durch die Pfändung entsteht: ein dingliches Verwertungsrecht an dem gepfändeten Gegenstande, das der Sicherung der Forderung des Gläubigers

---

[1]) Nicht auch bei Forderungen: so mit Recht — nach längerem Schwanken der Praxis — die vereinigten Strafsenate des RG: E. 24, 40.

dient. Es ist ein Pfandrecht im Sinne von BGB 1204—1296. Das ist zwar bestritten, ergibt sich aber mit Bestimmtheit aus 804. Das Pfandrecht im Sinne des BGB kann also nicht nur „durch Rechtsgeschäft" (Verpfändung) und „kraft Gesetzes"[1]) (gesetzliches Pfandrecht z. B. des Vermieters, des Frachtführers, Lagerhalters, Spediteurs), sondern auch „durch Staatsakt" (Pfändung) entstehen.

Die Vorschriften des BGB über das Vertragspfandrecht finden auf das Pfändungspfandrecht entsprechende Anwendung (wie auf das gesetzliche Pfandrecht nach BGB 1257), soweit nicht Vorschriften der ZPO entgegenstehen (so auch RG 87, 416 mit Nachw.; 97, 41; 104, 301f.). Sondernormen enthält die ZPO insbesondere über die Entstehung des Pfändungspfandrechts und über die Pfandverwertung (die nicht durch Pfandverkauf des Gläubigers erfolgt). Nicht ausgeschaltet ist aber durch die ZPO die Abhängigkeit des Pfandrechts von der Forderung des Gläubigers: auch das Pfändungspfandrecht ist akzessorisch. (Sehr bestritten!)

Die Pfändung ersetzt nur den Vertrag, der das Vertragspfandrecht begründet. Besteht die Forderung nicht, wegen der gepfändet wird, so entsteht kein Pfandrecht. Gehört die Sache, die gepfändet wird, nicht zu dem nach Maßgabe des Titels haftenden Vermögen des Schuldners, so begründet die Pfändung ebenfalls kein Pfandrecht; der gute Glaube des Gläubigers oder des Gerichtsvollziehers daran, daß die Sache dem Schuldner gehört, genügt nicht zum Erwerb des Pfändungspfandrechts.

Der Dritte, dem die gepfändete Sache gehört, hat die Widerspruchsklage (771; oben § 10 V), um zu erreichen, daß die ZV in das Vermögensstück für unzulässig erklärt wird. Macht er von diesem Mittel nicht so rechtzeitig Gebrauch, daß die Versteigerung oder freihändige Veräußerung durch den Gerichtsvollzieher unterbleibt, so erwirbt der Ersteher durch die Übergabe der Sache das freie Eigentum (unten § 15 VI 4).

Auch dann entsteht ein Pfandrecht nicht, wenn bei dem Schuldner Sachen gepfändet werden, die dem Gläubiger gehören. (Ein Pfandrecht an eigener beweglicher Sache gibt es nicht.) Aber in diesem Falle kommt ja eine Widerspruchsklage nicht in Frage, die gepfändeten Sachen werden also versteigert. Daran, eigene Sachen auf diese Weise zur Versteigerung bringen zu lassen, hat der Gläubiger mitunter ein Interesse, z. B. wenn es sich um sog. Leihmöbel handelt[2]).

Verhältnis zu anderen Gläubigern. Das Pfändungspfandrecht geht Pfand- und Vorzugsrechten vor, die für den Fall eines Konkurses dem Faustpfandrecht nicht gleichgestellt sind (804 II), und gewährt das Recht auf ab-

---

[1]) „Kraft Gesetzes" bedeutet hier: weder durch Rechtsgeschäft noch durch Staatsakt.

[2]) Vielfach wird angenommen, der Gläubiger, der eigene Sachen pfänden lasse, verzichte dadurch auf sein Eigentum an den Sachen. Diese Meinung läßt sich nicht halten.

gesonderte Befriedigung im Konkurse des Schuldners[1]). Die abgesonderte Befriedigung erfolgt unabhängig vom Konkursverfahren durch Fortsetzung der ZV (KO 4 II, 127), der Überschuß ist an die Masse abzuliefern.

Welche Rechte für den Fall eines Konkurses den Faustpfandrechten gleichstehen, ergeben KO 48, 49. Diesen Rechten gegenüber hat das Pfändungspfandrecht grundsätzlich den Rang seines Alters (Ausnahme: z. B. das jüngere fiskalische Abgabenrecht geht vor).

Wird derselbe Gegenstand für verschiedene Gläubiger gleichzeitig gepfändet, so entstehen Pfändungspfandrechte von gleichem Rang (anteilsmäßige Befriedigung). Erfolgt aber eine Pfändung nach der anderen, so geht das durch die frühere Pfändung begründete Pfandrecht dem Pfändungspfandrecht, das durch die spätere Pfändung begründet worden ist, vor (804 III): der Erlös wird nicht etwa unter die mehreren Gläubiger nach der Höhe ihrer Forderungen verteilt, sondern der zweite Pfandgläubiger wird nur insoweit befriedigt, als von dem Erlös nach voller Befriedigung des ersten Pfandgläubigers und Deckung der Pfändungskosten noch etwas übrigbleibt. Man drückt das gewöhnlich so aus: in der Einzelvollstreckung entscheidet die Priorität (während in der Gesamtvollstreckung — dem Konkurs — die Prozentualität gilt).

Das war in Deutschland nicht immer so. Vor 1879 wurde im größten Teile Deutschlands der Gläubiger, der sich der Pfändung eines anderen Gläubigers im Laufe des Verfahrens anschloß, bei der Auskehrung des Erlöses der gepfändeten Sache ebenso wie der Gläubiger, der zuerst gepfändet hatte, berücksichtigt: reichte der Erlös nicht aus, so wurden die Gläubiger anteilsmäßig befriedigt. Die Aufnahme des Prioritätsgrundsatzes in das Reichsrecht stieß auf erhebliche Widerstände. Der Abgeordnete Lasker betonte, das Prinzip der Priorität sichere zwar dem ersten Gläubiger energische Rechtsverfolgung, enthalte aber eine Rücksichtslosigkeit gegen weniger gut informierte, besonders gegen entfernt wohnende Mitgläubiger; er schlug deshalb vor, an die Pfändung keine Pfandwirkung zu knüpfen (Protokolle S. 566f.). Der Abgeordnete Rechtsanwalt Grimm-Baden führte aus, nach Ansicht der badischen Anwälte enthalte der Prioritätsgrundsatz eine „Prämiierung der Hartherzigkeit", als Anwalt des Gläubigers werde man dem Schuldner keinerlei Ausstand mehr gewähren können, weil sonst inzwischen ein anderer Gläubiger durch Pfändung zuvorkommen könne (Protokolle S. 569). Demgegenüber wurde darauf verwiesen, es sei eine Ehrenpflicht des redlichen Schuldners, wenn er sich insolvent sehe, den Konkursantrag zu stellen, und es habe ja auch jeder Gläubiger die Möglichkeit, den Konkurs zu beantragen, und im Konkurse könnten dann die unmittelbar vor der Konkurseröffnung erfolgten Pfändungen angefochten werden.

Erlöschen des Pfändungspfandrechts. Das Pfändungspfandrecht erlischt mit dem Erlöschen der Verstrickung (auch wenn der Gerichtsvollzieher die gepfändete Sache eigenmächtig freigibt), mit dem Erlöschen der Forderung,

---

[1]) KO 49 Nr. 2. Freilich werden kurz vor der Konkurseröffnung erfolgte Pfändungen häufig durch den Konkursverwalter angefochten! Nach der Konkurseröffnung ist die Pfändung durch einen Konkursgläubiger unzulässig, KO 14.

für die es besteht (vgl. BGB 1252), mit dem Verzicht des Gläubigers gegenüber dem Schuldner (vgl. BGB 1255), aber auch wenn der Gläubiger, ohne auf sein Pfandrecht zu verzichten, dem Schuldner erklärt: „es soll niemand etwas von der Pfändung wissen, Sie können ja die Siegel abnehmen", und der Schuldner daraufhin die Siegel entfernt (RG 57, 323ff.).

IX. Die weitere ZV stellt sich nicht, wie Goldschmidt (Zivilprozeßrecht § 94, 1) lehrt, als die Verwirklichung des Pfändungspfandrechts dar: unabhängig davon, ob das Pfändungspfandrecht besteht oder nicht, geht die ZV ihren Gang. (Der Mangel des Pfändungspfandrechts ist im Vollstreckungsverfahren selbst unbeachtlich. Er begründet nur die Widerspruchsklage, und nur das im Interventionsprozeß erzielte Urteil, durch das die ZV für unzulässig erklärt wird, und eine schon vorher etwa vom Prozeßgericht getroffene einstweilige Anordnung hat Einfluß auf das ZV-Verfahren.) Nach Stein (Grundfragen, bes. 56f.; StJSch. II 1 zu 803) ist die weitere ZV. Durchführung der Pfändung, nicht des Pfandrechts. Das ist sachlich richtig. Freilich ist es insofern nicht ganz genau ausgedrückt, als die Pfändung mit ihrer Vornahme durchgeführt ist. Es ist offenbar gemeint: Die durch die Pfändung bewirkte Verstrickung, nicht das Pfändungspfandrecht, ist vom Gesetz zur Grundlage für die weitere Durchführung der ZV gemacht. (Es ist bei der weiteren ZV nur zu fragen, ob die Verstrickung, nicht ob das Pfändungspfandrecht besteht.)

Martin Wolff (Sachenrecht § 169 Anm. 3) hat ausgeführt, vom Standpunkt der hier vertretenen Ansicht aus würde das Pfändungspfandrecht ein Pfandrecht sein, das dem Gläubiger kein Recht gebe, sich aus der Sache zu befriedigen. Es wäre nicht zu verstehen, weshalb man ein Recht ohne Befriedigungsbefugnis als „Pfandrecht" bezeichnet haben sollte. Dem ist zu erwidern: Gewiß hat der Pfandgläubiger nicht das Recht, sich selbst aus dem Pfandgegenstand zu befriedigen. Aber ob er selbst mit Hilfe des Gerichtsvollziehers sich befriedigen kann oder ob seine Befriedigung durch staatliche Organe in einem Verfahren betrieben wird, das zu seiner Durchführung seines Antrags nicht bedarf, dem er aber jederzeit Einhalt gebieten kann, dürfte keinen Unterschied machen.

X. Die Verwertung der gepfändeten Sache oder des gepfändeten Rechts erfolgt nach den Sondernormen der ZPO (für bewegliche Sachen: 814—825, unten § 15 VI; für Rechte: 835—844, unten § 16 VIII 6). Sie erfolgt nicht (wie die Zwangsverwertung einer verpfändeten Sache oder eines verpfändeten Rechts) durch den Gläubiger, sondern durch staatliche Organe, und zwar ohne Rücksicht darauf, ob ein Pfändungspfandrecht besteht, auf der Grundlage der Verstrickung. Erfolgt sie durch Veräußerung des gepfändeten Gegenstands, so steht dem Erwerber, mag die Veräußerung nun in öffentlicher Versteigerung oder (in den Fällen 821, 825 usw.) durch freihändigen Verkauf erfolgen, niemals ein Anspruch auf Gewährleistung wegen eines Mangels im Rechte oder wegen eines Mangels der veräußerten Sache zu (806).

Ist der Erlös an den Gläubiger abgeliefert, so ist für die Widerspruchsklage aus 771 kein Raum mehr. Aber der Dritte, dessen Sachen versteigert oder freihändig verkauft worden sind, hat nach BGB 816 einen Bereicherungsanspruch gegen den Gläubiger (bestritten!), denn dieser hat im Sinne von BGB 816 als Nichtberechtigter über die Sache dadurch verfügt, daß er die Versteigerung der Sachen nicht verhinderte. Daneben kann nach BGB 823ff. ein Schadensersatzanspruch gegeben sein.

XI. „Nichtpfändung" und Pfändungsmängel.

1. Liegt ein Akt vor, der nur scheinbar eine Pfändung ist, in Wirklichkeit aber den Begriff der Pfändung (oben II) nicht erfüllt, so entsteht weder ein Pfändungspfandrecht noch eine Verstrickung. Fälle dieser Art sind: der Akt ist nicht von einem Staatsorgan vorgenommen (es hat z. B. jemand „gepfändet", der sich fälschlich als Gerichtsvollzieher ausgegeben hat), oder er ist zwar von einem Staatsorgan, aber nicht von einem solchen, das zu Pfändungen dieser Art berufen ist, vorgenommen (der Gerichtsvollzieher hat die Pfändung einer Geldforderung des Schuldners oder das Vollstreckungsgericht hat — etwa bei Erlaß eines Pfändungsbeschlusses — die Pfändung einer beweglichen Sache ausgesprochen), oder es fehlt die wesentliche Form des Pfändungsaktes (es fehlt z. B. im „Pfändungsbeschluß" das Verbot an den Drittschuldner, Zahlung an den Schuldner zu leisten — das Gebot an den Schuldner, sich jeder Verfügung über die Forderung zu enthalten, ist nicht wesentlich — oder der Gerichtsvollzieher hat sich — etwa weil er die Siegel vergessen hatte — mit der Erklärung begnügt, daß er die und die Sachen pfände).

Eine Heilung des „Mangels" kommt hier, wo überhaupt keine Pfändung vorliegt, natürlich nicht in Betracht. Was zu geschehen hat, um autoritativ feststellen zu lassen, daß ein Pfändungsakt nicht vorliegt, hängt von der Lage des einzelnen Falles ab; regelmäßig wird die Erinnerung nach 766 gegeben sein und ausreichen, doch kann auch eine Feststellungsklage zulässig sein.

2. Fälle, in denen eine wirkliche Pfändung vorliegt, der Pfändung aber Mängel anhaften.

a) Hier sind zunächst die Fälle zu erörtern, in denen ein Pfändungspfandrecht überhaupt nicht entsteht, die Pfändung also nur die Verstrickung (bei beweglichen Sachen mit Strafschutz) hervorruft.

α) Daß neben der Verstrickung kein Pfändungspfandrecht entsteht, kann auf materiellen Gründen beruhen: darauf, daß der gepfändete Gegenstand nicht zum Schuldnervermögen gehört, oder darauf, daß die Forderung, für die gepfändet worden ist, nicht besteht. Dieser Tatbestand ist mit der Vollstreckungsgegenklage (767, oben § 10 IV) oder mit der Widerspruchsklage (771, oben § 10 V) — also außerhalb der ZV — geltend zu machen. Wird die ZV beendet, bevor die Klage zum Urteil geführt hat, so bestehen nur materiellrechtliche Ausgleichsansprüche dem Gläubiger gegenüber, der die Vollstreckung betrieben hat. (Der Erwerb des Erstehers kann aber nicht in Frage gestellt werden.) Indessen ist auf diese Fälle hier nicht näher einzugehen: hier liegt ein Verstoß gegen Normen des Vollstreckungsrechts bei der Pfändung nicht vor.

β) Näher zu erörtern sind hier dagegen die Fälle, in denen das Pfändungspfandrecht nicht entsteht, weil eine Vorschrift des ZV-Rechtes verletzt worden ist, der Pfändung also ein prozessualer Mangel anhaftet. Welche Verfahrensvorschriften die Bedeutung haben, daß ihre Verletzung die Entstehung eines Pfändungspfandrechts ausschließt, ist zweifelhaft und sehr bestritten. Man könnte auf den ersten Blick geneigt sein anzunehmen, daß nicht nur die im öffentlichen Interesse gegebenen Vorschriften, sondern, da der Pfändungsgläubiger ja das Pfändungspfandrecht auf Kosten des Eigentümers des Pfandgegenstandes erlangt, auch alle zum Schutze und im Interesse dieses Eigentümers getroffenen Bestimmungen, ja überhaupt die zum Schutze des Vollstreckungsschuldners und zum Schutze von Dritten gegebenen Vorschriften beachtet sein müssen, damit das Pfändungspfandrecht entsteht[1]). Indessen haben sowohl einige im öffentlichen Interesse wie einige zum Schutze von Privaten gegebene Verfahrensvorschriften nicht die Bedeutung, daß ihre Verletzung der Entstehung des Pfändungspfandrechts entgegensteht. Wo aber das Pfändungspfandrecht wegen der Verletzung einer Verfahrensvorschrift nicht entstanden ist, muß der Mangel, um das Vollstreckungsverfahren aufzuhalten und seine Einstellung zu erreichen, geltend gemacht werden. Grundsätzlich ist dafür die Erinnerung nach 766 und nur diese Erinnerung gegeben. (Aber es gibt Ausnahmen!) Nach der Beendigung des ZV-Verfahrens kommen auch in diesen Fällen nur Ausgleichsansprüche nach materiellem Recht in Betracht.

Nach der herrschenden Ansicht entsteht kein Pfändungspfandrecht, wenn die Pfändung von einem zwar funktionell, aber nicht örtlich zuständigen Vollstreckungsorgan vorgenommen worden ist. (Beispiel: Der Pfändungsbeschluß ist von einem örtlich unzuständigen AG erlassen worden.) Ein Pfändungspfandrecht entsteht ferner nicht, wenn ohne Titel, ohne die erforderliche Vollstreckungsklausel (724, 725–730), ohne die erforderliche Zustellung (750ff.), ohne den erforderlichen Nachweis der Sicherheitsleistung (751 II) oder vor Ablauf des Kalendertages, von dessen Eintritt die Geltendmachung des Anspruchs abhängig war (751 I), gepfändet worden ist. Auch wenn der Gerichtsvollzieher irrtümlich angenommen hat, daß die Sache im Gewahrsam des Schuldners sei (808), oder wenn der Dritte, bei dem die Sache gepfändet worden ist, nicht zur Herausgabe der Sache bereit war (809), ist kein Pfändungspfandrecht ent-

[1]) In der Tat heißt es in RG 18, 399 (1887): „Nur durch eine gesetzlich zulässige Pfändung erwirbt der Gläubiger ein Pfandrecht“.

standen. Ebenso entsteht ein Pfändungspfandrecht nicht, wenn Grundstückszubehörstücke oder nach der Immobiliarbeschlagnahme andere Gegenstände, auf die sich die Hypothek erstreckt, gepfändet werden (865 II).

b) Fälle, in denen trotz eines Mangels, der der Pfändung anhaftet, neben der Verstrickung auch das Pfändungspfandrecht entsteht, und der Mangel nur Anfechtbarkeit der Pfändung zur Folge hat. Die Anfechtung, die auf die Dauer der ZV beschränkt ist, erfolgt durch die Erinnerung nach 766, die hier, wenn sie begründet ist, zumeist – aber nicht immer (vgl. unten) – dazu führt, daß die ZV eingestellt wird und die ZV-Maßnahmen aufgehoben werden. Mit der endgültigen Einstellung fällt die Verstrickung und das Pfändungspfandrecht. Nach der Beeendigung der ZV ist die Erinnerung ausgeschlossen, und eine eingelegte Erinnerung wird durch die Beendigung der ZV gegenstandslos. Materielle Ausgleichsansprüche gibt es hier nach der Beendigung der ZV gegenüber dem Gläubiger, der die ZV betrieben hat, nicht.

Nur anfechtbar in diesem Sinne ist die Pfändung, die ohne Beachtung der Pfändungsbeschränkungen (811, 850 a–i) vorgenommen worden ist. Auch wenn Hausratsgegenstände entgegen 812 gepfändet worden sind, ist die Pfändung anfechtbar und nur anfechtbar (Verstrickung und Pfändungspfandrecht sind entstanden). Ebenso ist aber auch, wenn das Verbot der Überpfändung (803 I 2; oben VII 1) oder das Verbot der zwecklosen Pfändung (803 II; oben VII 2) nicht beachtet worden ist, wenn dem Schuldner die Einrede der ausreichenden dinglichen Sicherung zusteht (777), wenn die Vollstreckungsklausel des Titels, auf Grund dessen die Pfändung erfolgt ist, ohne die erforderliche Anordnung des Vorsitzenden oder ohne das erforderliche Urteil erteilt worden ist, wenn der Gerichtsvollzieher die in 759 vorgeschriebene Zuziehung von Zeugen oder die in 813 III vorgeschriebene Zuziehung von landwirtschaftlichen Sachverständigen unterlassen oder zu einer Zeit vollstreckt hat, zu der er nicht vollstrecken durfte (761), oder wenn der Gerichtsvollzieher die Vorschriften über das Protokoll nicht befolgt hat, das er bei Vollstreckungshandlungen aufzunehmen hat (762, 763). Aber es liegt auf der Hand, daß die Erinnerung, wenn sie begründet ist, nicht in allen Fällen zur Einstellung der ZV und zur Aufhebung der Vollstreckungsmaßnahmen führen kann. Hat der Gerichtsvollzieher z. B. die Vorschriften über das Protokoll nicht befolgt, so wird auf die Erinnerung hin ihm in der Regel nur aufzugeben sein, das Versäumte nachzuholen.

XII. Mehrfache Pfändung eines Gegenstandes; Verteilungsverfahren (826, 827; 853–856; 872–882).

1. Ein Gegenstand kann (gleichzeitig oder hintereinander) mehrfach gepfändet werden (und zwar – wegen verschiedener Forderungen – auch für denselben Gläubiger): jede der mehreren Pfändungen gibt eine selbständige Verstrickungsgrundlage ab, und der Gläubiger erlangt, wenn die Vorausset-

zungen für die Entstehung des Pfändungspfandrechts vorliegen, ein selbständiges Pfändungspfandrecht. Eine spätere Pfändung ist von Wert, wenn der Erlös des gepfändeten Gegenstandes die Forderung, für die zunächst gepfändet worden ist, und die Kosten der ZV übersteigt. Aber auch wenn das nicht der Fall ist, kann sich die weitere Pfändung als wertvoll erweisen: wenn nämlich die frühere Pfändung (mangels der entsprechenden Voraussetzungen) kein Pfändungspfandrecht begründet hat oder das früher begründete Pfändungspfandrecht nachträglich wegfällt.

Die spätere Pfändung erfolgt bei Forderungen und anderen Vermögensrechten durch einen selbständigen Pfändungsbeschluß. Für die Pfändung bereits gepfändeter beweglicher Sachen besteht aber die Möglichkeit (nicht die Notwendigkeit) eines vereinfachten Verfahrens (Anschlußpfändung: Pfändung durch bloße Erklärung im Protokoll und Mitteilung an den Schuldner; unten § 15 V 5).

Jeder der mehreren Pfändungsgläubiger hat ein selbständiges Recht darauf, daß die ZV weiter durchgeführt wird. Aber das weitere Verfahren muß sich natürlich einheitlich gestalten. Dafür trifft das Gesetz in verschiedener Weise Vorsorge, je nachdem ob eine bewegliche Sache oder ein Recht mehrfach gepfändet ist.

2. Ist eine bewegliche Sache von verschiedenen Gerichtsvollziehern gepfändet, so geht der Auftrag des zweiten Gläubigers (mag für ihn durch Anschlußpfändung oder selbständig gepfändet sein) kraft Gesetzes auf den Gerichtsvollzieher, der die erste Pfändung bewirkt hat, über (sofern nicht das Vollstreckungsgericht auf Antrag eines beteiligten Gläubigers oder des Schuldners anordnet, daß die Verrichtungen des Gerichtsvollziehers, der zuerst gepfändet hat, von einem anderen zu übernehmen sind). Die Versteigerung erfolgt für alle Gläubiger. Der Erlös wird nach Abzug der Kosten durch den Gerichtsvollzieher an die Gläubiger verteilt. Reicht der Erlös nicht zur Deckung aller Forderungen aus, so erfolgt die Verteilung nach der Reihenfolge der Pfändungen. Verlangt ein Gläubiger, für den die zweite oder eine spätere Pfändung erfolgt ist, ohne Zustimmung der übrigen beteiligten Gläubiger eine andere Verteilung, so hat der Gerichtsvollzieher die Sachlage unter Hinterlegung des Erlöses dem Vollstreckungsgericht anzuzeigen, damit dieses von Amts wegen das Verteilungsverfahren (872ff., unten 4) einleitet. Das gilt auch, wenn die Pfändung für mehrere Gläubiger gleichzeitig bewirkt ist (827).

3. Ist ein Recht für mehrere Gläubiger gepfändet, so gilt:

a) Der Drittschuldner einer gepfändeten Geldforderung ist berechtigt und auf Verlangen eines Gläubigers, dem die Forderung überwiesen wurde, verpflichtet, unter Anzeige der Sachlage und unter Aushändigung der ihm zugestellten Beschlüsse an das AG, dessen Beschluß ihm zuerst zugestellt ist, den Schuldbetrag zu hinterlegen (853). Die Anzeige an das AG ist vorgeschrieben, damit dieses nunmehr von Amts wegen das Verteilungsverfahren (872); unten 4) einleiten kann. BGB 373ff. kommen nicht zur Anwendung. Daß der Drittschuldner den hinterlegten Betrag zurücknimmt, kommt hier nicht in Frage. Durch die Hinterlegung und die Anzeige wird er von seinen Verpflichtungen frei.

b) Der Drittschuldner eines für mehrere Gläubiger gepfändeten Anspruchs auf Herausgabe oder Leistung einer beweglichen Sache ist berechtigt und auf Verlangen eines Gläubigers, dem der Anspruch überwiesen wurde, verpflichtet, die Sache unter Anzeige der Sachlage und unter Aushändigung der ihm zugestellten Beschlüsse dem Gerichtsvollzieher, der nach dem zuerst zugestellten Beschlusse zur Empfangnahme der Sache ermächtigt ist, herauszugeben (Näheres 854). Reicht der Erlös der Sache aus, oder wird von keiner Seite eine andere Verteilung als nach der Reihenfolge der Pfändung beansprucht, so hat der Gerichtsvollzieher den Erlös zu verteilen; im anderen Falle hat er ihn an das Vollstreckungsgericht abzuliefern, damit dieses das Verteilungsverfahren einleitet (854 II und III).

c) Der Drittschuldner eines für mehrere Gläubiger gepfändeten Anspruchs auf Herausgabe einer unbeweglichen Sache ist berechtigt und auf Verlangen eines Gläubigers, dem der Anspruch überwiesen wurde, verpflichtet, die Sache unter Anzeige der Sachlage und der ihm zugestellten Beschlüsse an den Sequester herauszugeben, der von dem AG der belegenen Sache ernannt worden oder auf den Antrag des Drittschuldners hin zu ernennen ist. Ist der Anspruch auf Übereignung gerichtet, so hat die Auflassung an den Sequester als den Vertreter des Schuldners zu erfolgen. Für die einzelnen Gläubiger entstehen mit dem Übergang des Eigentums an den Schuldner gesetzliche Sicherungshypotheken nach der Reihenfolge der Pfändungen. Der Sequester hat als (gesetzlicher) Vertreter des Schuldners die Eintragung dieser Sicherungshypotheken zu bewilligen (855, 848. Die Eintragung ist eine Grundbuchberichtigung, weil die Hypotheken ohne Eintragung entstehen).

In den Fällen a—c gilt für das Verhältnis der Gläubiger untereinander und zu dem Drittschuldner folgendes: Jeder Gläubiger, dem die Forderung überwiesen wurde, kann den Drittschuldner darauf verklagen, daß dieser seinen Verpflichtungen (853 bis 856) nachkommt. Jeder Gläubiger, für den der Anspruch gepfändet ist, kann sich dem Kläger als Streitgenosse anschließen. Den Drittschuldner trifft eine Verpflichtung zur Beiladung (der einzige Rest eines Rechtsinstituts, das im gemeinen Prozeßrecht eine große Rolle gespielt hat): er hat die Gläubiger, die die Klage nicht erhoben und sich nicht dem Kläger angeschlossen haben, zum Termin der mündlichen Verhandlung laden zu lassen. Die Entscheidung in diesem Prozesse ist für und gegen sämtliche Gläubiger wirksam. Aber der Drittschuldner kann sich nicht auf die ihm günstige Entscheidung gegenüber einem Gläubiger berufen, der zum Termin der mündlichen Verhandlung vom Drittschuldner zu laden war, aber nicht geladen worden ist (856).

4. Verteilungsverfahren des Vollstreckungsgerichts.

Es wird von Amts wegen eingeleitet, wenn eine bewegliche Sache, eine Geldforderung oder eine auf die Herausgabe oder Leistung einer beweglichen Sache gerichtete Forderung für mehrere Gläubiger gepfändet ist und der nach 827, 853 oder 854 hinterlegte Geldbetrag nicht zur Befriedigung sämtlicher Gläubiger hinreicht. Das Verfahren ist in 872—882 geregelt. Es ist ein Offizialverfahren (weil die am Betriebe des Verfahrens interessierten Gläubiger das erforderliche Material nicht in Händen haben; ein öffentliches Interesse waltet hier nicht ob). Nach Ablauf einer Anmeldungsfrist, die den beteiligten Gläubigern gesetzt wird, wird vom Gericht ein Teilungsplan aufgestellt, über den mündlich mit den beteiligten Gläubigern verhandelt wird. Wird vor oder in dem Termin Widerspruch von einem der beteiligten Gläubiger erhoben und eine Einigung, die zur Berichtigung des Planes führt, nicht erreicht, so kann der Teilungsplan erst ausgeführt werden, wenn der widersprechende Gläubiger nicht binnen Monatsfrist (die vom Tage des Termins an läuft) dem Vollstreckungsgericht nachweist, daß er gegen die beteiligten Gläubiger die Klage erhoben hat. Für die Klage besteht ein ausschließlicher Gerichtsstand (Verteilungsgericht, übergeordnetes Landgericht). Mehrere

Klagen sind miteinander zu verbinden. Wird die Klage abgewiesen oder ergeht ein Versäumnisurteil gegen den widersprechenden Gläubiger dahin, daß der Widerspruch als zurückgenommen anzusehen sei, so ist ein neuer Teilungsplan nicht erforderlich. Wird der Widerspruch dagegen für berechtigt erklärt, so ist in dem Urteil grundsätzlich zugleich zu bestimmen, an welche Gläubiger und in welchem Betrage der streitige Teil der Masse auszuzahlen ist. Wird dies aber nicht für angemessen erachtet, so ist die Anfertigung eines neuen Planes und ein anderweitiges Verteilungsverfahren in dem Urteil anzuordnen. Nach der Rechtskraft des Urteils hat das Verteilungsgericht von Amts wegen die Auszahlung auf Grund des Urteils oder des anderweitigen Verteilungsverfahrens anzuordnen.

§ 15
Die Zwangsvollstreckung in beweglichen Sachen

I. Gegenstand.

Es ist bereits dargelegt worden, daß gewisse bewegliche Sachen und Rechte nicht der Mobiliar-, sondern der Immobiliar-ZV unterliegen: Grundstückszubehörstücke können (wenn sie dem Grundstückseigentümer gehören) überhaupt nicht, andere Sachen und Rechte, auf die sich die Hypothek erstreckt, können von ihrer Beschlagnahme im Wege der Immobiliar-ZV an nicht mehr gepfändet werden (865 II; oben § 14 V). Es ist weiter ausgeführt worden, daß andererseits auch gewisse Grundstücksbestandteile der Mobiliar-ZV unterworfen sind: Früchte, die vom Boden noch nicht getrennt sind, können, solange noch nicht ihre Beschlagnahme im Wege der Immobiliar-ZV erfolgt ist, gepfändet werden (810 I 1; oben § 14 VI).

Die Abgrenzung, welche von den der Mobiliar-ZV unterliegenden Gegenständen der Sach- und welche der Rechts- (insbesondere Forderungs-)Pfändung unterworfen sind, ergibt sich im allgemeinen ohne weiteres. Nur eines ist zu beachten: Rechte (Forderungen und andere Rechte), die in Wertpapieren verbrieft sind, unterliegen der Sachpfändung, sie können nicht, wie Forderungen und andere Rechte, durch einen Pfändungsbeschluß gepfändet werden. Der Begriff der Wertpapiere ist dabei im eigentlichen Sinne zu nehmen. In diesem Sinne ist ein Wertpapier „eine Urkunde über ein Privatrecht, dessen Verwertung durch die Innehabung der Urkunde privatrechtlich bedingt ist" (Brunner in Endemanns Hdb. des ges. Handelsrechts II 147). Während Forderungen, über die Legitimationspapiere (z. B. Leihhausscheine, Sparkassenbücher, Hinterlegungsscheine) ausgestellt sind, durch Pfändungsbeschluß gepfändet werden, erfolgt die Pfändung von Forderungen aus Wertpapieren dadurch, daß der Gerichtsvollzieher die Wertpapiere wegnimmt (808). Auch die Verwertung von Rechten aus Wertpapieren erfolgt grundsätzlich (Ausnahme: Forderungen aus Wechseln und anderen indossablen

Papieren; 831, unten VI 2) wie die Verwertung gepfändeter Sachen: durch Versteigerung oder freihändigen Verkauf der Wertpapiere (821; unten VI 2).

II. Nur Sachen, die im Gewahrsam des Schuldners (808), des Gläubigers oder eines zur Herausgabe bereiten Dritten (809) sind, dürfen gepfändet werden. Sind Sachen des Schuldners im Gewahrsam eines Dritten, der zur Herausgabe der Sachen nicht bereit ist, so kann der Gläubiger nur den Herausgabeanspruch pfänden lassen (darüber unten § 16).

1. Daß das Gesetz für die Pfändbarkeit den Gewahrsam, nicht das Eigentum entscheiden läßt, beruht darauf, daß der Gerichtsvollzieher nicht in der Lage ist, eingehend die Eigentumsverhältnisse zu prüfen. Er muß sich mit dem äußeren Anschein begnügen: gehört die Sache entgegen dem äußeren Anschein nicht dem Schuldner, sondern einem Dritten, so mag der Dritte die Widerspruchsklage (771) erheben. Freilich dürfen Sachen, die der Schuldner im Gewahrsam hat, von denen aber der Gerichtsvollzieher sicher weiß, daß sie dem Schuldner nicht gehören, nicht gepfändet werden.

2. Jemand hat eine Sache im Sinne der ZPO im Gewahrsam, wenn er sie unter solchen Umständen in seiner tatsächlichen Gewalt hat, daß sie als zu seinem Vermögen gehörend erscheint. Das ergibt sich aus den Zweckgedanken, die der Bestimmung des § 808 zugrunde liegen (oben 1). Der Gewahrsam der ZPO entspricht im wesentlichen der Detention des gemeinen Rechts. Er ist nicht dasselbe wie der Besitz des BGB. Oft wird er dem unmittelbaren Besitz des BGB gleichgestellt, doch ist auch das nicht ganz richtig.

Wer nur als Erbe des unmittelbaren Besitzers, nicht auf Grund eigener tatsächlicher Gewalt unmittelbaren Besitz hat, hat keinen Gewahrsam. Zum Erwerb unmittelbaren Besitzes genügt die Einigung des bisherigen Besitzers und des Erwerbers, wenn der Erwerber in der Lage ist, die Gewalt über die Sache auszuüben (BGB 854 II); Gewahrsam wird aber durch solche „schlichte Einigung" nicht erworben. Durch eine ihrer Natur nach vorübergehende Verhinderung in der Ausübung der tatsächlichen Gewalt geht nicht der Besitz (BGB 856 II), in gewissen (freilich seltenen) Fällen aber doch der Gewahrsam verloren. Der Besitzdiener hat keinen unmittelbaren Besitz (BGB 855), aber es gibt besondere Lagen, in denen er den Gewahrsam hat. Was jemand als gesetzlicher Vertreter im unmittelbaren Besitz hat, ist im Gewahrsam des Vertretenen.

Eine Sache kann im Gewahrsam mehrerer Personen sein. Ist eine Sache im Gewahrsam des Schuldners und eines Dritten, so bedarf es zur Pfändung der Zustimmung des Dritten. (Wird sie nicht erteilt, so ist nach 857 zu verfahren.)

3. Hat ein Dritter Sachen in Gewahrsam, von denen angenommen wird, daß sie dem Schuldner gehören, so wird der Gläubiger zunächst den Gerichtsvollzieher mit der Pfändung beauftragen, wenn er annimmt, daß der Dritte zur Herausgabe bereit ist. Er kann aber auch sofort, ohne zunächst einen solchen

Versuch zu machen, den Herausgabeanspruch des Schuldners gegen den Dritten pfänden. Ist der Dritte, der die Sache in Gewahrsam hat, nicht bereit, sie herauszugeben, und pfändet der Gerichtsvollzieher sie gleichwohl, so hat der Dritte die Erinnerung nach 766, aber es können auch die Voraussetzungen für die Widerspruchsklage (771) und die Klage auf vorzugsweise Befriedigung aus dem Erlös (805) gegeben sein.

4. Daß auch Sachen, die sich im Gewahrsam des Gläubigers befinden, gepfändet werden können, beruht darauf, daß der Gläubiger an Sachen des Schuldners, die er im Gewahrsam hat, nicht immer ein Zurückbehaltungsrecht hat und daß nur das handelsrechtliche Zurückbehaltungsrecht (HGB 371), nicht auch das des BGB dem Gläubiger die Befugnis gibt, sich aus dem Zurückbehaltungsgegenstand für seine Forderung (nach dem für das Pfandrecht geltenden Vorschriften des BGB) zu befriedigen.

III. Bewegliche Sachen, die der Pfändung nicht unterworfen sind.

1. Aus Erwägungen heraus, die nicht auf einen einheitlichen Nenner zu bringen sind, sind durch die ZPO in 811 und durch Vorschriften anderer Gesetze bestimmte bewegliche Sachen (neben gewissen Forderungen, unten § 16 V) für unpfändbar erklärt worden. Vor allem soll der Schuldner nicht „kahl gepfändelt“ werden: es soll ihm ein angemessener Hausstand und auch das, was zum Fortbetrieb seines Gewerbes oder seines Berufes erforderlich ist, bleiben. Deshalb ist z. B. bestimmt, daß gewisse Gegenstände, wenn sie für den Beruf des Schuldners oder zur Erhaltung eines angemessenen Hausstandes unentbehrlich sind, der Pfändung nicht unterliegen, daß die für den Schuldner, seine Familie und seine Hausangehörigen auf vier Wochen erforderlichen Nahrungs-, Feuerungs- und Beleuchtungsmittel oder, soweit solche Vorräte nicht für zwei Wochen vorhanden sind, der zur Beschaffung erforderliche Geldbetrag unpfändbar ist, daß dem Landwirt Geräte und Vieh, Dünger und landwirtschaftliche Erzeugnisse, die zur Fortsetzung der Wirtschaft benötigt werden, zu belassen sind, daß Schuldnern, die Arbeitseinkommen oder wiederkehrende Bezüge erhalten, derjenige Geldbetrag verbleiben soll, der dem der Pfändung nicht unterworfenen Teile dieser Einkünfte für die Zeit von der Pfändung bis zu dem nächsten Zahlungstermin entspricht (811 Ziff. 8). Alle diese Pfändungsbeschränkungen liegen im Interesse des Schuldners und seiner Familienangehörigen, aber auch im öffentlichen Interesse. (Der Schuldner soll nicht dem Staat zur Last fallen.) Andere Pfändungsbeschränkungen des § 811 sind (was meist übersehen wird) lediglich im Interesse des Schuldners gegeben. Dies gilt z. B. von den Bestimmungen, nach denen dem Schuldner Orden und Ehrenzeichen, Familienpapiere, Trauringe zu belassen sind.

Auf die Aufzählung des § 811 wird hier verwiesen. Auf ihre Einprägung sollte der junge Jurist keine Zeit verwenden. Es kommt für ihn nur darauf an, die Zweckgedanken dieser Bestimmungen zu erfassen. In der Praxis schlägt man im Gesetzbuch nach. Eine entsprechende Anwendung ist ausgeschlossen, nicht weil es sich um Ausnahmebestimmungen handelt — auch Ausnahmebestimmungen können entsprechend angewandt werden —, sondern weil durch die Art der Aufzählung zum Ausdruck gekommen ist, daß sie erschöpfend sein soll (soweit sie nicht durch besondere Bestimmungen anderer Gesetze ergänzt wird).

Der „Katalog“ der unpfändbaren Sachen war schon als die ZPO geschaffen wurde, Gegenstand sozialpolitischer Kämpfe. Die Novelle 98 erweiterte ihn erheblich unter besonderer Rücksicht auf die landwirtschaftlichen Berufe. Die Begründung zu dem 1931 veröffentlichten Referentenentwurf einer ZPO erkennt an (S. 543), daß sich die Verhältnisse auf die § 811 zugeschnitten war, inzwischen grundlegend geändert haben und die Bestimmung weitgehender Änderungen bedürfe. Seit der Veröffentlichung des Entwurfs wurden durch die Notverordnung v. 8. 12. 1931 (Fassung der NotVO v. 14. 6. 1932) Gartenhäuser, Wohnlauben und ähnliche Wohnzwecken dienende Einrichtungen, die der ZV in das bewegliche Vermögen unterliegen, für unpfändbar erklärt, wenn sie von dem Schuldner oder seiner Familie zu ständiger Unterkunft benutzt wurden, und die Notverordnung v. 19. 2. 1932 hatte bestimmt, daß bei Arbeitnehmern in landwirtschaftlichen Betrieben, die Naturalvergütungen erhalten, die ihnen als Vergütung gelieferten Naturalien sowie das davon ernährte Vieh unpfändbar ist. Das Gesetz über Maßnahmen auf dem Gebiete der Zwangsvollstreckung v. 20. 8. 1953 hat den Katalog des 811 wiederum geändert. Einerseits wurden Sonderbestimmungen über die Unpfändbarkeit von Sachen, die neben den Bestimmungen der ZPO galten, in 811 eingefügt, andererseits aber auch völlig neue Bestimmungen geschaffen.

So waren z. B. vor Erlaß des ZwVMaßnG Behelfsheime, Wohnlauben usw. dann unpfändbar, wenn sie vom Schuldner oder seiner Familie zur ständigen Unterkunft b e n u t z t wurden. Mit Rücksicht darauf, daß es heute kostspielig ausgebaute Behelfsheime gibt, sind diese jetzt nur noch dann unpfändbar, wenn der Schuldner oder seine Familie ihrer zur ständigen Unterkunft b e d a r f. Nach den früheren Bestimmungen waren die dem persönlichen Gebrauch und die dem Haushalt dienenden Sachen insoweit unpfändbar, als der Schuldner ihrer „zu einer angemessenen, bescheidenen Lebens- und Haushaltsführung bedarf“. Nach 811 Ziff. 1 (n. F.) sind sie nur noch insoweit unpfändbar, als der Schuldner ihrer „zu einer seiner Berufstätigkeit und seiner Verschuldung angemessenen, bescheidenen Lebens- und Haushaltsführung bedarf“. Eine unscheinbare Änderung, aus der aber die neue — schärfere — Einstellung des Gesetzes zu erkennen ist.

2. Auf die Pfändungsbeschränkungen des § 811 kann der Schuldner i m v o r a u s nicht verzichten. Das ist allgemein anerkannt. Sehr bestritten ist dagegen, ob die Pfändungsbeschränkung unbeachtlich ist, wenn der Schuldner b e i o d e r n a c h d e r P f ä n d u n g zustimmt. Daraus, daß er die Gegenstände, die der Pfändung nicht unterliegen, veräußern und verpfänden kann — eine dem § 400 BGB entsprechende Vorschrift besteht für bewegliche Sachen nicht — kann man nicht folgern, daß er bei oder nach der Vornahme der Pfändung auf die Beschränkung wirksam verzichten kann. Andererseits ist die Bestimmung der preußischen Geschäftsanweisung für Gerichtsvollzieher v. 1. 12. 1898, daß der Gerichtsvollzieher unpfändbare Sachen niemals, auch nicht mit Zustimmung des Schuldners, pfänden darf, dafür, wie unsere Frage n a c h B u n d e s-

recht zu entscheiden ist, ohne Belang. Wo die einzelne Bestimmung des § 811 auf die Unentbehrlichkeit abstellt, wird, wenn der Schuldner der Pfändung zustimmt, daraus häufig – aber durchaus nicht immer – auf die Entbehrlichkeit geschlossen werden können. Im übrigen ist zu unterscheiden: Ist die Pfändungsbeschränkung auch im öffentlichen Interesse oder auch im Interesse Dritter getroffen, so ist die Zustimmung des Schuldners zur Pfändung nur dann, wenn sie nach der Pfändung in Kenntnis des Anfechtungsrechtes erfolgt, von Bedeutung: dann verliert der Schuldner die Erinnerung aus 766. (Ein Dritter, der neben dem Schuldner durch die Pfändungsbeschränkung geschützt werden soll, würde also noch die Erinnerung einlegen können.) Ist die Pfändungsbeschränkung lediglich im Interesse des Schuldners getroffen, so ist die Pfändung voll wirksam, wenn der Schuldner in Kenntnis der Unpfändbarkeit bei oder nach der Pfändung zustimmt.

3. Der Gerichtsvollzieher hat den § 811 von Amts wegen zu beachten. Er hat die vom Gläubiger beantragte Pfändung unpfändbarer Sachen auch dann abzulehnen, wenn der Schuldner ihr zustimmt. Pfändet er aber unpfändbare Sachen, so entsteht nicht nur die Verstrickung, sondern auch das Pfändungspfandrecht (sehr bestritten: oben § 14 XI 2 b). Auf Erinnerung (766) hin, die der Schuldner, unter Umständen aber auch kraft eigenen Rechts ein Dritter[1]) einlegen kann, ist jedoch die Pfändung aufzuheben.

4. Ausnahmen vom Pfändungsverbot.

Die neue Fassung der ZPO auf Grund des ZwVMaßnG sieht unter gewissen Voraussetzungen auch die Pfändung an und für sich unpfändbarer Sachen vor.

a) Hierher gehört die sog. Austauschpfändung, die bereits früher von der Rechtsprechung und der Rechtslehre entwickelt wurde und die nun in 811a und 811b ihre gesetzliche Grundlage gefunden hat. Danach kann das Vollstreckungsgericht (u. U. sogar der Gerichtsvollzieher) die Pfändung einer wertvollen Sache der in 811 Ziff. 1, 5 und 6 genannten Art zulassen, wenn der Gläubiger dem Schuldner vor der Wegnahme der Sache ein ausreichendes Ersatzstück oder den zur Beschaffung eines solchen Ersatzstückes erforderlichen Geldbetrag überläßt.

b) Die sog. Vorwegpfändung (811c). Eine Sache, die zur Zeit unpfändbar ist, kann dann gepfändet werden, wenn zu erwarten ist, daß sie demnächst pfändbar wird. Sie ist zunächst im Gewahrsam des Schuldners zu belassen.

IV. Hausrat ist, soweit er unter 811 Nr. 1 fällt, der Pfändung nicht unterworfen. Darüber hinaus wird die Pfändung aber durch 812 eingeschränkt. Die Gegenstände, die zum gewöhnlichen Hausrat gehören und im Haushalt des

---

[1]) Z. B. ein Familienmitglied, das neben dem Schuldner durch die Pfändungsbeschränkung geschützt werden soll (vgl. 811 Nr. 1—4a).

Schuldners gebraucht werden, sollen nicht gepfändet werden, wenn ohne weiteres ersichtlich ist, daß sie nur einen Erlös, der zu dem Werte außer allem Verhältnis steht, bringen würden. (Der Wert, den die Sache für den Haushalt des Schuldners hat, aber auch der Affektionswert für den Schuldner ist hier in Anschlag zu bringen.)

Auch diese Beschränkung hat der Gerichtsvollzieher von Amts wegen zu beachten; pfändet er gleichwohl solchen Hausrat, so entsteht die Verstrickung und das Pfändungspfandrecht, der Schuldner (unter Umständen auch ein Hausangehöriger des Schuldners) hat aber die Erinnerung nach 766, die andererseits dem Gläubiger zusteht, wenn der Gerichtsvollzieher die Pfändung mit Rücksicht auf 812 unterlassen hat. Der Schuldner verliert die Erinnerung, wenn er nach der Pfändung in Kenntnis seines Anfechtungsrechtes der Pfändung zustimmt.

V. Zur Pfändung beweglicher Sachen ist erforderlich, daß der Gerichtsvollzieher sie in Besitz nimmt (808 I), und dazu ist, abgesehen von dem Fall der Anschlußpfändung (unten 5), erforderlich, daß der Gerichtsvollzieher die Sachen dem Schuldner wegnimmt oder durch Anlegung von Siegeln oder auf sonstige Weise die Pfändung ersichtlich macht (808 II). Das ist die für die Sachpfändung wesentliche Form (wenn die Pfändung nicht als Anschlußpfändung erfolgt). Ohne sie liegt eine Pfändung nicht vor, es tritt ohne sie weder das Pfändungspfandrecht noch die Verstrickung ein.

1. Grundsätzlich hat der Gerichtsvollzieher die Sachen dem Schuldner zu belassen und die Pfändung durch Anlegung von Siegeln oder auf andere Weise ersichtlich zu machen.

Es genügt nicht, daß die Siegel an einer versteckten Stelle, etwa an der Rückseite von Möbeln oder (RG Jur. Rdsch. 1927, 53) in der Satteltasche des Motorrads, das gepfändet werden soll, angebracht werden; sie sind an einer Stelle anzubringen, wo ein Dritter sie bei gewöhnlicher Aufmerksamkeit bemerkt. Warenlager werden durch Anbringung einer mit Unterschrift und Dienstsiegel des Gerichtsvollziehers versehenen Pfandanzeige am Lager, Feldfrüchte durch Aufstellung von Tafeln gepfändet. Tiere können durch Anbringung einer Pfandanzeige am Stallpfosten oder an der Stalltür gepfändet werden, wenn die Anzeige deutlich sichtbar ist und keine Zweifel darüber läßt, was gepfändet sein soll. Hat der Gerichtsvollzieher an der Holzwand eines Verschlages, in dem sich nur ein Schwein befindet, sein Amtssiegel mit Namen und Datum gebracht, so ist das Schwein nicht gepfändet: daß gerade das Schwein und nicht etwa der Verschlag gepfändet werden sollte, hätte zum Ausdruck kommen müssen; es hätte der Anzeige bedurft, daß das Schwein — das näher zu bezeichnen war — gepfändet werde (OLG Breslau JW 1926, 1041). Für unwirksam erklärt worden ist auch die Pfändung eines Pudels durch Pfandanzeige an der Tür der Stube des Hundebesitzers (RGSt. 32, 316).

Während zur Pfändung, wenn sie nicht durch Wegnahme erfolgt, erforderlich ist, daß sie ersichtlich gemacht wird, ist der Fortbestand der Pfändungswirkungen nicht von der Fortdauer der Erkennbarkeit abhängig. Die Pfändungswirkungen fallen nicht weg, wenn die Pfandzeichen unbefugt beseitigt werden oder abfallen (RG 57, 323).

2. Ausnahmsweise hat die Pfändung dadurch zu erfolgen, daß der Gerichtsvollzieher die Sache dem Schuldner wegnimmt: Geld, Kostbarkeiten und Wertpapiere sind dem Schuldner wegzunehmen, andere Sachen nur, wenn dadurch, daß sie dem Schuldner belassen werden, die Befriedigung des Gläubigers gefährdet wird (808 I, II).

3. Stets hat der Gerichtsvollzieher den Schuldner von der geschehenen Pfändung in Kenntnis zu setzen.

Tut er das nicht, so entstehen gleichwohl die vollen Pfändungswirkungen, und eine Erinnerung hat hier keinen Raum, sie wäre als Dienstaufsichtsbeschwerde zu behandeln. Die Geschäftsanweisungen schreiben dem Gerichtsvollzieher auch noch eine Belehrung des Schuldners vor.

4. Die Besitzverhältnisse. Hat der Gerichtsvollzieher die Sache dem Schuldner weggenommen, so hat er sie (solange er sie nicht einlagert) im unmittelbaren Besitz und vermittelt dem Gläubiger mittelbaren Besitz ersten Grades, der Gläubiger aber vermittelt dem Schuldner mittelbaren Besitz zweiten Grades (BGB 868, 870. Herrschende Ansicht). Sehr bestritten ist, wie die Besitzverhältnisse sind, wenn der Gerichtsvollzieher dem Schuldner die Sachen beläßt. Das RG hat (in RG 94, 341 und 105, 415) angenommen, der Schuldner erlange dadurch, daß der Gerichtsvollzieher ihm die Sachen beläßt, den ihm nach 808 I entzogenen unmittelbaren Besitz wieder, und gleichzeitig werde ein Verhältnis im Sinne des § 868 BGB begründet, vermöge dessen der Schuldner verpflichtet sei, den Besitz für den Gerichtsvollzieher als mittelbaren Besitzer auszuüben.

5. Als Anschlußpfändung bezeichnet man die Pfändung bereits gepfändeter Sachen (für denselben oder einen anderen Gläubiger), wenn sie durch bloße Erklärung im Protokoll erfolgt. (Die Bezeichnung für jede Pfändung bereits gepfändeter Sachen zu verwenden, empfiehlt sich nicht.)

Bei der Pfändung bereits gepfändeter beweglicher Sachen kann sich der Gerichtsvollzieher damit begnügen, in das Pfändungsprotokoll die Erklärung aufzunehmen, daß er die Sachen wegen der anderen Forderung ebenfalls pfände. Ist das Protokoll über die frühere Pfändung bereits abgeschlossen, so bedarf es eines Nachtrags oder eines selbständigen Protokolls. Ist die erste Pfändung durch einen anderen Gerichtsvollzieher bewirkt, so hat der später pfändende Gerichtsvollzieher ein selbständiges Protokoll mit der Pfändungserklärung aufzunehmen und eine Abschrift des Protokolls dem Gerichtsvollzieher zuzustellen, der zuerst gepfändet hat. Von den Pfändungen, die durch Erklärungen des Gerichtsvollziehers im Protokoll erfolgen, ist der Schuldner in Kenntnis zu setzen (826).

Ist die spätere Pfändung in dieser vereinfachten Weise erfolgt (sie kann auch als selbständige Pfändung vorgenommen werden), so ist sie in ihrem Rechtsbestand davon abhängig, daß die erste Pfändung wirklich eine Pfändung war (oben § 14 II), also die Verstrickung bewirkt hat. Hat die erste Pfändung ein Pfändungspfandrecht entstehen lassen, so steht das durch die spätere Pfändung begründete Pfandrecht im Range nach.

Mag die zweite Pfändung als Anschlußpfändung oder selbständig erfolgt sein: in beiden Fällen richtet sich die weitere Durchführung der ZV nach 827 (oben § 14 XII).

6. Zur Pfändung von Früchten, die vom Boden noch nicht getrennt sind, und zu gewissen anderen Pfändungen bei Landwirten hat der Gerichtsvollzieher unter den in 813 III bezeichneten Voraussetzungen landwirtschaftliche Sachverständige zuzuziehen.

VI. Verwertung der gepfändeten Sachen und Befriedigung des Gläubigers. Grundsätzlich sind dafür die §§ 814—824 maßgebend, aber das Vollstreckungsgericht kann auf Antrag des Gläubigers oder des Schuldners anordnen, daß die Verwertung einer gepfändeten Sache in anderer Weise erfolgt (z. B., daß die Sache an einem andern Orte verwertet, daß an Stelle der Versteigerung der freihändige Verkauf oder daß die Versteigerung durch eine andere Person als den Gerichtsvollzieher vorgenommen werden soll; 825). Nach den allgemeinen Regeln gilt folgendes:

1. Gepfändetes Geld.

a) Grundsätzlich ist es vom Gerichtsvollzieher dem Gläubiger abzuliefern (815 I). Wo dieser Grundsatz eingreift, gilt die Wegnahme des Geldes durch den Gerichtsvollzieher als Zahlung von seiten des Schuldners (815 III; das gilt auch, wenn der Gerichtsvollzieher etwa das Geld irrtümlich hinterlegt), die Beendigung der ZV tritt aber erst mit der Ablieferung des Geldes an den Gläubiger ein.

b) Ausnahmsweise hat der Gerichtsvollzieher das Geld zu hinterlegen: im Falle des 815 II (wenn ihm glaubhaft gemacht wird, daß einem Dritten daran ein die Veräußerung hinderndes Recht zusteht; über die Fortsetzung der ZV vgl. 815 II 2) und im Falle des 720 (wenn dem Schuldner nachgelassen war, die ZV durch Sicherheitsleistung abzuwenden, er aber davon keinen Gebrauch gemacht hat).

2. Gepfändete Wertpapiere sind, wenn sie einen Börsen- oder Marktpreis haben, von dem Gerichtsvollzieher aus freier Hand zum Tageskurse zu verkaufen. Haben sie einen solchen Preis nicht, so sind sie nach den allgemeinen Bestimmungen zu versteigern (821).

Besonderes gilt für Wechsel und andere indossable Papiere. Sie werden nicht verkauft oder versteigert, sondern sie werden (wie die Stellung des 831 in dem Unterabschnitt III „ZV in Forderungen und andere Vermögensrechte" ergibt) wie Forderungen verwertet: nachdem die Pfändung durch Wegnahme erfolgt ist, wird die Forderung aus dem Papier dem Gläubiger auf seinen Antrag überwiesen (835), wenn das Vollstreckungsgericht nicht auf Antrag eine andere Art der Verwertung anordnet (844). — Umschreibung von Namenspapieren auf den Namen des Käufers: 822.

3. Andere Sachen als Geld- und Wertpapiere sind vom Gerichtsvollzieher öffentlich zu versteigern.

Der gewöhnliche Verkaufswert der Sachen ist vor der Versteigerung abzuschätzen, und zwar grundsätzlich durch den Gerichtsvollzieher (in gewissen Ausnahmefällen, besonders wenn es sich um Kostbarkeiten handelt, aber durch einen Sachverständigen). Zeit und Ort der Versteigerung sind nach 816 I und II festzusetzen und unter allgemeiner Bezeichnung der zu versteigernden Sachen öffentlich bekanntzumachen (816 III). Gläubiger und Eigentümer dürfen mitbieten, doch darf das Gebot des Eigentümers zurückgewiesen werden, wenn nicht der Betrag bar erlegt wird (816 IV in Verbindung mit BGB 1239 I 1 II). Bei allen Sachen darf der Zuschlag nur auf ein Gebot erteilt werden, das mindestens die Hälfte des gewöhnlichen Verkaufswertes erreicht.

Gold- und Silbersachen dürfen außerdem nicht unter ihrem Metallwert zugeschlagen werden (Näheres: 817a). Die Gebote erlöschen durch Zurückweisung, Abgabe eines Übergebots und Schluß der Versteigerung. Der Meistbietende hat nicht wie in der Zwangsversteigerung von Grundstücken (ZVG 81) ein Recht auf den Zuschlag. Dem Zuschlag soll dreimaliger Aufruf vorausgehen. Die Übergabe der zugeschlagenen Sache darf nur gegen bare Zahlung erfolgen (der Gläubiger ist natürlich von der Verpflichtung zur Barzahlung befreit, soweit der Erlös zu seiner Befriedigung zu verwenden wäre), mangels Zahlung wird die Sache sofort anderweit versteigert unter Haftung des Meistbietenden für den Ausfall (und ohne daß der Meistbietende einen Anspruch auf den etwaigen Mehrerlös hat. 817). Die Versteigerung wird eingestellt, wenn der Gläubiger es verlangt, aber auch (818), sobald der Erlös zur Befriedigung des Gläubigers und zur Deckung der Kosten der ZV hinreicht. Für die Versteigerung von Früchten, die vom Boden noch nicht getrennt sind, gilt die Sondernorm des § 824.

Die Empfangnahme des Erlöses durch den Gerichtsvollzieher gilt (wie die Wegnahme von Geld bei dem Schuldner) als Zahlung von seiten des Schuldners (sofern nicht dem Schuldner nachgelassen ist, durch Sicherheitsleistung oder durch Hinterlegung die ZV abzuwenden. 819). Der Erlös tritt an die Stelle der Sache. Er gehört dem Schuldner, der Gläubiger hat ein Pfandrecht daran. Die Gefahr trägt der Gläubiger, erst mit der Ablieferung wird er Eigentümer des Geldes. Die ZV endet erst mit der Ablieferung. Die Ablieferung an den Gläubiger hat unverzüglich zu erfolgen, soweit nicht durch Urteil ein Recht eines anderen auf vorzugsweise Befriedigung aus dem Erlös festgestellt ist oder mehrere Gläubiger gepfändet haben oder die einstweilige Einstellung der ZV angeordnet ist.

4. Die Versteigerung gepfändeter beweglicher Sachen durch den Gerichtsvollzieher ist wie die Zwangsversteigerung eines Grundstückes ein öffentlichrechtlicher Vorgang, und auch der Eigentumserwerb des Erstehers vollzieht sich durch einen öffentlichen Akt.

Wenn 817 I die Anwendung von BGB 156 vorschreibt, so bezieht sich das lediglich auf die Bindung des Bieters an sein Gebot und darauf, daß der Zuschlag für den Ersteher einerseits die Verpflichtung zur Barzahlung des Gebots (soweit er nicht als Gläubiger nach 817 IV davon befreit ist) und andererseits das Recht darauf, daß ihm die Sache gegen Barzahlung zu Eigentum übergeben wird, begründet. Ein privatrechtlicher Vertrag (den der Gerichtsvollzieher — etwa als Vertreter des Gläubigers oder des Eigentümers — schlösse) kommt durch den Zuschlag nicht zustande. Sind bei der Zwangsversteigerung Vorschriften über das Verfahren verletzt, so ist die Versteigerung (der Zuschlag) deshalb nicht etwa unwirksam; die Verletzung kann nur eine Schadensersatzpflicht des Gerichtsvollziehers oder des Staates begründen. Darauf, ob der Ersteher in dem guten Glauben war, daß die Verfahrensvorschriften oder doch wenigstens die wesentlichen eingehalten wurden, kommt es für die Wirksamkeit des Zuschlages nicht an.

Durch den Zuschlag wird der Ersteher nicht — wie in der Zwangsversteigerung eines Grundstücks (ZVG 81, unten § 19 X 3 b β) Eigentümer der gepfändeten Sache. Das Eigentum erwirbt er erst dadurch, daß der Gerichtsvollzieher ihm die Sache zu Eigentum übergibt. Dies ist keine Übereignung im Sinne des BGB, sondern Begründung freien Eigentums durch einen Staatsakt. Für die Wirksamkeit dieses Aktes kommt es nicht darauf an, ob der Vollstreckungsschuldner Eigentümer der Sache war, ob der Vollstreckungsgläubiger ein Pfandrecht an der Sache hatte und ob die Vorschriften über das Versteigerungsverfahren eingehalten worden sind. Auch wenn dies nicht der Fall war, erwirbt der Ersteher durch den Staatsakt Eigentum, und zwar auch dann, wenn er etwa den Mangel kannte. (Er ist aber schadensersatzpflichtig, wenn eine unerlaubte Handlung — BGB 823ff., 826 — vorliegt.)

Die öffentlichrechtliche Natur der Zwangsversteigerung gepfändeter beweglicher Sachen und des Eigentumserwerbs auf Grund solcher Versteigerung ist heute anerkannt[1]). Das Gebot aber ist eine privatrechtliche Willenserklärung und keine Prozeßhandlung. Es kann infolgedessen wegen Willensmangels nach BGB 119 angefochten werden und wegen Geschäftsunfähigkeit des Bieters nichtig sein. Amtspflicht des Gerichtsvollziehers ist es, den Zuschlag nicht zu erteilen, wenn eine privatrechtliche wirksame Willenserklärung nicht vorliegt. Erteilt er aber den Zuschlag, so treten die erörterten Wirkungen kraft dieses öffentlichrechtlichen Aktes ein.

5. Der Verwertungsaufschub nach 813a.

Auf Antrag des Schuldners kann das Vollstreckungsgericht die Verwertung gepfändeter Sachen unter Anordnung von Zahlungsfristen zeitweilig aussetzen, wenn dies nach der Persönlichkeit und den wirtschaftlichen Verhältnissen des Schuldners, sowie nach der Art der Schuld angemessen erscheint und nicht überwiegende Belange des Gläubigers entgegenstehen. Hiermit ist der Schuldner vor dem endgültigen Verlust der Pfandsache geschützt, ohne daß dem Gläubiger seine Sicherheit genommen wird.

Verschleppungsabsichten des Schuldners beugt 813a Abs. 2 vor: länger als ein Jahr nach der Pfändung darf die Verwertung nicht hinausgeschoben werden.

Dem Vollstreckungsgericht ist hier ein weiter Ermessungsspielraum und eine Einwirkungsmöglichkeit auf die Belange und Rechte des Gläubigers gegeben, ohne daß gegen die Entscheidung ein Rechtsmittel zulässig ist.

Man muß hoffen, daß die Vollstreckungsgerichte sich bei Anwendung des 813a ihrer Verantwortung bewußt sind.

§ 16

Die Zwangsvollstreckung in Forderungen und andere Vermögensrechte Allgemeiner Teil

I. Dieser Art der ZV unterliegen grundsätzlich alle Geldforderungen, alle Sachforderungen (d. h. die „Ansprüche auf Herausgabe oder Leistung von beweglichen oder unbeweglichen Sachen“ z. B. auf die Übereignung einer beweglichen Sache oder eines Grundstücks) und die anderen

[1]) Vgl. StJSch 17. Aufl. § 817 Anm. I; RG 156, 395. Die früher herrschende Ansicht war, daß durch den Zuschlag ein privatrechtlicher Vertrag zustande komme, den der Gerichtsvollzieher als Vertreter des Gläubigers (nach anderen als Vertreter des Eigentümers) mit dem Ersteher abschließe (RG 104, 301; 126, 26). Die Frage ist insofern von Bedeutung, als nach der privatrechtlichen Auffassung des Versteigerungsvorganges der Eigentumserwerb bei fehlendem Eigentum des Schuldners oder fehlendem Pfandrecht des Gläubigers von der Gutgläubigl eit des Erstehers (BGB 932, 1244) abhängig wäre.

Privatrechte, die zum beweglichen Vermögen gehören (mit Ausnahme des Eigentums[1]).

Pfändbar ist eine durch Hypothek gesicherte Forderung und das dingliche Hypothekenrecht (beide Rechte können aber nur zusammen gepfändet werden, unten § 17 II 1), mag es sich um eine Verkehrs- oder um eine Sicherungshypothek (auch um eine Höchstbetragshypothek), um eine Brief- oder eine Buchhypothek, um eine Fremd- oder eine Eigentümerhypothek handeln. Pfändbar sind Reallasten, Grund- und Rentenschulden, ferner die Rechte aus der Anmeldung oder Eintragung von Patenten, Gebrauchs- und Geschmacksmustern, mit Einwilligung des Urhebers auch die literarischen und künstlerischen Urheberrechte, ohne diese Einschränkung auch die Filmurheberrechte (KG in JW 24, 413), nach Maßgabe von VerlG 28 auch die Verlagsrechte, ferner das Jagdrecht, das Schürfrecht, ausschließliche Lizenzen (z. B. die Filmvertriebslizenz), Miteigentumsanteile an beweglichen Sachen (solche an Grundstücken unterliegen der Immobiliar-ZV), das Recht des Nacherben zwischen Erbfall und Eintritt der Nacherbfolge, das Wiederkaufsrecht, das Bezugsrecht auf junge Aktien, der Anteil eines Gesellschafters an dem Vermögen einer Gesellschaft des bürgerlichen Rechts, einer oHG oder KG, der Anspruch des stillen Gesellschafters auf sein Auseinandersetzungsguthaben.

Auch auflösend oder aufschiebend bedingte und betagte Forderungen und Rechte können gepfändet werden, nicht aber bedingtes Eigentum[2]).

---

[1]) Gehört eine bewegliche Sache mehreren, so werden die Anteile im Privatrecht als Eigentum behandelt, nach dem Vollstreckungsrecht greift aber die ZV in Forderungen und andere Rechte Platz. Über die ZV in den Bruchteil eines Grundstücks vgl. unten § 18 I 2 d.

[2]) Sehr bestritten und zweifelhaft ist, ob eine Pfändung möglich ist, wenn dem Schuldner eine Sache unter einer aufschiebenden Bedingung übereignet ist, und was der Gläubiger tun muß, um in diesem Falle zu seiner Befriedigung zu gelangen. Hat ein Möbelhändler sich an Möbeln, die er auf Abzahlung verkauft hat, das Eigentum bis zur Zahlung der letzten Kaufpreisrate vorbehalten, so kommt natürlich für den Gläubiger des Käufers die Pfändung eines Anspruchs auf Übereignung nicht in Frage: einen solchen Anspruch hat der Käufer ja nicht, er hat vielmehr bedingtes Eigentum. Die herrschende Meinung nimmt an, das bedingte Eigentum könne nach 857 gepfändet und dem Gläubiger überwiesen werden. (Der Möbelhändler wäre dabei als Drittschuldner zu behandeln und nach 840 auskunftspflichtig.) Aber es sollte zu denken geben, daß diese Pfändung und Überweisung gar nicht zur Befriedigung des Gläubigers führen kann: bei der Zahlung der letzten Rate würde der Käufer der Möbel Eigentümer werden, und der Gläubiger würde kein Pfandrecht erwerben. Wie das Eigentum, so gehört auch das bedingte Eigentum nicht zu den Rechten, in die nach dem Untertitel III zu vollstrecken ist. Es bedarf aber dessen auch nicht. Befinden sich die Möbel im Gewahrsam des Schuldners, so kann der Gläubiger sie bei dem Schuldner ohne Rücksicht auf das Eigentum des Möbelhändlers pfänden lassen. Freilich hat der Möbelhändler die Widerspruchsklage (771). Ihr kann aber der Gläubiger dadurch begegnen, daß er die letzte Rate an den Möbelhändler zahlt (BGB 267 I). Allerdings kann nach BGB 267 II der Gläubiger, dem ein Dritter die Leistung anbietet, die Leistung zurück-

Werden Forderungen auf fortlaufende Bezüge (Lohn-, Gehalts-, Mietzinsforderungen usw.) gepfändet, so erstreckt sich das Pfandrecht auch auf die erst nach der Pfändung fällig werdenden Beträge (832). Das ist eine praktisch sehr wichtige Bestimmung (Näheres unten VIII 5a).

II. Gewisse Forderungen und Rechte unterliegen, obwohl sie zum beweglichen Vermögen gehören, nicht der hier zu behandelnden Art der ZV:

1. Forderungen und Rechte, die in Wertpapieren verbrieft sind, können nur durch Wegnahme der Wertpapiere gepfändet werden, und ihre Verwertung erfolgt grundsätzlich in derselben oder in einer ähnlichen Weise wie die Verwertung gepfändeter beweglicher Sachen (821–823, 831; oben § 15).

2. Forderungen und Rechte, auf die sich bei Grundstücken die Hypothek erstreckt, können nicht gepfändet werden, wenn ihre Beschlagnahme im Wege der Immobiliar-ZV erfolgt ist (865, oben § 14 V 2). Durch die Anordnung der Zwangsverwaltung (nicht durch die der Zwangsversteigerung) werden die Miet- und Pachtforderungen (es sei denn, daß sie schon länger als ein Jahr fällig sind), beschlagnahmt und damit künftiger Pfändung entzogen. Dasselbe gilt von Ansprüchen aus Rechten auf wiederkehrende Leistungen, die mit dem Grundstückseigentum verbunden sind (z. B. aus Reallasten). Aber auch gewisse Versicherungsforderungen, die zur Immobiliarmasse gehören, können, wenn die Beschlagnahme im Wege der Immobiliar-ZV erfolgt ist, nicht mehr gepfändet werden.

III. Die ZV in Forderungen und andere Vermögensrechte erfolgt durch Pfändung und in der Regel durch Überweisung des dem Schuldner zustehenden Rechts. Die Pfändung wie die Überweisung erfolgt durch Beschluß. Das Vollstreckungsorgan für diese Art der ZV ist daher das Gericht, und zwar ist es das Vollstreckungsgericht (828 I). Vollstrek-

---

weisen, wenn der Schuldner widerspricht. Aber diese Bestimmung eröffnet nicht die Möglichkeit, daß der Möbelhändler und der Schuldner zusammen den Gläubiger um sein gutes Recht bringen. Zwar die Ansicht, daß der Widerspruch des Schuldners unsittlich und deshalb unwirksam sein würde, läßt sich nicht halten (a. A. Planck-Siber 2 zu BGB 267), auch nicht die Meinung, daß die Zurückweisung der Leistung wegen BGB 242 unbeachtlich sei. Aber es greift hier zugunsten des Gläubigers der Rechtsgedanke des BGB 268 ein: man wird auch im vorliegenden Falle ein selbständiges, vom Widerspruch des Schuldners unabhängiges Recht des Dritten, die Leistung für den Schuldner zu bewirken, anerkennen müssen. (Die herrschende Meinung ist, daß der Dritte — der Vollstreckungsgläubiger — die Pfändung des bedingten Eigentums erwirken müsse, damit das Widerspruchsrecht des Schuldners ihm gegenüber unwirksam sei; StJSch. 17. Aufl. führt — II 9 zu 857 — aus, nach solcher Pfändung wäre die Vereitelung der Bedingung eine Verfügung des Schuldners über das gepfändete Recht zum Nachteil des Gläubigers — 829 — und die Ablehnung von seiten des Möbelhändlers wäre eine bösliche Verhinderung des Eintritts der Bedingung, BGB 162.)

kungsgericht ist hier das AG, bei dem der Schuldner seinen allgemeinen Gerichtsstand hat, wenn er aber einen solchen im Inlande nicht hat, das AG, bei dem ein Gerichtsstand des Vermögens (23) gegen den Schuldner gegeben ist (828 II).

Die Geschäfte, die bei der ZV in Forderungen und andere Vermögensrechte dem Vollstreckungsgericht obliegen, sind auf Grund EntlVfg § 11e dem Rechtspfleger übertragen. Gegen die Entscheidungen, die ein Rechtspfleger erläßt, kann das Gericht, an dessen Statt er entschieden hat, angerufen werden, und gegen die Entscheidung des Gerichts ist dann die sofortige Beschwerde an das LG (gegen die Entscheidung des Beschwerdegerichts unter Umständen die weitere sofortige Beschwerde an das OLG) gegeben (oben § 4 IV 1).

IV. Zweifelhaft und sehr bestritten ist, wann eine Forderung der deutschen ZV unterliegt. In der Rechtslehre herrschte früher die Meinung vor (Hellwig Lehrb. I 110ff., Kohler Prozeß als Rechtsverhältnis 121, Seuffert Ic zu 829, Stein 10/11. Aufl. I 3 zu 829, Oertmann in Hellwigs System II 334ff.), daß eine Forderung der deutschen ZV unterliegt, wenn der Vollstreckungsschuldner (der Gläubiger der Forderung) im Inlande wohnt oder hier Vermögen besitzt, mag der Drittschuldner auch im Auslande wohnen und der inländischen Vollstreckungsgewalt nicht unterworfen sein[1]). Nach RG 77, 252 kommt es dagegen darauf an, wo der Drittschuldner seinen Wohnsitz hat („Ob ein Vermögensgegenstand dem Zugriff durch deutsche Vollstreckung zugänglich ist, hängt nur davon ab, ob er sich im Bereiche der deutschen Gerichtsbarkeit befindet. Besteht der Vermögensgegenstand in einer Forderung, so ist er als dort befindlich anzusehen, wo der Schuldner der Forderung seinen Wohnsitz hat“[2]). Diese Ansicht verdient den Vorzug.

V. Unpfändbare Forderungen und andere Rechte.

1. Forderungen und andere Rechte, die nicht übertragen werden können, sind — soweit nichts anderes bestimmt ist — unpfändbar. 851 I. (Nach BGB 400 ist eine unpfändbare Forderung auch unübertragbar.) Eine Ausnahme macht 851 II für die Forderungen, bei denen die Leistung an einen anderen Gläubiger ihren Inhalt verändern würde, und für die Forderungen, deren Abtretung durch Vereinbarung mit dem Schuldner ausgeschlossen ist: sie sind nach BGB 399 nicht übertragbar, können aber nach ZPO 851 II insoweit gepfändet und zur Einziehung überwiesen werden, als der geschuldete Gegenstand der Pfändung unterworfen ist.

Als unveräußerliche Rechte sind z. B. unpfändbar: das Namensrecht, das Firmenrecht (es kann nur mit dem Handelsgeschäft, nicht für sich allein über-

[1]) Nach Zitelmann (Internat. Privatrecht II, 290, 297) kann die ZV in eine Forderung in Deutschland nur betrieben werden, wenn der Drittschuldner deutscher Staatsangehöriger ist.

[2]) Ebenso Riezler, Internat. Zivilprozeßrecht 1949, XI, § 71, 5.

tragen werden), das Verwaltungs- und Nutznießungsrecht des Inhabers der elterlichen Gewalt (nur was durch die Nutznießung erlangt wird, ist übertragbar und – mit der Einschränkung des 862 – pfändbar).

Ist ein Recht unveräußerlich, kann aber seine Ausübung einem anderen übertragen werden, wie dies bei dem Nießbrauch (BGB 1059) und – im Falle der Gestattung – bei den beschränkten persönlichen Dienstbarkeiten (BGB 1092) der Fall ist, so kann, wenn im Einzelfalle nichts anderes bestimmt ist, das Recht insoweit gepfändet werden, als die Ausübung einem andern überlassen werden kann (857 III. Über die Verwertung vgl. unten § 17 IV 1).

2. Im übrigen ist die Pfändbarkeit in gewissem Umfange durch besondere prozessuale Normen ausgeschlossen.

a) Nach BGB 2317 II ist der Pflichtteilsanspruch übertragbar, und dasselbe gilt von dem Anspruch, den der Schenker nach BGB 528 auf Herausgabe des Geschenks hat. Nach ZPO 852 sind diese Ansprüche aber nur pfändbar, wenn sie durch Vertrag anerkannt oder rechtshängig geworden sind (Sie sollen nicht gegen den Willen des Berechtigten geltend gemacht werden).

b) Vor allem aber ist, um dem Schuldner und seiner Familie den notwendigen Unterhalt zu sichern, und dadurch auch zu verhüten, daß diese Personen – mögen sie In- oder Ausländer sein – der öffentlichen Armenpflege zur Last fallen, eine Reihe von Forderungen auf fortlaufende Bezüge, die ihrer Natur nach zur Bestreitung des Lebensunterhalts dienen, für unpfändbar erklärt. Grundlegend ist der § 850, der auf die Pfändungsschutzbestimmungen 850 a–i verweist[1]).

In 850 wird der Begriff „Arbeitseinkommen" erläutert, der für die Bestimmungen in 850 c–i von Bedeutung ist: Als „Arbeitseinkommen" gelten danach nicht allein Löhne, Gehälter und beamtenrechtliche Dienst- und Versorgungsbezüge, sondern z. B. auch Renten aus Versicherungsverträgen, wenn diese Verträge zur Versorgung des Versicherungsnehmers oder seiner unterhaltsberechtigten Angehörigen eingegangen sind.

c) 851 a gewährt den Landwirten einen besonderen Pfändungsschutz und 851 b, der im wesentlichen dem § 19 der seit 20. 8. 1953 außer Kraft getretenen ZVMaßnVO entspricht, gibt eine wirtschaftlich wichtige Beschränkung der Pfändung von Miet- und Pachtzinsen. Die Vorschrift beruht auf dem Gedanken, daß Miet- und Pachtzinsen zweckgebundene Einkünfte insoweit sind, als aus ihnen die notwendigen Unterhaltungskosten und die Abgaben für das Grundstück bestritten werden müssen. Weitere Pfändungsschutzbestimmungen finden sich in Sondervorschriften. So sind u. a. nach dem Bundesversor-

[1]) Die §§ 850—850i entsprechen im wesentlichen der Lohn-Pfändungsverordnung von 1940 mit den Änderungen, die diese Verordnung erfahren hat. Sie wurden durch das ZVMaßnG v. 20. 8. 1953 in die ZPO eingefügt.

gungsgesetz v. 20. 12. 1950 zu zahlende Versorgungsbezüge weitgehend unpfändbar (67 BVersorgG); unpfändbar sind auch nach dem Lastenausgleichsgesetz gewährte Ausgleichsleistungen (294 LAG).

VI. Die Beschränkungen der Pfändbarkeit von Arbeitseinkommen.

1. Grundnorm ist hier 850c: unpfändbar sind monatlich DM 169,—, wöchentlich DM 36,—, täglich DM 6,50 und (damit der Anreiz mehr zu verdienen erhalten bleibt) $^3/_{10}$ des Mehrbetrages.

Bei einem Jahreseinkommen von DM 4800,— sind also 12×169 = 2028+831.60 = 2859,60 DM unpfändbar; DM 1940,— können gepfändet werden.

2. Der unpfändbare Teil des Mehrbetrages erhöht sich, wenn der Schuldner seinem Ehegatten, einem Verwandten oder einem unehelichen Kinde Unterhalt zu gewähren hat. Näheres 850c.

3. Diese Pfändungsbeschränkungen des 850c gelten aber nicht, wenn wegen solcher, in Ziff. 2 genannter, Unterhaltsansprüche gepfändet wird. Dem Schuldner ist dann grundsätzlich nur so viel zu belassen, als er für seinen notwendigen Unterhalt und zur Erfüllung seiner anderen gesetzlichen Unterhaltspflichten gegenüber den, dem pfändenden Gläubiger vorgehenden oder gegenüber den ihm gleichstehenden Unterhaltsberechtigten bedarf. Näheres 850d.

4. Von dem nach 850c und d pfändbaren Teil kann dem Schuldner auf Antrag ausnahmsweise ein Teil belassen werden. Näheres 850f.

5. „Lohnschiebungsverträge". Diese Verträge (früher, nach der damals starren Pfändungsgrenze Fünfzehnhundertmark-Verträge genannt) sind Verträge des Arbeitnehmers mit dem Arbeitgeber, nach denen nicht mehr als der unpfändbare Teil des Arbeitseinkommens an den Arbeitnehmer, der Rest aber an einen Dritten (zumeist an die Ehefrau) zu zahlen ist. Derartigen Verträgen steht 850h entgegen: Hat sich der Arbeitgeber verpflichtet, das Entgelt für die Arbeit des Schuldners an einen Dritten zu leisten, so kann auch der Anspruch des Drittberechtigten auf Grund des gegen den Schuldner ergangenen Titels gepfändet werden.

Wenn der Schuldner gewinnbringende Arbeit ohne, oder gegen verhältnismäßig geringe Vergütung leistet (etwa im Geschäft seiner Ehefrau oder in dem der Kinder), so gilt dem Gläubiger gegenüber eine angemessene Vergütung als geschuldet, die dieser für sich pfänden lassen kann. Näheres 850h.

VII. Die Beschränkungen der Forderungspfändung sind von Amts wegen zu beachten, wenn ihre tatsächlichen Voraussetzungen nach dem Inhalt des Pfändungsgesuchs gegeben sind. Wird eine unpfändbare Forderung gepfändet, so gilt dasselbe wie bei der Pfändung einer unpfändbaren Sache (oben § 15 III 3); es entsteht nicht nur die Verstrickung, sondern auch das Pfändungspfandrecht; auf Erinnerung (766) hin, die der Schuldner, aber auch der Drittschuldner und unter Umständen ein Angehöriger des Schuldners einlegen kann, ist jedoch die Pfändung aufzuheben, und unter bestimmten Voraussetzungen sind Schadensersatzansprüche gegen den Staat und gegen die Beamten gegeben, wenn die Unpfändbarkeit schuldhaft unbeachtet blieb.

VIII. Die Pfändung von Geldforderungen.

1. In seinem „Pfändungsgesuch", das bei dem Vollstreckungsgericht schriftlich oder „zu Protokoll" anzubringen ist, hat der Gläubiger die Forderung seines Schuldners gegen den Dritten (den Drittschuldner), die gepfändet werden soll, genau zu bezeichnen. Er braucht sie aber nicht etwa glaubhaft zu machen. Im übrigen muß er belegen, daß die Voraussetzungen der ZV gegeben sind.

2. Die Prüfung durch das Vollstreckungsgericht. Das Vollstreckungsgericht darf vor der Pfändung den Schuldner nicht über das Pfändungsgesuch hören (834; die Bestimmung beruht natürlich auf der Besorgnis, daß der Schuldner sonst noch vor der Pfändung über die Forderung verfügt, sie etwa einzieht oder sie abtritt). Das Vollstreckungsgericht hat auch nicht etwa zu prüfen, ob die Forderung tatsächlich besteht. Dadurch würde die ZV unnötig aufgehalten werden. Es wird die „angebliche Forderung" gepfändet; späterhin (bei dem Versuch des Gläubigers, sie einzuziehen) wird sich herausstellen, ob sie wirklich besteht. Dagegen hat das Vollstreckungsgericht zu prüfen, ob die Forderung, wie sie sich nach dem Pfändungsgesuch darstellt, pfändbar ist (oben VII) und ob die Voraussetzungen der ZV gegeben sind. Ist dies der Fall, so erläßt es den Pfändungsbeschluß.

3. In dem Pfändungsbeschluß ist die Forderung so genau wie möglich und jedenfalls so zu bezeichnen, daß unzweideutig feststeht, welche Forderung gemeint ist. Außer dem Vollstreckungsschuldner, dem die Forderung zusteht, ist der Schuldner des Schuldners — der sog. Drittschuldner —, ferner der Schuldgrund und der Betrag der Forderung anzugeben. Auch muß zu ersehen sein, in welcher Höhe die Forderung gepfändet wird (sie kann zum Teil gepfändet werden). In dem Beschluß ist dem Drittschuldner zu verbieten, an den Schuldner zu zahlen (sog. arrestatorium). Ohne dieses Verbot ist die Pfändung nicht wirksam. Ferner ist in dem Beschluß dem Schuldner zu gebieten, sich jeder Verfügung über die Forderung, insbesondere der Einziehung, zu enthalten (sog. inhibitorium). Dieses Gebot ist kein Wirksamkeitserfordernis der Pfändung, es bewirkt aber, daß der Schuldner dem Pfändungspfandgläubiger gegenüber über die Forderung nicht wirksam verfügen kann (829).

4. Die Pfändung wird erst durch die Zustellung des Beschlusses an den Drittschuldner bewirkt (829 III). Der Beschluß ist zwar grundsätzlich auch dem Schuldner zuzustellen (darüber Näheres: 829 II 2—4), doch hängt die Wirksamkeit der Pfändung nicht von dieser Zustellung ab. Die Zustellung an den Drittschuldner ist Sache des Gläubigers (829 II 1), das Gericht übermittelt ihm formlos den Beschluß.

Ist der Pfändungsbeschluß nur dem Schuldner, nicht auch dem Drittschuldner zugestellt, so ist das keine Pfändung: weder die Verstrickung noch das Pfändungspfandrecht ist entstanden. Aber das Gebot an den Schuldner, sich jeder Verfügung zu enthalten, ist wirksam (bestritten!). Tritt der Schuldner die Forderung ab, so ist die Abtretung dem Gläubiger gegenüber unwirksam (BGB 135, 136). Stellt der Gläubiger nunmehr den Pfändungsbeschluß dem Drittschuldner zu, so ist die Pfändung trotz der inzwischen erfolgten Abtretung wirksam. Das gilt auch, wenn der Schuldner die Forderung inzwischen eingezogen hat, soweit der Drittschuldner nicht nach BGB 407, 1275 (guter Glaube) geschützt ist.

5. Die Rechtsfolgen der Forderungspfändung (der Zustellung des Pfändungsbeschlusses an den Drittschuldner).

a) Wie bei der Pfändung beweglicher Sachen und unter denselben Voraussetzungen treten auch hier die allgemeinen Pfändungswirkungen ein: die Verstrickung, die aber hier nicht mit einem Strafschutz verbunden ist (oben § 14 VIII 1 Anm. 1), und das Pfändungspfandrecht. Auf das Pfändungspfandrecht kommen hier die Vorschriften des BGB (1273ff.) über das Pfandrecht an Forderungen zur Anwendung, soweit nicht Bestimmungen der ZPO entgegenstehen. Die Verstrickung und das Pfändungspfandrecht ergreifen die Forderung (mit ihren Nebenrechten), wie sie bei der Zustellung des Pfändungsbeschlusses an den Drittschuldner besteht. (Wenn die Pfändung auf einen Teil der Forderung beschränkt ist, ergreift sie nur diesen Teil.) Bei der Pfändung einer Forderung auf fortlaufende Bezüge (Gehalt, Lohn, Mieten, Zinsen, Renten usw.) erstreckt sich das Pfandrecht auch auf die erst nach der Pfändung fällig werdenden Beträge (832; oben I), bei der Pfändung von Diensteinkommen auch auf das Einkommen in einem anderen Amt und auf die Gehaltserhöhung, wenn nur der Dienstherr derselbe bleibt (833; bei dem Übertritt aus dem Dienst eines Landes in den Dienst des Bundes bedarf es neuer Pfändung).

Der Staat kann zur Durchführung der ZV nunmehr über die Forderung verfügen, Verfügungen des Schuldners sind, soweit durch sie die Durchführung der ZV beeinträchtigt werden würde, unwirksam (Relative Unwirksamkeit). Der Drittschuldner kann der Klage des Schuldners, die auf Verurteilung zur Leistung gerichtet ist, die Einwendung des Zahlungsverbots entgegenhalten. (Der Feststellungsklage und der Klage auf Hinterlegung gegenüber hat er eine solche Einwendung nicht.) Zahlung an den Schuldner befreit den Drittschuldner zwar im Verhältnis zum Schuldner, läßt aber im Verhältnis zum Vollstreckungsgläubiger die Forderung bei Bestand (aber BGB 135 II, guter Glaube).

b) Durch Zustellung einer privaten Anzeige der bevorstehenden Pfändung (Vorpfändung, Pfändungsvorbenachrichtigung. 845) kann der Gläubiger, vorausgesetzt daß er einen vollstreckbaren Schuldtitel hat, die Pfändungswirkungen hervorrufen, ohne zuvor das Vollstreckungsgericht anzugehen. Auf diese Weise kann er der Gefahr begegnen, daß der Schuldner, ehe der Pfändungsbeschluß zugestellt wird, über die Forderung verfügt, und dadurch die ZV vereitelt oder doch erschwert wird. Die Benachrichtigung, daß die Pfändung der Forderung bevorstehe, hat der Gläubiger durch den Gerichtsvollzieher dem Drittschuldner und dem Schuldner zustellen zu lassen mit der Aufforderung an den Drittschuldner, nicht an den Schuldner zu zahlen, und mit der Aufforderung an den Schuldner, sich jeder Verfügung über die Forderung, insbesondere ihrer Einziehung zu enthalten. Die Benachrichtigung an den Drittschuldner hat, sofern die Pfändung innerhalb drei Wochen bewirkt wird, „die Wirkung eines Arrestes", d. h. einer in Vollziehung eines Arrestes erfolgten Forderungspfändung: wenn die Pfändung binnen drei Wochen erfolgt, so hat das dieselbe Wirkung, wie wenn nach der Vollziehung eines Arrestes ein in der Hauptsache erwirkter Vollstreckungstitel zugestellt wird. Der Rang des Pfändungspfandrechts bemißt sich nach der Vorpfändung. Praktisch wichtig ist, daß die Vorpfändung keine vollstreckbare Ausfertigung und nicht die Zustellung des Schuldtitels voraussetzt (oben § 7 II 3b und § 9 IV).

Der Gerichtsvollzieher wird gut tun, wenn er bei einem Pfändungsversuch keine pfändbaren Sachen vorfindet, aber von dem Bestehen einer pfändbaren Forderung erfährt, den Gläubiger auf die Möglichkeit der Vorpfändung aufmerksam zu machen. Er selbst kann ja nach heutigem deutschen Recht weder die Forderung pfänden noch eine Vorpfändung vornehmen. (Die Möglichkeit der Vorpfändung wird mitunter von Anwälten zum Schaden ihrer Klienten übersehen.)

c) Die Erklärungspflicht des Drittschuldners: 840.

Für die pfändenden Gläubiger kommt es darauf an, möglichst bald authentisch zu erfahren, ob die Forderung wirklich besteht, und ob etwa Dritte Rechte in bezug auf die Forderung geltend machen. Eine Verpflichtung des Drittschuldners, sich darüber dem Gläubiger gegenüber zu erklären, wird dadurch — und nur dadurch — begründet, daß der Gerichtsvollzieher auf Verlangen des Gläubigers in die Zustellungsurkunde die Aufforderung an den Drittschuldner aufnimmt, dem Gläubiger zu erklären, ob und inwieweit er die Forderung als begründet anerkenne und Zahlung zu leisten bereit sei, ob und welche Ansprüche andere Personen an die Forderung machen, ob und wegen welcher Ansprüche die Forderung bereits für andere Gläubiger gepfändet sei. Der Drittschuldner hat die Fragen dann binnen zwei Wochen zu beantworten. Dies kann auch dem Gerichtsvollzieher gegenüber geschehen. Die Erklärungen sind, wenn sie bei der Zustellung des Pfändungsbeschlusses dem Gerichtsvollzieher gegenüber abgegeben werden, in die Zustellungsurkunde, die von dem Gerichtsvollzieher dem Gläubiger zugeleitet wird, aufzunehmen und von dem Drittschuldner zu unterschreiben.

Auf Erfüllung der Erklärungspflicht kann der Gläubiger nicht klagen (arg. 840 II 2), aber der Drittschuldner haftet dem Gläubiger, wenn er vorsätzlich oder fahrlässig die Verpflichtung nicht erfüllt, für den daraus entstehenden Schaden. (Mitunter wird angenommen, daß der Drittschuldner auch ohne Verschulden hafte. Indessen ist BGB 823 II heranzuziehen, ein Verschulden des Drittschuldners oder seiner Leute also Voraussetzung der Schadensersatzpflicht.)

6. Die Verwertung von Geldforderungen.

a) Grundsätzlich (Ausnahme: unten b) erfolgt sie durch Überweisungsbeschluß des Vollstreckungsgerichts (835). Die gepfändete Forderung ist dem Gläubiger nach seiner Wahl zur Einziehung oder zum Nennwert an Zahlungs Statt zu überweisen. (Die Überweisung ist der Staatsakt, durch den das Forderungsrecht selbst oder das Recht der Einziehung auf den Gläubiger übergeht.) Auf den Überweisungsbeschluß finden die Bestimmungen über die Zustellung des Pfändungsbeschlusses (829 II, III) entsprechende Anwendung: er wird mit der Zustellung an den Drittschuldner wirksam. Meist wird er mit dem Pfändungsbeschluß verbunden.

Mit der Zustellung des Überweisungsbeschlusses ist die Rechtslage so, als ob der Schuldner dem Gläubiger das Forderungsrecht (bei der Überweisung an Zahlungs Statt) oder die Berechtigung zur Einziehung der Forderung (bei der Überweisung zur Einziehung) übertragen hätte[1]). Wie nach BGB 409 der Gläubiger seine Anzeige von der Forderungsabtretung dem Schuldner gegenüber auch dann gelten lassen muß, wenn sie unrichtig ist, so gilt auch der Überweisungsbeschluß, selbst wenn er mit Unrecht erlassen ist, zugunsten des Drittschuldners dem Schuldner gegenüber so lange als rechtsbeständig, bis er aufgehoben wird und die Aufhebung zur Kenntnis des Drittschuldners gelangt. Durch die Zahlung an den Gläubiger ist der Drittschuldner von seiner Verpflichtung dem Schuldner gegenüber frei geworden, wenn der Überweisungsbeschluß erst nach der Zahlung aufgehoben wird. Aber es soll nur der gutgläubige Schuldner geschützt werden. Zahlungen, die der Drittschuldner an den Gläubiger macht, nachdem ihm der gute Glaube, an den Gläubiger zahlen zu dürfen, genommen ist, braucht der Vollstreckungsschuldner nicht gegen sich gelten zu lassen.

---

[1]) Die Bestimmung in 836, daß die Überweisung die förmlichen Erklärungen des Schuldners ersetzt, von denen nach dem bürgerlichen Recht die Berechtigung zur Einziehung der Forderung abhängig ist, ist heute insofern gegenstandslos, als die Forderungsabtretung nach BGB 398ff. grundsätzlich keiner Form bedarf, und die Ausnahme des 1154, der eine besondere Form für die Übertragung der Hypothekenforderung vorschreibt, wegen der besonderen Regelung der ZV in eine Hypothekenforderung nicht in Betracht kommt. Übrigens wird nach allgemeiner Meinung ein Indossament nicht durch die Überweisung ersetzt. (Der Schuldner soll nicht Regreßansprüchen ausgesetzt werden.)

Nicht geschützt wird der Drittschuldner, wenn sich später ergibt, daß die gepfändete Forderung nicht dem Schuldner, sondern einem Dritten zustand. Das mag unbillig sein, ist aber Rechtens.

Wie bei der Forderungsabtretung der bisherige Gläubiger dem neuen Gläubiger gegenüber zur Auskunftserteilung und Urkundenherausgabe verpflichtet ist (BGB 402), so ist auch bei der Forderungsüberweisung der Schuldner verpflichtet, dem Gläubiger die zur Geltendmachung der Forderung nötige Auskunft zu erteilen und ihm Urkunden, die über die Forderung vorhanden sind, herauszugeben. Hier aber kann die Herausgabe vom Gläubiger im Wege der ZV erwirkt werden (836 III): auf Grund einer vollstreckbaren Ausfertigung des Überweisungsbeschlusses (ohne Vollstreckungsklausel) erfolgt die ZV nach 883 (der Gerichtsvollzieher nimmt die Urkunden dem Schuldner weg). Diese sog. Hilfspfändung greift nicht Platz, wenn über die Forderung ein Wertpapier ausgestellt ist: da wird die Forderung mit dem Papier (nach den Vorschriften über die ZV in beweglichen Sachen) gepfändet (oben II 1 und § 15). Sie greift aber ein, wenn ein Schuldschein oder ein Legitimationspapier der in BGB 808 bezeichneten Art (ein Sparkassenbuch, ein Leihhausschein, ein Hinterlegungsschein) ausgestellt ist.

α) Überweisung an Zahlungs Statt zum Nennwert: die Forderung geht sofort mit der Überweisung auf den Gläubiger mit der Wirkung über, daß er, soweit die Forderung (mag sie beizutreiben sein oder nicht) besteht, wegen seiner Forderung an den Schuldner als befriedigt anzusehen ist (835). Hier wird durch Staatsakt der Vollstreckungsgläubiger an Stelle des Schuldners Gläubiger des Drittschuldners. Daraus ergibt sich, daß mit dieser Art der Überweisung für den Gläubiger ein sehr erhebliches Risiko verbunden ist: besteht die Forderung, ist sie aber nicht beizutreiben (weil der Drittschuldner nicht zahlungsfähig ist), so ist der Gläubiger doch befriedigt[1]). Deshalb kommt diese Art der Überweisung praktisch nur vor, wenn die Forderung durch Hypothek gesichert ist. (Wenn dem Schuldner nachgelassen ist, durch Sicherheitsleistung oder Hinterlegung die ZV abzuwenden, ist die Überweisung an Zahlungs Statt ausgeschlossen: 839.)

β) Überweisung zur Einziehung: der Schuldner bleibt Gläubiger der gepfändeten Forderung, die Einziehungsbefugnis wird ihm aber genommen und dem Vollstreckungsgläubiger übertragen. Dieser wird durch den Staatsakt ermächtigt (nicht etwa bevollmächtigt), in seinem eigenen Namen das Recht seines Schuldners gegen den Drittschuldner geltend zu machen. Er kann grundsätzlich gegen den Drittschuldner auf Leistung klagen, die Zahlung annehmen

[1]) Wird die Forderung durch eine Einrede des Drittschuldners entkräftet, so ist es so anzusehen, als ob sie nicht bestanden hätte.

und die Forderung auch zur Aufrechnung verwenden[1]). In anderer Weise über die Forderung zu verfügen (sie etwa abzutreten), ist der Vollstreckungsgläubiger aber nicht befugt. Klagt er die Forderung ein, so hat er dem Schuldner den Streit zu verkünden (es sei denn, daß dazu eine Zustellung im Ausland oder eine öffentliche Zustellung erforderlich wäre: 841). Verzögert der Gläubiger die Beitreibung der ihm zur Einziehung überwiesenen Forderung, so haftet er dem Schuldner für den daraus entstehenden Schaden (842).

Erst durch die Einführung dieser Art der Überweisung ist die Forderungspfändung ein praktisch wichtiges Institut geworden.

b) Ausnahmsweise kann das Gericht auf Antrag an Stelle der Überweisung eine andere Art der Verwertung anordnen. Vorher ist der Gegner zu hören (sofern nicht eine Zustellung im Ausland oder eine öffentliche Zustellung erforderlich wäre). Als andere Art der Verwertung kommt vor allem der freihändige Verkauf oder die öffentliche Versteigerung der Forderung in Betracht. Voraussetzung für die Anordnung einer anderen Verwertung ist, daß die gepfändete Forderung bedingt oder betagt ist, oder daß ihre Einziehung mit Schwierigkeiten verbunden ist (z. B. wegen der Abhängigkeit von einer Gegenleistung). 844.

7. Verzicht auf die Rechte aus Pfändung und Überweisung. Solcher Verzicht ist ohne Verzicht auf den Anspruch möglich. Er erfolgt dadurch, daß der Vollstreckungsgläubiger dem Schuldner die Verzichtserklärung zustellen läßt. Die Erklärung ist auch dem Drittschuldner zuzustellen. (843).

§ 17

Die Zwangsvollstreckung in Forderungen und andere Vermögensrechte Besonderer Teil

I. ZV. in eine Forderung, für die ein Faustpfand bestellt ist (838).

Ist für die Forderung eine bewegliche Sache als Pfand gegeben, so ergreift die Pfändung und Überweisung der Forderung auch das Pfandrecht an der Sache. Der Gläubiger kann nach der Überweisung von dem Schuldner die Herausgabe des Pfandes verlangen (arg. BGB 1251 I).

Da aber der Schuldner nach BGB 1251 II 2 wie ein selbstschuldnerischer Bürge dafür haftet, daß der Gläubiger die mit dem Pfandrecht verbundenen Verpflichtungen dem Verpfänder gegenüber erfüllt, räumt 838 dem Schuldner das Recht ein, die Her-

[1]) Nur wenn dem Schuldner nachgelassen ist, die ZV durch Sicherheitsleistung oder Hinterlegung abzuwenden, kann er lediglich Hinterlegung des Schuldbetrags verlangen: 839.

ausgabe des Pfandes an den Vollstreckungsgläubiger zu verweigern, bis ihm Sicherheit für diese Haftung geleistet wird. (BGB 1251 II 3 läßt dagegen bei gesetzlichem Übergang die Haftung wegfallen. Die Verschiedenheit der Regelung hat ihre guten Gründe.)

II. Zwangsvollstreckung in eine Forderung, für die eine Hypothek besteht (830, 837).

1. Allgemeines.

Grundsätzlich kann die Forderung nicht ohne die Hypothek, die Hypothek nicht ohne die Forderung gepfändet und überwiesen werden. Dieser Grundsatz ergibt sich aus 830 und 837 und steht im Einklang mit BGB 1153 II.

In den Ausnahmefällen 830 III 1, 837 II 1 und 837 III — die den Ausnahmefällen BGB 1159 und 1190 IV entsprechen — kann die Forderung ohne die Hypothek gepfändet und überwiesen werden. Ferner wird eine Forderung aus einer Schuldverschreibung auf den Inhaber, aus einem Wechsel oder aus einem anderen durch Indossament übertragbarem Papiere, für die eine Sicherungshypothek besteht — BGB 1187 — mit dem Wertpapier gepfändet, und die Pfändung ergreift zugleich die Hypothek. 830 III 2 (vgl. dazu BGB 1187, 1154 III).

2. Zur Pfändung (830) bedarf es eines Pfändungsbeschlusses, der dem Schuldner und dem Drittschuldner[1]) zuzustellen ist, außerdem aber bei der Briefhypothek (entsprechend BGB 1117) der Übergabe des Briefes[2]) und bei der Buchhypothek (entsprechend BGB 873) der Eintragung in das Grundbuch.

Übergibt der Schuldner dem Gläubiger nicht freiwillig den Hypothekenbrief, so muß die Übergabe auf Grund des Pfändungsbeschlusses (der den Vollstreckungstitel für diese „Hilfsvollstreckung" darstellt[3]) im Wege der ZV nach 883 erwirkt werden: der Gerichtsvollzieher nimmt den Brief weg, wenn er ihn beim Schuldner oder im Gewahrsam eines zur Herausgabe bereiten Dritten vorfindet. Wird der Brief nicht vorgefunden, so kann der Gläubiger den Schuldner zur Leistung des Offenbarungseides laden.

Ist der Brief im Gewahrsam eines Dritten, der dem Schuldner gegenüber zur Herausgabe verpflichtet, aber zur Herausgabe an den Gläubiger nicht bereit ist, so bleibt dem Gläubiger nichts übrig, als auf Grund des Pfändungsbeschlusses den Herausgabeanspruch zu pfänden und sich zur Einziehung überweisen zu lassen. Des weiteren ist dann nicht nach 846 ff. (s. unten III) zu verfahren, (denn diese „Hilfsvollstreckung" erfolgt nicht wegen einer Geldforderung, sondern zur Verwirklichung des Herausgabeanspruchs), vielmehr muß der Gläubiger auf Herausgabe des Briefes klagen und das Urteil vollstrecken.

Bei der Buchhypothek erfolgt die Eintragung im Grundbuch auf Grund des Pfändungsbeschlusses.

[1]) Ist der persönliche Schuldner nicht der Grundstückseigentümer, so ist der persönliche Schuldner und der Eigentümer Drittschuldner, und der Beschluß ist beiden zuzustellen.

[2]) Es sei denn, daß der Gläubiger sich bereits rechtmäßig im unmittelbaren Besitz des Briefes befindet (BGB 929 S. 2). Dann wird die Pfändung schon mit der Aushändigung des Pfändungsbeschlusses an den Gläubiger wirksam.

[3]) Einer Vollstreckungsklausel bedarf es hier nicht. Vgl. auch oben § 16 VIII 6a.

Erst mit der Übergabe oder Wegnahme des Briefes, erst mit der Eintragung ist die Pfändung bewirkt. Ist aber der Pfändungsbeschluß bereits vorher dem Drittschuldner zugestellt worden, so gilt ihm gegenüber die Pfändung als schon mit der Zustellung erfolgt: hat der Drittschuldner nach diesem Zeitpunkt an den Schuldner gezahlt, und ist dann die Wegnahme des Briefes oder die Eintragung erfolgt, so kann der Drittschuldner sich dem Gläubiger gegenüber nicht auf die Zahlung berufen. Er hätte sich nur dadurch befreien können, daß er an den Gläubiger und den Schuldner gemeinsam zahlte oder für den Gläubiger und den Schuldner den Betrag hinterlegte (BGB 372).

3. Die Überweisung (837). Auch hier hat der Gläubiger die Wahl, ob er sich die Forderung zur Einziehung oder an Zahlungs Statt zum Nennwert überweisen lassen will. Hier wird die Überweisung an Zahlungs Statt, die sonst selten beantragt wird, vorgezogen, weil der Gläubiger weiß, was er bekommt, und weil die Hypothek nicht selten für den Gläubiger eine sehr erwünschte Vermögensanlage ist[1]).

Immer bedarf es eines Überweisungsbeschlusses, der auch hier mit dem Pfändungsbeschluß verbunden werden kann und dann erst mit der Pfändung (s. oben 2) wirksam wird. Es bedarf aber zur Wirksamkeit der Überweisung einer Hypothekenforderung nicht der Zustellung des Überweisungsbeschlusses an den Drittschuldner. Bei der Briefhypothek genügt zur Überweisung der gepfändeten Forderung die formlose Aushändigung des Überweisungsbeschlusses (weil der Gläubiger, wenn die Pfändung erfolgt ist — und das ist ja Voraussetzung der Wirksamkeit der Überweisung — den Brief in Händen hat). Ebenso ist es bei der Buchhypothek, sofern die Überweisung zur Einziehung erfolgt ist. Zur Überweisung an Zahlungs Statt ist aber bei der Buchhypothek die Eintragung der Überweisung in das Grundbuch erforderlich. Sie erfolgt auf Grund des Überweisungsbeschlusses.

III. Zwangsvollstreckung in „Sachforderungen", d.h. in Ansprüche, die die Herausgabe oder Leistung anderer beweglicher Sachen als Geld zum Gegenstande haben (846—849). Wenn der Drittschuldner individuell bestimmte Sachen herausgeben oder der Gattung nach bestimmte Sachen zu leisten hat, wird, einerlei ob es sich nur um die Übertragung des Besitzes oder um die Übertragung des Eigentums handelt, der Anspruch gegen den Drittschuldner wie eine Geldforderung gepfändet und dem Gläubiger überwiesen. Es gelten aber folgende Besonderheiten:

1. Überweisung an Zahlungs Statt ist nicht zulässig (weil die Ansprüche keinen Nennwert haben).

[1]) Ist die Hypothek, weil sie noch auf Jahre hinaus zu einem hohen Zinsfuß läuft, mehr wert als ihr Nennwert, so wird sie doch auf Antrag zum Nennwert überwiesen. Der Schuldner kann nicht eine andere Art der Verwertung (844) fordern. Darin liegt unter Umständen eine Härte gegen den Schuldner. Es handelt sich hier um eine Lücke des Gesetzes, die nicht ausgefüllt werden kann, die aber auch erträglich ist. In der Regel wird der Schuldner es nämlich nicht zur ZV in die Hypothek kommen lassen, wenn er sie besser als zu ihrem Nennwert verwerten kann.

2. Betrifft der Anspruch eine beweglich e Sache (der Drittschuldner hat z. B. ein Möbelstück, das dem Schuldner gehört, herauszugeben), so ist im Pfändungsbeschluß anzuordnen, daß die Sache an einen vom Gläubiger zu beauftragenden Gerichtsvollzieher herauszugeben oder zu leisten sei. Der Drittschuldner ist dann weder verpflichtet noch berechtigt, die Sache zu hinterlegen, aber der Gläubiger kann auf Grund der Überweisung zur Einziehung auf Herausgabe an den Gerichtsvollzieher klagen (das Urteil ist nach 883f. zu vollstrecken). Mit der Herausgabe verwandelt sich die Verstrickung des Herausgabeanspruchs in die Verstrickung der herausgegebenen Sache, und das Pfandrecht an dem Herausgabeanspruch wird zum Pfändungspfandrecht an der herausgegebenen Sache. Diese Sache wird wie eine beim Schuldner gepfändete Sache verwertet (das Möbelstück wird versteigert) 847.

3. Hat der Drittschuldner eine unbewegliche Sache herauszugeben, so ist in dem Pfändungsbeschluß anzuordnen, daß die Sache an einen Sequester (Verwalter) herauszugeben ist, der auf Antrag des Gläubigers vom AG der belegenen Sache zu bestellen ist. Mit der Herausgabe entsteht aber kein Pfandrecht des Gläubigers an der herausgegebenen Sache, noch hat etwa der Sequester ein Verwaltungsrecht: er kann nicht etwa aus den Erträgnissen den Gläubiger befriedigen. Vielmehr wird, wenn der Anspruch nur auf Herausgabe der dem Schuldner gehörenden unbeweglichen Sache (nicht auf Übereignung eines Grundstücks) gerichtet war, die ZV nunmehr nach den Normen der Immobiliar-ZV durchgeführt (Eintragung einer Sicherungshypothek, Anordnung der Zwangsversteigerung oder der Zwangsverwaltung, und zwar auf Grund des Vollstreckungstitels, aus dem die ZV betrieben wird, nicht etwa auf Grund des Pfändungsbeschlusses). Wenn aber der Anspruch des Schuldners gegen den Drittschuldner auf Übereignung der unbeweglichen Sache (auf Auflassung des Grundstücks und Mitwirkung zur Eintragung des Eigentumsübergangs im Grundbuch) gerichtet ist, so hat der Drittschuldner das Grundstück dem Sequester als dem (gesetzlichen) Vertreter des Schuldners aufzulassen (der Gläubiger kann auf Grund der Pfändung darauf klagen) und darein zu willigen, daß der Schuldner als Eigentümer des Grundstücks eingetragen wird. Mit dem Übergang des Eigentums auf den Schuldner erlangt der Gläubiger eine Sicherungshypothek für seine Forderung (848). Es ist dies der eine der beiden Ausnahmefälle, in denen eine Hypothek ohne Eintragung entsteht, in denen wir also noch gesetzliche Hypotheken haben (der andere – nahe verwandte – Fall ergibt sich aus BGB 1287). Der Sequester hat die Eintragung der Sicherungshypothek zu bewilligen. Dabei handelt es sich nur um die Bewilligung einer Grundbuchberichtigung[1]). Der öffentliche

[1]) Wird in dieser Weise für mehrere Gläubiger gepfändet, so entstehen Sicherungshypotheken mit dem Range entsprechend der Reihenfolge der Pfändungen.

Glaube des Grundbuchs schützt aber auch hier den, der gutgläubig (d. h. ohne daß er die gesetzliche Hypothek kannte) durch Rechtsgeschäft das Grundstück oder ein Recht am Grundstück erwirbt, bevor die Eintragung der Hypothek erfolgt ist (BGB 892).

IV. Zwangsvollstreckung in andere Vermögensrechte, die der ZV in das bewegliche Vermögen unterliegen (857–863).

1. Allgemeines. Die Vorschriften über die ZV in Geld- und Sachforderungen finden entsprechende Anwendung. Als Drittschuldner wird dabei der angesehen, dessen Leistung oder Duldung zur Ausübung des Rechtes, das gepfändet werden soll, erforderlich ist („der, dessen Recht betroffen wird": bei Anteilsberechtigungen die übrigen Anteilsberechtigten, die Miteigentümer, die Miterben, beim Nießbrauch der Eigentümer usw.). Ist aber ein Drittschuldner auch in diesem weiten Sinne nicht vorhanden (wie bei Urheberrechten oder dem Recht des alleinigen Nacherben), so erfolgt die Pfändung dadurch, daß dem Schuldner das Gebot, sich jeder Verfügung über das Recht zu enthalten, zugestellt wird. Auch bei der ZV in andere Vermögensrechte als Geld- und Sachforderungen kann eine Überweisung zur Einziehung und, wenn das Recht – wie etwa eine Eigentümergrundschuld – einen Nennwert hat, eine Überweisung an Zahlungs Statt in Frage kommen. Im übrigen hat das Gericht die Art der Verwertung zu bestimmen (844). Ist das gepfändete Recht veräußerlich (z. B. ein Erbanteil RG 87, 325), so kann das Gericht Versteigerung oder freihändige Veräußerung anordnen.

Bei der ZV in unveräußerliche Rechte, deren Ausübung einem anderen überlassen werden kann (oben § 16 V 1), kann das Gericht besondere Anordnungen treffen. Insbesondere kann es bei der ZV in Nutzungsrechte eine Verwaltung anordnen: dann wird die Pfändung, wenn sie nicht schon vorher durch die Zustellung des Beschlusses erfolgt ist, durch die Übergabe der Sachen an den Verwalter bewirkt (857 IV).

2. In eine Reallast, eine Grundschuld oder eine Rentenschuld wird wie in eine Hypothek vollstreckt. Für die ZV in eine „Eigentümerhypothek" macht es also keinen Unterschied, ob diese eine Hypothek oder eine Grundschuld ist. Ein Drittschuldner fehlt hier. Die Eigentümerhypothek wird dementsprechend dadurch gepfändet, daß dem Eigentümer das Verbot, über die Hypothek zu verfügen (inhibitorium), zugestellt und bei der Briefhypothek der Brief dem Gläubiger vom Schuldner übergeben oder vom Gerichtsvollzieher „zum Zwecke der Ablieferung an den Gläubiger" weggenommen, bei der Buchhypothek die Pfändung in das Grundbuch eingetragen wird. Die Überweisung kann an Zahlungs Statt oder zur Einziehung erfolgen. Zur Überweisung genügt die Aushändigung des Überweisungsbeschlusses an den Gläubiger. Bei der Buchhypothek muß die Eintragung der Überweisung in das Grundbuch hinzukommen. Sie erfolgt auf Grund des Überweisungsbeschlusses. Die Eigentümerhypothek wird durch Überweisung an Zahlungs Statt zur Fremdhypothek.

3. Eine Schiffspart (der Anteil an einem im Schiffsregister eingetragenen See- oder Binnenschiffe) wird durch einen Pfändungsbeschluß gepfändet, der, da hier ein Drittschuldner nicht vorhanden ist, nur dem Schuldner zuzustellen ist. Die Verwertung erfolgt durch die vom Gericht anzuordnende Veräußerung der Part. Sonderregeln gibt 858.

4. Der Anteil eines Miterben am Nachlaß kann ohne Zustimmung der übrigen Erben veräußert (BGB 2033), also auch — eine Ausnahme vom Grundsatz ist hier natürlich nicht gemacht — gepfändet werden (859 II). Der Pfändungsbeschluß ist sämtlichen Miterben zuzustellen. Der Erbteil kann dem Gläubiger zur Einziehung (nicht an Zahlungs Statt) überwiesen werden. Dadurch erlangt der Gläubiger nicht die Stellung des Miterben, aber er kann die Erbauseinandersetzung betreiben und ist dazu auch verpflichtet. Das Gericht kann aber auch auf Antrag eine andere Art der Verwertung anordnen (844), namentlich die öffentliche Versteigerung oder den freihändigen Verkauf des Anteils. Das Vorkaufsrecht der Miterben (BGB 2034, 2035) ist bei solchem Verkauf ausgeschlossen (BGB 512).

An den einzelnen zum Nachlaß gehörenden Gegenständen hat der Miterbe richtiger Ansicht nach überhaupt keinen Anteil. Nimmt man aber an, daß er einen solchen Anteil habe, so ist dieser Anteil doch nicht veräußerlich (BGB 2033 II) und auch nicht der Pfändung unterworfen (859).

5. Der Anteil eines Gesellschafters an dem Vermögen einer Gesellschaft des bürgerlichen Rechts kann zwar nur übertragen werden, wenn im Gesellschaftsvertrage die Veräußerlichkeit bestimmt ist oder die anderen Gesellschafter zustimmen (BGB 719 ist nachgiebiges Recht), aber der Pfändung ist er stets unterworfen (859 I 1). Der Pfändungsbeschluß ist den vertretungsberechtigten[1]) Gesellschaftern (BGB 714, 710) zuzustellen. Durch die Pfändung erlangt der Gläubiger ein Pfandrecht am Gewinnanteil, an dem, was der Gesellschafter etwa für seine Geschäftsführung erhält, und, wenn die Gesellschaft schon aufgelöst ist oder später aufgelöst wird, an dem Auseinandersetzungsguthaben (BGB 725 II)[2]); ferner aber erhält er durch die Pfändung, wenn ihr ein nicht bloß vorläufig vollstreckbarer Titel zugrunde liegt, das Recht, die Gesellschaft fristlos zu kündigen (BGB 725 I). Die Ansprüche des Gesellschafters gegen die Gesellschaft kann er sich an Zahlungs Statt oder zur Einziehung überweisen lassen, doch kann das Gericht auf Antrag auch, wenn der Anteil nach dem Gesellschaftsvertrage veräußerlich ist oder die anderen Gesellschafter zustimmen, die Veräußerung anordnen (arg. 857 V, BGB 1277). Die Rechtsstellung eines Gesellschafters erlangt der Gläubiger weder durch die Pfändung noch durch die Überweisung.

Der Gläubiger kann auch statt den Anteil des Gesellschafters an der Gesellschaft das Auseinandersetzungsguthaben des Gesellschafters pfänden (BGB 717 a. E.). Auch in diesem Falle wird man ihm das Recht zugestehen müssen, die Auseinandersetzung durch Kündigung herbeizuführen (analog BGB 725), doch erlangt er kein Recht auf die Gewinnanteile.

6. Der Anteil eines Gesellschafters an dem Vermögen einer oHG oder KG unterliegt ebenfalls der Pfändung. Hier gilt grundsätzlich entsprechendes (HGB 105 II, 161 II), doch ist der Pfändungsbeschluß der Gesellschaft zuzustellen, da sie parteifähig ist, und das Kündigungsrecht ist abweichend geregelt. Es wird nicht schon durch die Pfändung (des Anteils am Vermögen oder des Anspruchs auf das Auseinandersetzungsguthaben), sondern nur durch die Pfändung und die

---

[1]) Nach der herrschenden Meinung (Falkmann, Stein-Jonas-Schönke, Baumbach) den geschäftsführenden Gesellschaftern.

[2]) Die Beträge sind zu hinterlegen.

Überweisung des Anspruchs auf das Auseinandersetzungsguthaben erlangt und ist insofern beschränkt, als die Kündigung nur sechs Monate vor dem Ende des Geschäftsjahres für diesen Zeitpunkt erfolgen kann (HGB 135).

7. Der stille Gesellschafter hat keinen Anteil am Vermögen des Kaufmanns. Aber er hat unter Umständen einen Anspruch auf ein Auseinandersetzungsguthaben. Der Anspruch unterliegt der Pfändung. Seine Pfändung und Überweisung begründet für den Gläubiger des stillen Gesellschafters ein Kündigungsrecht entsprechend HGB 135 (HGB 339 I 1).

8. Zwangsvollstreckung in GmbH-Anteile.

Sind Anteilscheine ausgestellt, so greift doch nicht etwa die ZV in Wertpapiere, also die Sachpfändung (821, 831; oben § 15 I) Platz. Denn die Anteilscheine sind bloße Beweisurkunden, nicht Träger des Rechts (nicht Wertpapiere).

Die Anteile einer GmbH sind auch dann pfändbar, wenn die Veräußerung nach der Satzung nur mit Genehmigung der GmbH erfolgen darf. Sonst könnte jeder sein Vermögen durch Einbringung in eine GmbH dem Zugriff seiner Gläubiger entziehen: rechtsgeschäftliche Verfügungsverbote schließen die Pfändbarkeit nicht aus.

Der Pfändungsbeschluß ist dem Gesellschafter und der GmbH — nicht den anderen Gesellschaftern — zuzustellen. Die GmbH hat die Stellung der Drittschuldnerin. Nach dem GmbH-Gesetz hat der Gläubiger eines Gesellschafters kein Kündigungsrecht. Die Verwertung kann weder durch Überweisung zur Einziehung noch durch Überweisung an Zahlungs Statt (der Anteil hat keinen Nennwert) erfolgen: das Gericht hat also die Art der Verwertung anzuordnen (844, 857), insbesondere kann es bestimmen, daß die Anteile zu versteigern oder freihändig zu veräußern sind. Dabei ist es unbeachtlich, wenn die Abtretung der Geschäftsanteile durch den Gesellschaftsvertrag etwa von der Genehmigung der Gesellschaft abhängig gemacht ist. Der Erwerber haftet gemäß GmbHG 16 III für rückständige Leistungen.

Sind Anteilscheine ausgestellt, so werden sie vom Gerichtsvollzieher dem Schuldner auf Grund des Pfändungsbeschlusses weggenommen (BGB 952, ZPO 836). Über solche „Hilfspfändung" vgl. oben § 16 VIII 6 a.

9. Bei ehelicher Gütergemeinschaft (allgemeiner Gütergemeinschaft, Errungenschaftsgemeinschaft, Fahrnisgemeinschaft, fortgesetzter Gütergemeinschaft) kann der Gemeinschafter (Ehegatte, überlebender Ehegatte, Abkömmling) über seinen Anteil am Gesamtgut auch nicht mit Zustimmung des oder der anderen verfügen (BGB 1442, 1487, 1519, 1549, 1557), und der Anteil unterliegt auch nicht der Pfändung (860 I 1). Auch nach Beendigung der Gemeinschaft kann der Gemeinschafter seinen Anteil nicht veräußern; er kann nur die Auseinandersetzung herbeiführen (BGB1471ff., 1497, 1546, 1549, 1557). Nach 860 II ist aber nach der Beendigung der Gütergemeinschaft, bis die Auseinandersetzung erfolgt ist, der Anteil an dem Gesamtgut zugunsten der Gläubiger des Anteilsberechtigten der Pfändung unterworfen (Ausnahme von 851 zugunsten der Gläubiger eines der Gemeinschafter, die nicht Gesamtgutsgläubiger sind). Der Pfändungsbeschluß ist den übrigen Gemeinschaftern zuzustellen. Durch die Pfändung erlangt der Gläubiger das Recht, die gerichtliche Auseinandersetzung herbeizuführen (FGG 99 I, 86 II). Die Verwertung erfolgt durch Überweisung zur Einziehung.

10. Beim Güterstande der Verwaltung und Nutznießung[1]) ist das Recht des Mannes am eingebrachten Gut nach BGB 1408 nicht übertragbar; es ist dem Grundsatz (857 I in Vbdg. mit 851) entsprechend auch der Pfändung nicht unterworfen (861 I 1). Aber der Mann kann die ihm kraft dieses Rechtes zustehenden Einzel-

---

[1]) Über die prakt. Bedeutung dieses Güterstandes vgl. oben § 7, III, 6.

befugnisse ihrer Ausübung nach einem Dritten überlassen, z. B. ein Landgut, das zum eingebrachten Gut gehört, verpachten. Insoweit wäre das Recht nach der Regel des 857 III der Pfändung unterworfen. Diese Pfändung wird jedoch durch die Sondernorm des 861 I 1 ausgeschlossen (das Recht am eingebrachten Gut soll nicht als Kreditunterlage dienen). Sogar die von dem Ehemann erworbenen Früchte des eingebrachten Gutes (Sachen und Forderungen) sind (durch 861 I 2, der 811 und 850 ergänzt) der Pfändung entzogen[1]), soweit sie für die Ausgaben erforderlich sind, um derentwillen dem Manne das Nutznießungsrecht eingeräumt ist, und die deshalb zuerst aus dessen Erträgnissen zu decken sind. Welche Ausgaben das sind, ergibt sich aus § 861 I 2. (Die Ehefrau kann Einwendungen nicht bloß soweit ihr eigener Unterhalt beeinträchtigt wird, sondern allgemein an Stelle des Ehemannes ohne dessen Zustimmung erheben. 861 II, BGB 1407 Nr. 4.)

11. Für das Recht, das den Eltern kraft der Nutznießung am Kindesvermögen zusteht, trifft 862 eine entsprechende Regelung.

12. Bei der (nur gegenüber Abkömmlingen zulässigen) Pflichtteilsbeschränkung in guter Absicht (Zuwendung des Pflichtteils mit fürsorgenden Maßnahmen für den Abkömmling und seine Familie: Anordnung einer Nacherbschaft, Ernennung eines Testamentsvollstreckers; BGB 2338) können die Nachlaßgläubiger natürlich ihren Zugriff auf den Nachlaß und seine Nutzungen und Erträge nehmen. Aber für die persönlichen Gläubiger des Pflichtteilempfängers bestehen Pfändungsbeschränkungen, die den standesgemäßen Unterhalt des Abkömmlings und die Unterhaltsansprüche seines Ehegatten, seines früheren Ehegatten oder seiner Verwandten ihm gegenüber sicherstellen sollen. (Näheres: 863.)

---

[1]) Früchte erwirbt der Mann wie der Nießbraucher (BGB 1383), also, soweit es sich um Erzeugnisse oder sonstige Bestandteile der Sache handelt, nach BGB 954 grundsätzlich (Ausnahmen: 955—957) mit der Trennung, im übrigen (Forderungen) mit der Entstehung. 861 I 2 betrifft nicht die Pfändung von „anderen Rechten“, sondern von Sachen und Forderungen (BGB 99). 861 I 2 würde systematisch deshalb unter die allgemeinen Vorschriften über die ZV in das bewegliche Vermögen zu stellen sein.

2. Die Zwangsvollstreckung in das unbewegliche Vermögen[1])

§ 18
Grundlegung

I. Allgemeines.

1. Rechtsquellen.

Die Möglichkeit und das Bedürfnis, die ZV in das unbewegliche Vermögen im einzelnen einheitlich für das Reich zu regeln, ergab sich erst, als durch das BGB ein gemeinsames Liegenschaftsrecht geschaffen wurde.

a) ZPO 864–871 bestimmen, was der ZV in das unbewegliche Vermögen unterliegt, und was diese ZV umfaßt, und regeln im übrigen im wesentlichen nur die eine Art dieser ZV, die Eintragung einer Sicherungshypothek („Zwangshypothek").

b) Das „RG über die ZVersteigerung und ZVerwaltung v. 24. 3. 1897" (ZVG) regelt die beiden anderen Arten der ZV in das unbewegliche Vermögen. Auf dieses Gesetz verweist die ZPO in 869. Das Gesetz ist so anzuwenden, als ob es an der Stelle des 869 stände. Deshalb kommen die allgemeinen Bestimmungen des ersten Buchs der ZPO (z. B. über Termine, Fristen und Zustellungen), vor allem aber auch die allgemeinen Vorschriften der ZPO über die ZV auch auf die ZVersteigerung und ZVerwaltung zur Anwendung (RG 73, 195), soweit das ZVG keine Sondernormen enthält. Es findet also auch gegen Entscheidungen, die in der ZVersteigerung oder der ZVerwaltung ohne münd-

---

[1]) Literatur: Auf diesem Rechtsgebiete spielen die Kommentare eine besonders große Rolle. Führend ist der Kommentar zum ZVG von Jaeckel-Güthe, in 7. Aufl. von Volkmar und Armstroff (1937) bearbeitet.

Weitere Kommentare: Korintenberg-Wenz, 6. Aufl. 1935; Reinhard-Müller, 3./4. Aufl. 1931, Handausgabe 8. Aufl. 1934 mit Nachträgen 1936; Steiner-Riedel, 6. Aufl. 1954; Wilhelmi-Vogel, 4. Aufl. 1954; Ruhl-Drischler, Die Zwangsversteigerungs- und Zwangsverwaltungspraxis, 3. Aufl. 1954.

Von systematischen Darstellungen sind zu nennen: Nußbaum, die ZVersteigerung und ZVerwaltung (1916); Brand-Bauer, Die ZVersteigerungs- u. ZVerwaltungssachen in der gerichtlichen Praxis (1930); Feußner-Schubert, Das Recht der ZV in das unbewegliche Vermögen (1939).

liche Verhandlung vom Vollstreckungsgericht erlassen werden können, die sofortige Beschwerde statt.

2. Welche Gegenstände „der ZV in das unbewegliche Vermögen unterliegen“ (d. h. welche Sachen und Rechte selbständig zum Gegenstand eines Immobiliar-ZVVerfahrens gemacht werden können) gibt die ZPO in 864 an:

a) Die Grundstücke (Grundstück in diesem Sinne ist der begrenzte Teil der Erdoberfläche, der im Grundbuch als selbständiges Grundstück gebucht ist — in reale Teile eines solchen Grundstücks kann die ZV nicht betrieben werden).

b) Die sog. grundstücksgleichen Rechte, d. h. die Berechtigungen, für welche die sich auf Grundstücke beziehenden Vorschriften gelten (Erbbaurecht, Wohnungseigentum, Reichsheimstätte, nach Landesrecht auch Bergwerkseigentum, Erbpachtrecht, Apothekerprivilegien, Kohlenabbaugerechtigkeiten u. a.).

c) Die im Schiffsregister eingetragenen Schiffe (See- und Binnenschiffe), Schiffsbauwerke, sofern sie im Schiffsbauregister eingetragen sind oder zumindest eingetragen werden können.

Nicht eingetragene Schiffe und nicht eintragungsfähige Schiffsbauwerke werden in der ZV wie bewegliche Sachen behandelt.

d) Die Bruchteile eines Grundstücks oder einer Berechtigung (oben b), wenn der Bruchteil im Anteil eines Miteigentümers besteht (BGB 1008), oder wenn sich der Anspruch des Gläubigers auf ein Recht gründet, mit dem der Bruchteil als solcher belastet ist (das setzt voraus, daß der Bruchteil zur Zeit der Belastung Miteigentümeranteil war und die Anteile später in einer Hand vereinigt worden sind: BGB 1106, 1114, 1192, 1199). Gehört ein Grundstück zum Vermögen einer Gemeinschaft zur gesamten Hand, so haben die Gemeinschafter richtiger Ansicht nach an dem Grundstück überhaupt keine Anteile, jedenfalls könnte ein solcher Anteil nicht zum Gegenstand einer ZV gemacht werden (sondern nur der Anteil am Gemeinschaftsvermögen, oben § 17 IV 4, 5, 6). Anteile an einem im Schiffsregister eingetragenen Schiffe (Schiffsparten) unterliegen der Mobiliar-ZV (ZV in Rechte, oben § 17 IV 3).

3. Die ZV in das unbewegliche Vermögen umfaßt auch gewisse bewegliche Sachen und Rechte, die mit dem Grundstück, in das die ZV betrieben wird (mit der Berechtigung, mit dem Schiff), eine wirtschaftliche Einheit bilden. Dies bedeutet: wenn die ZV in das Grundstück, die Berechtigung oder das Schiff betrieben wird, so erstreckt sie sich auch auf diese Gegenstände. Welche Gegenstände das sind, sagt die ZPO durch eine Verweisung auf das bürgerliche Recht: „Die ZV umfaßt auch die Gegenstände, auf welche sich bei Grundstücken und Berechtigungen die Hypothek, bei Schiffen das eingetragene Pfandrecht er-

streckt“ (865 I). Ob im Einzelfalle eine Hypothek (ein Schiffspfandrecht) besteht oder nicht, ist dabei ohne Belang. Auf diese Weise macht das Gesetz, ohne die ZV in ein Unternehmen zuzulassen (oben vor § 14), doch die wirtschaftliche Einheit (das Landgut, die Brauerei, die Fabrik, den Gasthof, das Sanatorium) zum Vollstreckungsobjekt.

Die Hypothek erstreckt sich nach BGB 1120ff. vor allem grundsätzlich auf die vom Grundstück getrennten Erzeugnisse und sonstigen bisherigen Bestandteile, auf das Grundstückszubehör und, wenn das Grundstück vermietet oder verpachtet ist, auf die Miet- und Pachtzinsforderungen, aber auch, wenn solche Gegenstände (z. B. die Ernte, das Inventar) oder Grundstücksbestandteile (die Gebäude) für den Eigentümer oder Eigenbesitzer des Grundstücks versichert sind, auf die Versicherungsforderungen. Von dem Grundsatz mußten aber natürlich weitgehende Ausnahmen gemacht werden. Die Ernte, die der Nießbraucher oder der Pächter dem Boden abgewonnen hat, kann nicht dem Gläubiger des Grundstückseigentümers haften: Bestandteile des Bodens, die nach BGB 954–957 mit der Trennung in das Eigentum eines anderen als des Grundstückseigentümers gelangt sind, nimmt das Gesetz von der Haftung aus. Auch Zubehörstücke, die vom Mieter oder Pächter angeschafft sind, müssen von der Haftung ausgenommen sein: das Gesetz läßt Zubehör nicht haften, wenn es nicht in das Eigentum des Grundstückseigentümers gelangt ist. Ferner muß der Eigentümer in der Lage sein, ohne Rücksicht auf das Recht des Hypothekengläubigers in gewissem Umfange über seine Ernte, über Zubehörstücke, über Miet- und Pachtzinsforderungen zu verfügen, solange diese Gegenstände nicht zugunsten des Hypothekengläubigers (durch Anordnung der ZVersteigerung oder ZVerwaltung oder auf Grund eines dinglichen Titels durch Pfändung) in Beschlag genommen sind, und die Miet- und Pachtzinsforderungen können nicht ohne zeitliche Beschränkung haften. Deshalb bestimmt das Gesetz, daß die Gegenstände, auf die sich die Hypothek erstreckt, unter bestimmten Voraussetzungen durch gewisse Verfügungen (Veräußerung und Entfernung) oder durch Zeitablauf von der Haftung frei werden. –

Indem das Gesetz die ZV in Bestandteile einer Sache grundsätzlich ausschließt (Ausnahme: die ZV in „Früchte auf dem Halm“, 810, oben § 14 VI), will es verhüten, daß die ZV zur Zerstörung einer *Sacheinheit* führt. Daß aber auch die *wirtschaftliche Einheit*, die ein Grundstück mit gewissen beweglichen Sachen und Rechten bildet, nicht durch die ZV zerstört wird, versucht das Gesetz dadurch zu erreichen, daß es die Pfändung der Gegenstände, auf die sich die Hypothek – mag eine solche bestehen oder nicht – erstreckt, ausschließt (Zubehör) oder beschränkt: oben § 15 I.

4. Es gibt drei *Arten der Immobiliar-ZV*:

a) Zwangsweise Eintragung einer Sicherungshypothek (866–868): sie gibt nur eine Sicherung (ein Pfandrecht), keine Befriedigung.

b) Zwangsversteigerung: sie zielt darauf ab, den Gläubiger aus dem Erlös zu befriedigen.

c) Zwangsverwaltung: sie zielt darauf ab, den Gläubiger aus den Erträgnissen zu befriedigen.

„Der Gläubiger kann verlangen, daß eine dieser Maßregeln allein oder neben den übrigen ausgeführt werde" (866 II). Nicht selten beantragt der persönliche Gläubiger gleichzeitig die Eintragung einer Sicherungshypothek und die Zwangsversteigerung. Ist dann die Zwangsversteigerung ergebnislos (das „geringste Gebot" wird nicht erreicht), so sichert ihm wenigstens die Hypothek den Vorrang vor den persönlichen Gläubigern, die etwa später die ZV betreiben, und vor dinglichen Rechten, die später begründet werden. Daß bei Landgütern und Miethäusern die ZVerwaltung häufig neben der ZVersteigerung beantragt wird, hat seinen Grund vornehmlich darin, daß die Beschlagnahme der ZVerwaltung weiter greift als die der ZVersteigerung (ZVG 21 ff., 148 ff.), daß sie insbesondere auch die getrennten land- und forstwirtschaftlichen Erzeugnisse und die Miet- und Pachtzinsforderungen ergreift, die durch die Anordnung der ZVersteigerung nicht betroffen werden. — Die ZV in ein eingetragenes Schiff kann nur durch ZVersteigerung oder Eintragung einer Sicherungshypothek erfolgen (870 a).

II. Die ZV. durch Eintragung einer Sicherungshypothek (866 bis 868).

1. Der Vollstreckungsgläubiger kann — und muß in gewissen Fällen (unten 5) — sich damit begnügen, die Eintragung einer Sicherungshypothek für seine Forderung zu erwirken (Zwangshypothek: die auf Antrag des Gläubigers ohne Bewilligung einzutragende Hypothek. Die Hypothek, die nach 848 oder BGB 1287 kraft Gesetzes entsteht — ihre Eintragung ist zu bewilligen! — sollte man nicht als Zwangshypothek bezeichnen). Die Eintragung der Zwangshypothek gewährt dem Gläubiger nur eine dingliche Sicherung für seine Forderung, einen Rang für den Fall der ZVersteigerung oder ZVerwaltung des Grundstücks nach dem Zeitpunkt der Eintragung, nicht Befriedigung. Widerspruchsklage (771) und Vollstreckungsgegenklage (767) sind auch noch nach der Eintragung zulässig. Nach der Eintragung kann der Berechtigte, wenn der Vollstreckungstitel auf Befriedigung, nicht nur (wie bei dem Arrest, unten 5) auf Sicherung geht, und seine Forderung fällig ist, die ZVerwaltung und ZVersteigerung des Grundstücks betreiben. Dann aber wirkt sich aus, daß er nur eine Sicherungshypothek hat: er kann sich zum Beweise seiner Forderung nicht auf das Grundbuch berufen, und dem Eigentümer stehen, mag er der Schuldner oder ein späterer Erwerber sein, alle überhaupt nach materiellem Recht statthaften Einreden gegen die Forderung zu (soweit sich nicht Beschränkungen aus 767 ergeben).

Mit der Eintragung einer Sicherungshypothek wird sich der Gläubiger — abgesehen von dem Fall, daß er als Vollstreckungstitel nur einen Arrest in Händen hat — besonders dann begnügen, wenn infolge der Zeitverhältnisse die ZVersteigerung keinen zur Deckung seiner Forderung ausreichenden Erlös verspricht, aber zu erwarten ist, daß später ein die Forderung deckender Erlös erzielt wird.

2. Zulässig ist die Eintragung einer Sicherungshypothek als ZV ohne Rücksicht darauf, welcher Art der Vollstreckungstitel ist (auch auf Grund eines Vollstreckungsbefehls kann — seit der Novelle von 1909 — eine Sicherungshypothek eingetragen werden). Sie ist aber unzulässig:

a) wenn der Betrag der Hauptforderung 300 DM nicht übersteigt (866 III)[1]. Es soll verhütet werden, daß das Grundbuch unübersichtlich wird[2]. (Darüber, ob Arresthypotheken nur für einen höheren Betrag als 300 DM eingetragen werden dürfen, vgl. unten 5.)

b) Die Sicherungshypothek darf nicht als Gesamthypothek (BGB 1132) eingetragen werden: sollen mehrere Grundstücke des Schuldners mit der Hypothek belastet werden, so ist Verteilung auf die mehreren Grundstücke erforderlich. (Näheres: 867 II).

3. Das Verfahren. Die Eintragung ist ein Vollstreckungsakt und gleichzeitig — als Grundbucheintragung — ein Akt der freiwilligen Gerichtsbarkeit. Das Grundbuchamt ist hier Vollstreckungsorgan. Auf Antrag des Gläubigers, der den Erfordernissen der GBO (30, 15 usw.), aber auch denen der ZPO entsprechen muß, ist die Sicherungshypothek von dem Grundbuchamt einzutragen. Der Zeitpunkt des Eingangs soll auf dem Antrag vermerkt werden und ist maßgebend für die Erledigung, damit aber auch mittelbar für den Rang (GBO 13, 17, 45; BGB 879). Das Grundbuchamt hat zu prüfen, ob alle Voraussetzungen, insbesondere auch die allgemeinen und besonderen Vollstreckungsvoraussetzungen, vorliegen. Die Eintragung erfolgt nach Maßgabe der GBO (45). Sie ist auf dem Vollstreckungstitel zu vermerken. Mit der Beschwerde kann sie nicht angefochten werden. Gegen die Ablehnung der Eintragung ist nicht die sofortige Beschwerde nach ZPO 793 (wie im Vollstreckungsverfahren), sondern die einfache Beschwerde nach GBO 71ff. (wie im Grundbuchverfahren) gegeben. (Über die weitere Beschwerde hat unter Umständen also der BGH zu entscheiden.)

4. Entstehung und Übergang der Hypothek.

Die Hypothek entsteht mit der Eintragung, und zwar als eine Sicherungshypothek im Sinne von BGB 1184ff. Sie sichert die Forderung, die im Vollstreckungstitel bezeichnet ist, und die Kostenforderung. Fällt die prozessuale Grundlage der Eintragung weg, so fällt damit nicht etwa die Hypothek weg, sondern entsprechend BGB 1163 erwirbt der, der zur Zeit des Wegfalls der prozessualen Grundlage Grundstückseigentümer ist, die Hypothek: sie wird also „Eigentümerhypothek" im Sinne des BGB (und zwar Eigentümergrundschuld).

[1]) Forderungen mehrerer Schuldtitel desselben Gläubigers dürfen bei einheitlichem Antrag zusammengerechnet werden.

[2]) Die Wertgrenze gilt nicht für wertbeständige Zwangshypotheken (§ 14 EntlV) und für Sicherungshypotheken, die gem. ZVG 118—126, 128 eingetragen sind (unten § 19, XI, 5).

Dies ist der Fall, wenn durch eine vollstreckbare Entscheidung der Vollstreckungstitel oder dessen vorläufige Vollstreckbarkeit aufgehoben oder die ZV für unzulässig erklärt oder deren Einstellung angeordnet wird, aber auch wenn durch eine gerichtliche Entscheidung die einstweilige Einstellung der ZV und zugleich die Aufhebung der erfolgten Vollstreckungsmaßregeln angeordnet wird, oder wenn die zur Abwendung der ZV nachgelassene Sicherheitsleistung oder Hinterlegung erfolgt (868). Durch die Vorlegung der Entscheidung kann die Berichtigung des Grundbuchs erwirkt werden (GBO 22). Aber weil die Hypothek ein privates Recht ist, greifen auch die Vorschriften des BGB ein: bestand die Forderung nicht zur Zeit der Eintragung, so ist die Hypothek als „Eigentümerhypothek" (Eigentümergrundschuld) entstanden, erlischt die Forderung, so wird die Hypothek, auch wenn die Voraussetzungen des 868 nicht vorliegen, Eigentümerhypothek.

5. Arresthypotheken. Die Vollziehung eines Arrestes in das Immobiliarvermögen des Schuldners ist nur durch Eintragung einer Sicherungshypothek möglich (932; oben § 13 VI 5 b β). Da die Forderung hier noch nicht feststeht — sie braucht nur glaubhaft gemacht zu werden, ja die Glaubhaftmachung kann durch Sicherheitsleistung ersetzt werden — wird die Hypothek als Höchstbetragshypothek in Höhe der „Lösungssumme" eingetragen (also in Höhe des Betrages, „durch dessen Hinterlegung die Vollziehung des Arrestes gehemmt und der Schuldner zu dem Antrag auf Aufhebung des vollzogenen Arrestes berechtigt wird"; 923).

Bestritten ist, ob auch eine Arresthypothek nur für einen Betrag, der 300 DM übersteigt, eingetragen werden darf (oben 2a). Die Praxis läßt überwiegend, dem Wortlaut des 866 III folgend, auch Arresthypotheken nur zu, wenn sie 300 DM übersteigen. Dagegen mit Recht StJSch. 17. Aufl. Anm. II, 3 zu 932. Dort wird hervorgehoben, daß 932 II auf 867 und 868, nicht aber auf 866 III verweist. Vor allem aber stände nicht wie bei einem anderen Vollstreckungstitel dem Gläubiger zur ZV in das unbewegliche Vermögen die ZVerwaltung und die ZVersteigerung offen, die kleinen Forderungen würden also entrechtet und den großen gegenüber gerade zu dem Zeitpunkt, in dem die Einbringlichkeit gefährdet sei, benachteiligt.

III. Gemeinsame Vorschriften für die Zwangsversteigerung und Zwangsverwaltung. ZVG 1—14.

1. Alle Amtshandlungen obliegen grundsätzlich dem Vollstreckungsgericht. Als solches ist das AG zuständig, in dessen Bezirk das Grundstück liegt (ZVG 1. Unter Umständen hat das höhere Gericht das Vollstreckungsgericht zu bestimmen, ZVG 2).

Das Vollstreckungsgericht hat stets über die Anordnung, Aufhebung und Verbindung sowie über die Zulässigkeit des Beitritts eines Gläubigers zu entscheiden. Die anderen Amtshandlungen, die dem Vollstreckungsgericht zugewiesen sind, können durch Landesgesetze einer anderen Behörde oder einem Beamten ganz oder teilweise übertragen werden. (Näheres EGZVG 13. Wird die Änderung einer Entscheidung der

Behörde oder des Beamten verlangt, so ist die Entscheidung des Vollstreckungsgerichts nachzusuchen; gegen dessen Entscheidung ist die Beschwerde gegeben.)

2. Parteien und Beteiligte.

a) Auch in der ZVersteigerung und der ZVerwaltung gibt es Parteien: auf der einen Seite stehen der oder die „betreibenden Gläubiger", auf der anderen der Schuldner (der Grundstückseigentümer, der Berechtigte, der Schiffseigner — er braucht nicht der persönliche Schuldner zu sein). Betreibender Gläubiger ist einmal der, auf dessen Antrag das Verfahren angeordnet worden ist (der Hauptantragsteller), ferner aber auch jeder, dessen Beitritt zum Verfahren vom Gericht zugelassen ist (der beigetretene Gläubiger).

Wenn nach der Anordnung der ZVersteigerung ein weiterer Antrag auf ZVersteigerung des Grundstücks gestellt wird und die Vollstreckungsvoraussetzungen gegeben sind, wird vom Vollstreckungsgericht der „Beitritt des Antragstellers zu dem Verfahren" zugelassen. Dies wird nicht in das Grundbuch eingetragen, aber der Gläubiger hat dieselben Rechte, wie wenn auf seinen Antrag die Versteigerung angeordnet wäre (ZVG 27). Wird der erste Versteigerungsantrag zurückgenommen, so wird das Verfahren für den Beigetretenen fortgesetzt. Auch dem ZVerwaltungsverfahren kann ein anderer Gläubiger beitreten. Stets wird, wer beitritt, betreibender Gläubiger, Partei.

b) Neben dem Parteibegriff gibt es aber in der ZVersteigerung und ZVerwaltung noch einen anderen Begriff, der sonst grundsätzlich nicht in der streitigen, sondern nur in der freiwilligen Gerichtsbarkeit verwendet wird: den Begriff der Beteiligten. Dies hängt damit zusammen, daß die ZVersteigerung und ZVerwaltung im Gegensatz zu der MobiliarZV, auch wenn nur ein Gläubiger sie betreibt, doch in aller Regel zugunsten einer Mehrheit von Gläubigern — aller Gläubiger, denen ein Recht auf Befriedigung aus dem Grundstück (unten 3) zusteht — durchgeführt wird und als Verteilungsverfahren gestaltet ist. Beteiligte im Sinne des ZVG sind die Parteien (betreibende Gläubiger, Schuldner) und die Personen, die vom Gericht von dem Verfahren zu benachrichtigen sind, damit sie ihre Rechte wahrnehmen können. Der Bieter, der Meistbietende und der „Ersteher" (der, dem der Zuschlag erteilt wird; das braucht nicht immer der Meistbietende zu sein: unten § 19 X 3 a) gehören als solche nicht zu den Beteiligten. Beteiligte sind vielmehr (aus dem Gesichtspunkt heraus, daß ihre Rechte durch das Verfahren gefährdet sind) außer dem betreibenden Gläubiger und dem Schuldner:

α) ohne Anmeldung die, deren Rechte sich aus dem Grundbuch ergeben: alle, für die zur Zeit der Eintragung des Vollstreckungsvermerks ein Recht im Grundbuch eingetragen oder durch Eintragung (besonders eines Widerspruchs, einer Vormerkung, eines Veräußerungsverbots) gesichert ist;

β) ferner der, der bei dem Vollstreckungsgericht ein Recht anmeldet und auf Verlangen des Gerichts oder eines Beteiligten glaubhaft macht, das nicht im Grundbuch eingetragen ist, aber durch die ZV gefährdet wird. Dies kann sein ein der ZV entgegenstehendes Recht (z. B. Eigentum am Grundstück oder einem Zubehörstück, Recht des Nacherben, Verwaltungs- und Nutznießungsrecht des Inhabers der elterlichen Gewalt), ein Recht am Grundstück (z. B. eine zu Unrecht gelöschte Hypothek, eine gesetzliche Hypothek 848, BGB 1287), ein Recht an einem das Grundstück belastenden Rechte (z. B. Pfändungspfandrecht an einer Hypothek), ein Anspruch mit dem Rechte auf Befriedigung aus dem Grundstück (Anspruch auf Lidlohn, auf Entrichtung öffentlicher Lasten usw., ZVG 10—14; unten 3) oder das Miet- und das Pachtrecht, auf Grund dessen das Grundstück dem Berechtigten überlassen ist. Die Miet- und Pachtverträge werden zwar durch die Anordnung der ZVersteigerung und ZVerwaltung nicht berührt, der Ersteher des Grundstücks hat aber ein besonderes Kündigungsrecht (ZVG 57a). Durch die Anmeldung erlangt der Mieter und Pächter die Möglichkeit, darauf hinzuwirken, daß dieses Kündigungsrecht ausgeschlossen wird: er kann nach ZVG 59 als Beteiligter eine von den gesetzlichen Vorschriften abweichende Feststellung der Versteigerungsbedingungen verlangen (unten § 19 VII 4 k u. 5).

3. Die Rechte auf Befriedigung aus dem Grundstücke.

Vorweg sind immer die Kosten des Verfahrens zu decken, sowohl aus dem Rohertrag der ZVerwaltung wie aus dem Erlös der ZVersteigerung (ZVG 109, 155).

Im übrigen gewähren ein „Recht auf Befriedigung aus dem Grundstücke" nicht allein Ansprüche dinglicher Art, sondern auch gewisse andere Ansprüche, ja es gehen einige der letzteren sogar den dinglichen Ansprüchen vor. Das ZVG bestimmt (10—14), welche Ansprüche ein Recht auf Befriedigung aus dem Grundstücke gewähren, und in welcher Reihenfolge die Gläubiger zu berücksichtigen sind. (Dabei bleibt zunächst dahingestellt, welche dieser Rechte in der ZVersteigerung durch Zahlung zu befriedigen sind, und welche bestehen bleiben. Darüber unten § 19 VII 4 u. 5.)

Die Ansprüche, die ein Recht auf Befriedigung aus dem Grundstücke gewähren, sind in acht Klassen eingeteilt. Die Ansprüche einer Klasse können immer erst dann berücksichtigt werden, wenn die Ansprüche aus der vorhergehenden Klasse voll berücksichtigt worden sind. Die Ansprüche ein und derselben Klasse aber haben grundsätzlich untereinander gleichen Rang; sie werden, wenn nicht alle voll berücksichtigt werden können, grundsätzlich gleichmäßig (nach dem Verhältnis ihrer Beträge) berücksichtigt. Doch gelten davon wichtige Ausnahmen. Insbesondere greift hinsichtlich der dinglichen Rechte BGB 879 ein: in der 4., 6. und 8. Klasse, die die Ansprüche aus dinglichen Rechten umfassen, herrscht innerhalb der Klassen die vom BGB festgesetzte Rangfolge. Häufig sind aber mehrere Ansprüche aus demselben Rechte zu berücksichtigen. Vor allem kommen in allen Klassen neben dem Hauptanspruche die etwaigen Kosten einer Kündigung und der Rechtsverfolgung, die auf Befriedigung aus dem Grundstück gerichtet ist, zum Ansatz (vgl. BGB 1118). Weiter sind, wenn eine Forderung durch eine Hypothek gesichert ist, auch die Hypothekenzinsen und (bei Amortisationshypotheken) die Tilgungsbeträge mit anzusetzen. Im Range geht dann der Kostenanspruch dem Anspruch auf wiederkehrende Leistungen (insbesondere Zinsen) und andere Nebenleistungen und dieser dem Hauptanspruch vor (ZVG 12. „Kosten, Zinsen, Kapital").

Die Rangordnung ist folgende:

1. Klasse: Zwangsverwaltungsauslagen. Hat ein Gläubiger die ZVerwaltung betrieben, so sollen die Ausgaben, die er zur Erhaltung oder nötigen Verbesserung des Grundstücks gemacht hat (er hat etwa die Kosten für die Fertigstellung eines im Bau begriffenen Miethauses bezahlt), in erster Linie berücksichtigt werden. Diese Bestimmung beruht auf dem Gesichtspunkte der nützlichen Verwendung. Doch ist, wenn es zur ZVersteigerung kommt, ein Recht auf Befriedigung dieses Anspruchs aus dem Erlös nur gegeben, wenn die Verwaltung bis zum Zuschlage fortdauert und jene Auslagen nicht aus den Nutzungen des Grundstücks erstattet werden können (vgl. dazu ZVG 155 I).

2. Klasse: Die sog. Lidlöhne des laufenden und des letzten Jahres. Bildet ein land- oder forstwirtschaftliches Grundstück den Gegenstand des Verfahrens, so sind sodann die Lohn- und Unterhaltsansprüche der zur Bewirtschaftung des Gutes oder zum Betriebe eines Nebengewerbes angenommenen, in einem Dienst- oder Arbeitsverhältnis stehenden Personen anzusetzen. Diese Personen haben durch ihre Dienste zur Erhaltung des wirtschaftlichen Standes des Land- oder Forstgutes beigetragen und insofern zum Nutzen aller derer gearbeitet, die Befriedigung aus dem Gute erwarten dürfen (Begründung zum Entwurfe eines ZVG S. 36). Das rechtfertigt ihre Bevorzugung. Aber nur für die laufenden und die aus dem letzten Jahre rückständigen Beträge genießen sie diesen Vorzug.

3. Klasse: Öffentliche Lasten. Sie gehen den Ansprüchen aus dinglichen Rechten vor, jedoch mit einer zeitlichen Beschränkung. Würden alle nicht verjährten Ansprüche dieser Art den dinglichen Rechten vorgehen, so wäre das (weil der Außenstehende nicht wissen kann, welche öffentlichen Abgaben noch rückständig sind) für den Realkredit sehr nachteilig. Deshalb ist bestimmt, daß öffentliche Lasten, die nicht in wiederkehrenden Leistungen bestehen, wegen der laufenden und aus den letzten 4 Jahren rückständigen Beträgen in Klasse 3 befriedigt werden; öffentliche Lasten aber, die in wiederkehrenden Leistungen bestehen (z. B. Grundsteuern) und Beträge, die zur allmählichen Tilgung einer Schuld als Zuschlag zu den Zinsen zu entrichten sind, nur wegen der laufenden Beträge und den Rückständen aus den letzten zwei Jahren in Klasse 3 befriedigt werden.

Auch die Hypothekengewinnabgabe nach 91 LAG ist eine öffentliche Last im Sinne dieser Vorschriften. Für die wiederkehrenden Leistungen, die zur Tilgung der Hypothekengewinnabgabe zu entrichten sind, gilt das Vorrecht der Befriedigung in der 3. Klasse jedoch auch insoweit, als die Beträge mehr als zwei Jahre rückständig sind (112 II LAG).

4. Klasse: Die bei der Anordnung der ZVersteigerung oder ZVerwaltung bestehenden Grundstücksrechte und die daraus fließenden An-

sprüche. Nach dem BGB gewähren ein Recht auf Befriedigung aus dem Grundstück nur die Reallasten, Hypotheken, Grund- und Rentenschuld (auch die Eigentümerhypothek!). Aber es sind in dieser Klasse auch die anderen dinglichen Rechte zu berücksichtigen: Erbbaurechte, Dienstbarkeiten (Grunddienstbarkeiten, Nießbrauch, beschränkte persönliche Dienstbarkeiten), Vorkaufsrechte, Überbau- und Notwegrenten usw. (Diese Rechte bleiben an ihrer Stelle bestehen, oder es ist hier der Geldbetrag anzusetzen, der als Wertersatz für das Recht an den Berechtigten aus dem Erlös zu zahlen ist: ZVG 92. In dieser Klasse sind aber Ansprüche auf wiederkehrende Leistungen (Reallasten; Überbau- und Notwegrenten; Rentenschulden; Hypothekenzinsen) nur zu berücksichtigen, wenn sie nicht länger als zwei Jahre rückständig sind. Diese Beschränkung gilt jedoch wiederum nicht für Tilgungsleistungen, die als Zuschläge zu den Zinsen zu entrichten sind.

5. Klasse: Der Anspruch des Vollstreckungsgläubigers, soweit er nicht schon in einer der vorstehenden Klassen zu berücksichtigen ist. Hier wird also der bloß persönliche Gläubiger, der die ZV betreibt, berücksichtigt, aber hier findet auch der das Verfahren betreibende Hypothekengläubiger Berücksichtigung mit den Ansprüchen, die in der 4. Klasse nicht berücksichtigt werden (mit mehr als zwei Jahren rückständigen Zinsen). Der persönliche Gläubiger, der die ZV betreibt, wird also so behandelt, wie wenn für ihn eine Hypothek bei der Anordnung der ZVersteigerung oder ZVerwaltung eingetragen wäre: er erlangt dadurch, daß auf seinen Antrag die ZVersteigerung oder ZVerwaltung angeordnet wird, zwar kein Pfändungspfandrecht (wie es bei der MobiliarZV durch die Pfändung entsteht), aber er erlangt ein dem Pfändungspfandrecht entsprechendes Vorzugsrecht, das im Konkurse des Vollstreckungsschuldners wirksam bleibt und ein Absonderungsrecht gewährt (KO 47). Nun kann aber, wie bereits (oben 2a) erwähnt, wenn ein Gläubiger die ZVersteigerung oder ZVerwaltung beantragt hat, noch ein weiterer Antrag auf ZVersteigerung oder ZVerwaltung gestellt werden: dadurch, daß ein Gläubiger die Anordnung des Verfahrens erwirkt hat, darf das Recht eines anderen Gläubigers, die ZV zu betreiben, nicht beeinträchtigt werden. Da aber für eine zweite ZVersteigerung oder eine zweite ZVerwaltung kein Raum ist, kann dem neuen Antrag nur durch Zulassung des Beitritts stattgegeben werden. Dieser Beschluß gibt dem Gläubiger dieselben Rechte, wie wenn auf seinen Antrag die ZVersteigerung oder ZVerwaltung angeordnet wäre (ZVG 27, 146), aber das ältere Beschlagnahmerecht geht natürlich dem jüngeren vor (ZVG 11 II), wenn der beitretende Gläubiger nicht in einer der vorhergehenden Klassen zu berücksichtigen ist.

6. Klasse: Die erst nach der Anordnung der ZVersteigerung oder ZVerwaltung entstandenen Rechte am Grundstücke. Diese Anordnung (die Beschlagnahme) hat zugunsten des betreibenden Gläubigers die Wirkung eines Veräußerungsverbotes (ZVG 23 I 1). Deshalb ist ein dingliches Recht, das später bestellt wird, dem betreibenden Gläubiger gegenüber unwirksam (BGB 135, 136), kann also erst hinter seinem Recht berücksichtigt werden. Mehrere Rechte der 6. Klasse sind nach ihrem grundbuchmäßigen Range zu befriedigen.

7. Klasse: Die Ansprüche auf Entrichtung öffentlicher Lasten, die weil sie länger rückständig sind (als 2 oder 4 Jahre), nicht in der 3. Klasse zu berücksichtigen waren.

8. Klasse: Die seit mehr als zwei Jahren rückständigen Ansprüche aus Rechten an dem Grundstück (nach ihrem grundbuchmäßigen Rang). Die Grenze zwischen laufenden und rückständigen Beträgen bestimmt ZVG 13.

4. Über die Zustellungen im ZVersteigerungs- und ZVerwaltungsverfahren enthält ZVG 3—8 nähere Bestimmungen.

IV. Die „Zwangsversteigerung und Zwangsverwaltung in besonderen Fällen", die in ZVG 172–184 geregelt ist, ist keine ZV und deshalb in diesem Lehrbuch nicht zu behandeln: in diesen Fällen wird zwar ein Vermögensstück in Formen, die denen der Immobiliar-ZV ähnlich sind, zwangsweise versteigert oder verwaltet, aber nicht auf Grund eines Vollstreckungstitels; es gibt auch keinen „betreibenden Gläubiger", sondern nur einen „Antragsteller". Die im ZVG geregelten drei besonderen Fälle sind: die ZVersteigerung und ZVerwaltung auf Antrag des Konkursverwalters, die ZVersteigerung eines Nachlaßgrundstücks auf Antrag des Erben und die ZVersteigerung zur Aufhebung einer Gemeinschaft.

§ 19
Die Zwangsversteigerung

I. Das Löschungs- und das sog. Übernahmesystem.

1. Bis in die 80er Jahre des 19. Jahrhunderts galt in Deutschland überwiegend (besonders in Preußen, Sachsen, Bayern) das Löschungssystem: das Grundstück wurde dem Ersteher grundsätzlich lastenfrei zugeschlagen. Alle Hypotheken und die ihnen verwandten Lasten erloschen. Das „Kaufgeld" war in voller Höhe bar zu zahlen (Bargebot) und wurde, soweit es reichte, unter alle, die ein Recht auf Befriedigung aus dem Grundstück hatten, nach der Rangordnung verteilt. Diese Regelung empfahl sich dadurch, daß das Verfahren einfach gestaltet werden konnte und einen glatten Verlauf nahm. Auch brachte es eine Reinigung der Grund- oder Hypothekenbücher und, was noch wichtiger war, eine Beseitigung aller nicht eingetragenen Hypotheken und ähnlichen Rechte (unter denen der Realkredit damals litt) mit sich. Daß die Hypothekengläubiger bei der Durchführung dieses Verfahrens, soweit das Höchstgebot ihre Forderungen deckte, bares Geld erhielten, konnte ihnen unter besonderen Umständen vorteilhaft sein (namentlich wenn sie es ohne erhebliche Kosten anderweit besser anlegen konnten, als es bisher angelegt war); aber weit öfter war es für sie unvorteilhaft: vor allem wenn der Gläubiger das Geld in der Hypothek auf lange Zeit zu einem günstigen Zinsfuß angelegt hatte und es nun, vor dem vertragsmäßigen Rückzahlungstermin, zu einer Zeit, wo er es nicht wieder so günstig anlegen konnte, zurückerhielt. Diese Gefahr mußte für den Realkredit von Nachteil sein, und sie mußte den Zinssatz, weil der Geldgeber dieses Risiko einkalkulieren mußte, steigern. Vor allem aber schränkte das Erfordernis der Barzahlung des Erlöses den Kreis der Bieter und die Aussicht, einen angemessenen Erlös zu erzielen, ein, und wenn in der ZVersteigerung die Grundstücke verschleudert wurden, mußte auch der Grundstücksmarkt leiden.

2. Dieser Nachteile wegen ging Preußen 1883 (G v. 13. 7. 1883) und gingen dann auch Bayern, Sachsen und andere Einzelstaaten zu dem sog. Übernahmesystem über, das sich in Anlehnung an römischrechtliche Anschauungen in einigen gemeinrechtlichen Teilen des Reiches erhalten hatte. Bei diesem System werden gewisse dingliche Rechte, auch wenn sie Hypotheken sind (nämlich die Rechte, die dem betreibenden Gläubiger vorgehen, soweit das Kapital in Frage kommt), nicht durch Auszahlung befriedigt und gelöscht, sondern sie bleiben bestehen. (Der Ersteher hat sie nicht etwa durch eine Erklärung zu übernehmen; insofern ist die Bezeichnung „Übernahmesystem" schief. Aber auch der Ausdruck „Übergangssystem" ist nicht ganz genau. Dem Ersteher wird das Grundstück mit jenen Belastungen zugeschlagen.) Nur die Nebenansprüche, die aus den bestehenbleibenden Rechten entsprungen sind (Kosten, Zinsen), hat der Ersteher bar zu zahlen.

II. Das Deckungsprinzip.

Bis in die 80er Jahre des 19. Jahrhunderts war im größten Teile Deutschlands der Zuschlag ohne Rücksicht auf die Höhe des Meistgebots zu erteilen. Weder war Voraussetzung des Zuschlags, daß ein bestimmter Teil des Grundstückswertes durch das Meistgebot erreicht wurde, noch mußte das Meistgebot etwa zur Deckung der Rechte ausreichen, die dem Recht des betreibenden Gläubigers vorgingen. Die ZV wurde auch durchgeführt, wenn das Meistgebot weder für den betreibenden Gläubiger etwas brachte noch auch nur die dem betreibenden Gläubiger vorgehenden Rechte deckte. Ohne Nutzen für den betreibenden Gläubiger konnte also der Schuldner sein Grundstück verlieren. Die Hypothekengläubiger aber konnten in dem Verfahren, das ein nachstehender Gläubiger betrieb, ausfallen. Sie mußten also versuchen, durch Mitbieten das Gebot in die Höhe zu treiben, bis es ihre Forderung deckte (sie mußten ihre Hypothek „ausbieten"), dazu aber brauchten sie bares Geld oder Kredit. Die Gefahr, mit der Hypothek auszufallen, wenn ein nachstehender Gläubiger die ZV betrieb, mußte den Hypothekenkredit schädigen.

Mit dem Übergang zum Übernahmesystem gaben Preußen, Bayern und Sachsen auch diese Regelung auf und führten das Deckungsprinzip durch: die ZVersteigerung darf nur unter Wahrung derjenigen Rechte erfolgen, die dem Anspruch des betreibenden Gläubigers vorgehen. Dieses Prinzip ist dadurch durchgeführt, daß bei der Versteigerung nur solche Gebote zugelassen werden, durch welche die den Anspruch des betreibenden Gläubigers vorgehenden Rechte (sowie die aus dem Versteigerungserlös zu entnehmenden Kosten des Verfahrens) gedeckt werden (ZVG 44 I). Wieviel danach mindestens zu bieten ist, damit der Zuschlag erteilt werden kann („das geringste Gebot"), hat das Vollstreckungsgericht vor der Versteigerung festzustellen. Wird das Verfahren wegen mehrerer Ansprüche von verschiedenem Rang betrieben, so bestimmt sich das geringste Gebot nach dem rangbesten dieser Rechte (es sei denn, daß der wegen dieses Anspruchs ergangene Versteigerungs- oder Beitrittszulassungsbeschluß dem Schuldner nicht rechtzeitig zugestellt worden ist, ZVG 44 II).

III. Daß Gebote nur zuzulassen sind, die einen bestimmten Teil des Grundstückswertes übersteigen, schreibt das ZVG nicht vor, offenbar aus der Erwägung heraus, daß der Grundstückseigentümer, wenn er in Schwierigkeiten kommt, zunächst das Grundstück bis zur Beleihungsgrenze belasten wird, und daß die Gläubiger sich, statt das Grundstück zur ZV zu bringen, zunächst mit Sicherungshypotheken begnügen werden. Aber wenn das Meistgebot unter $^7/_{10}$ des Grundstückswertes (der vom Vollstreckungsgericht festzusetzen ist) bleibt, kann ein Berechtigter, dessen Anspruch durch das Meistgebot nicht gedeckt ist, aber gedeckt sein würde, wenn das Gebot $^7/_{10}$ erreichte, einen Antrag auf Versagung des Zuschlages stellen. (Näheres siehe 74a und 74b ZVG.)

IV. Die Anordnung der ZVersteigerung erfolgt durch einen Beschluß des Vollstreckungsgerichts.

1. Voraussetzungen.

a) Antrag, der den in ZVG 16 aufgestellten Erfordernissen entspricht. (Es sind die für den Beginn der ZV erforderlichen Urkunden beizufügen: vollstreckbare Ausfertigung des Titels, Zustellungsurkunden).

b) Der Schuldner muß als Eigentümer des Grundstücks eingetragen oder Erbe des eingetragenen Eigentümers sein. Die Eintragung ist durch ein Zeugnis des Grundbuchamts („Grundbuchauszug") nachzuweisen. Nur wenn das Vollstreckungsgericht zugleich das Grundbuchamt ist, genügt die Bezugnahme auf das Grundbuch. Die Erbfolge ist durch Urkunden (Erbschein; es kann aber auch ein eigenhändig geschriebenes und unterschriebenes Testament genügen) glaubhaft zu machen, sofern sie nicht gerichtskundig ist. Da, wer als Eigentümer eingetragen ist, nicht immer der Eigentümer ist, kann das ZVersteigerungsverfahren also unter Umständen gegen einen anderen als den Eigentümer gerichtet sein. Dem Eigentümer bleibt es überlassen, in einem solchen Falle seine Rechte geltend zu machen.

2. ZVersteigerung mehrerer Grundstücke.

Wegen einer Forderung gegen denselben Schuldner oder wegen eines an mehreren Grundstücken bestehenden Rechtes (besonders Gesamthypothek!) kann die ZVersteigerung mehrerer Grundstücke in demselben Verfahren erfolgen (ZVG 18. Durchführung: unten VIII).

3. Der Beschluß, durch den die ZVersteigerung angeordnet wird, wird nicht öffentlich bekannt gemacht, aber er wird dem Gläubiger und dem

Schuldner zugestellt, und das Vollstreckungsgericht ersucht das Grundbuchamt (GBA) um die Eintragung des „Versteigerungsvermerkes". Das GBA trägt dann in der zweiten Abteilung des Grundbuchs (Lasten und Beschränkungen) ein: „Zwangsversteigerung ist angeordnet. Eingetragen am . . ." und übersendet dem Vollstreckungsgericht eine beglaubigte Abschrift des Grundbuchblatts und der Urkunden, auf die im Grundbuch Bezug genommen wird, oder fügt der beglaubigten Abschrift des Grundbuchblatts die Grundakten bei. Auf diese Weise erlangt das Vollstreckungsgericht Kenntnis von den Rechten, die nach dem Inhalt des Grundbuchs zu berücksichtigen sind (oben § 18 III 2 b α). Aber auch die nach Eintragung des Sperrvermerks erfolgenden Eintragungen im Grundbuch soll das Grundbuchamt dem Vollstreckungsgericht mitteilen (ZVG 19, Abs. 3). Dies gibt dem Vollstreckungsgericht über Änderungen des Grundbuchstandes nach der Beschlagnahme Aufschluß und hat wegen ZVG 10 I Ziff. 6 Bedeutung.

Der Beschluß, durch den die ZV angeordnet wird, gilt zugunsten des Antragstellers als Beschlagnahme des Grundstücks. Er wird grundsätzlich mit der Zustellung an den Schuldner wirksam. Erfolgt die Zustellung aber erst nach dem Eingang des Ersuchens bei dem GBA, so ist der Zeitpunkt des Eingang des Ersuchens beim GBA, wenn der Versteigerungsvermerk demnächst eingetragen wird, maßgebend (22 I). Deshalb hat das GBA dem Vollstreckungsgericht mitzuteilen, wann das Ersuchen bei ihm eingegangen ist.

Die Beschlagnahme erstreckt sich unter Umständen (s. unten 4) auch auf Forderungen: nämlich auf Versicherungsansprüche. Dann hat das Vollstreckungsgericht auf Antrag des Gläubigers dem Drittschuldner zu verbieten, an den Schuldner zu zahlen. Die Beschlagnahme wird dem Drittschuldner gegenüber erst mit dem Zeitpunkt wirksam, in dem sie ihm bekannt oder das Zahlungsverbot ihm zugestellt wird. Der betreibende Gläubiger kann aber durch eine Pfändungsvorbenachrichtigung (Vorpfändung, 845, oben § 16 VIII 5 b) die Beschlagnahmewirkung schon vorher herbeiführen (ZVG 22 II).

4. Rechtsfolgen des Versteigerungsbeschlusses (und des Beschlusses, durch den der Beitritt eines Gläubigers zugelassen wird, ZVG 27; oben § 18 III 2 a und 3).

a) Der betreibende Gläubiger erlangt durch die Anordnung der ZVersteigerung (oder die Zulassung des Beitritts) zwar kein Pfändungspfandrecht, überhaupt kein dingliches Recht[1]), aber (im Sinne des

[1]) Die rechtliche Natur und Wirkung des Rechtes, das im ZVersteigerungsverfahren dem betreibenden Gläubiger aus der Beschlagnahme des Grundstücks erwächst, wurde nach früherem preußischen Recht von Bedeutung, wenn ein vor der Beschlagnahme aus Versehen gelöschtes Recht nach der Beschlagnahme und der Eintragung des Versteigerungsvermerkes wieder eingetragen wurde. Nach § 118 der preußischen Grundbuchordnung wirkte die Wiedereintragung eines aus Versehen gelöschten ding-

ZVG) ein Recht auf Befriedigung aus dem Grundstück und den Gegenständen, die die Beschlagnahme mit umfaßt (unten b), und dieses Recht gibt ihm, wenn er nur persönlicher Gläubiger ist, einen festen Rang (oben § 18 III 3) und für den Fall, daß der Schuldner in Konkurs gerät, ein Recht auf abgesonderte Befriedigung.

b) Die Beschlagnahme umfaßt grundsätzlich auch die Gegenstände, auf die sich bei einem Grundstücke die Hypothek erstreckt (ZVG 20 II, BGB 1120ff.; oben § 18 I 3). Da aber die ZVersteigerung nur auf die Befriedigung des Gläubigers aus dem Erlös abzielt und dem Schuldner die Bewirtschaftung und Nutzung bis zum Zuschlag bleiben soll, mußten hier weitgehende Ausnahmen gemacht werden. Nur die ungetrennten Früchte, die Zubehörstücke und die Forderungen aus einer Versicherung des Grundstücks, der ungetrennten Früchte und der Zubehörstücke werden von der Beschlagnahme, die in der Anordnung der ZVersteigerung liegt, mitumfaßt. Sie gehören zu der Substanz des Grundstücks, aus dessen Erlös der Gläubiger befriedigt werden soll.

c) Veräußerungsverbot. Die Beschlagnahme hat zugunsten des betreibenden Gläubigers auch die Wirkung eines Veräußerungsverbots (ZVG 23 I) hinsichtlich des Grundstücks, wie der beweglichen Sachen und der Forderungen, die von der Beschlagnahme mit umfaßt werden (oben b). Der Schuldner kann zwar noch darüber verfügen (weder die Beschlagnahme noch die Eintragung des Versteigerungsvermerks im Grundbuch wirken als Grundbuchsperre), insbesondere also das Grundstück, jene beweglichen Sachen und die Forderungen noch veräußern, aber es greifen BGB 135, 136 ein: die Verfügung ist dem betreibenden Gläubiger gegenüber unwirksam, soweit nicht die Vorschriften zugunsten derer, die Rechte von einem Nichtberechtigten herleiten, etwas anderes ergeben, die auch hier, jedoch mit der Sondernorm des ZVG 23 II, Anwendung finden.

Guter Glaube ist nach der Sondernorm des ZVG 23 II nur möglich, wenn der Erwerb des Grundstücks oder mithaftender Gegenstände vor der Eintragung des

lichen Rechts nicht zum Nachteil derjenigen, die nach der Löschung Rechte an dem Grundstücke in redlichem Glauben erworben hatten. Das RG hat (RG 12, 262; 19, 295) die Frage, ob durch die Beschlagnahme für den betreibenden Gläubiger im Sinne des § 118 der preuß. GBO ein Recht an dem Grundstück entstehe, auf Grund des preußischen ZVG, das dem ReichsZVG zum Vorbild gedient hat, verneint. Das Vorzugsrecht des betreibenden Gläubigers bei Verteilung der Kaufgelder beruhe nicht auf einem Pfandrechte oder sonst einem dinglichen Rechte an dem Grundstücke, sondern sei lediglich eine Folge der mit der Beschlagnahme zugunsten des Gläubigers eintretenden Beschränkung des Eigentümers in der Verfügung über das Grundstück. Nach dem geltenden Recht ist die Lage nicht anders. Der betreibende Gläubiger erlangt durch die Beschlagnahme ein Recht auf Befriedigung aus dem Grundstück, das einen bestimmten Rang hat, aber kein dingliches Recht ist, und die Beschlagnahme hat zu seinen Gunsten die Wirkung eines Veräußerungsverbots mit der Schranke des BGB 135 II.

Versteigerungsvermerks erfolgt ist, und zum Nachweis der Bösgläubigkeit genügt der Beweis, daß der Erwerber den Versteigerungsantrag gekannt hat. Danach wird gutgläubiger Erwerb hier nur selten vorliegen. Liegt er aber vor, so kann der Erwerber der Fortsetzung der ZVersteigerung grundsätzlich widersprechen (771). Von diesem Grundsatz macht jedoch ZVG 26 eine Ausnahme: hat jemand gutgläubig nach der Beschlagnahme (vor der Eintragung des Versteigerungsvermerks) das Grundstück erworben, so kann er doch der Fortsetzung des Verfahrens nicht widersprechen, wenn die Versteigerung wegen eines Anspruchs aus einer Reallast, Hypothek, Grund- oder Rentenschuld angeordnet ist. Das steht im Einklang mit 325 III. Nach dieser Vorschrift wirkt ein Urteil, das einen solchen Anspruch betrifft, im Falle der Veräußerung des belasteten Grundstücks in Ansehung des Grundstücks auch dann gegen den Erwerber, wenn dieser die Rechtshängigkeit nicht gekannt hat. Wer ein mit einer Reallast, Hypothek, Grund- oder Rentenschuld belastetes Grundstück erwirbt, muß mit der Möglichkeit rechnen, daß der Gläubiger das Recht im Wege der ZV verfolgt.

d) Während des ZVersteigerungsverfahrens verbleibt dem Schuldner die Verwaltung und Benutzung des Grundstücks, jedoch nur innerhalb der Grenzen einer ordnungsmäßigen Wirtschaft (ZVG 24). Er darf das Grundstück benutzen und nutzen, er darf es aber grundsätzlich nicht verschlechtern. Ist zu besorgen, daß durch sein Verhalten „die ordnungsmäßige Wirtschaft gefährdet“ wird, so hat das Vollstreckungsgericht auf Antrag des Gläubigers Sicherheitsmaßnahmen zu treffen (ZVG 25), Gebote oder Verbote an den Schuldner zu richten, seine Verwaltungsbefugnis einzuschränken oder ihm die Verwaltung ganz zu entziehen.

Ergeht eine solche Anordnung nicht, so bleibt dem Schuldner der Besitz (er kann in dem Hause, bis die ZVersteigerung durchgeführt ist, wohnen bleiben), die Benutzung und die Nutzung. (Will der Gläubiger zu seiner Befriedigung auch die Nutzungen in Anspruch nehmen, so kann er neben der ZVersteigerung — wie es bei Landgütern und Miethäusern nicht selten geschieht — die Z-Verwaltung betreiben; oben § 18 I 4.)

Die Weiterbewirtschaftung wird dem Schuldner ermöglicht:

α) einmal dadurch, daß ihm die Befugnis bleibt, das Grundstück und die Zubehörstücke zu gebrauchen, und in den Grenzen einer ordnungsmäßigen Wirtschaft die Erzeugnisse vom Boden zu trennen;

β) ferner dadurch, daß, entsprechend dem Zwecke der ZVersteigerung, den Gläubiger nur aus dem Erlös des Grundstücks zu befriedigen, die Beschlagnahme gewisser Gegenstände, auf die sich die Hypothek erstreckt, nicht umfaßt. Sie umfaßt nicht: die land- und forstwirtschaftlichen Erzeugnisse, soweit sie nicht zum Zubehör gehören, die Forderungen aus der Versicherung solcher Erzeugnisse, die Miet- und Pachtzinsforderungen und die Ansprüche aus Realrechten (ZVG 21). Dabei ist besonders zu beachten, daß bei einem Landgute nicht nur das zum Wirtschaftsbetriebe bestimmte Gerät und Vieh (totes und lebendes Inventar) zum Zubehör gehören, sondern auch die landwirtschaftlichen Erzeugnisse, soweit sie zur Fortführung der Wirtschaft bis zu der Zeit erforderlich sind, zu der gleiche oder ähnliche Erzeugnisse voraussichtlich gewonnen werden (BGB 98 Nr. 2). Auf diese Wirtschaftsvorräte erstreckt sich die Beschlagnahme stets. (Aber gerade hier wird ZVG 23 I 2 – unten γ – von Bedeutung.)

γ) Schließlich wird dem Schuldner die Weiterbewirtschaftung dadurch ermöglicht, daß er nach der Sondernorm des ZVG 23 I 2, wenn sich die Beschlagnahme auf bewegliche Sachen erstreckt, sogar „über einzelne Stücke innerhalb der Grenzen einer ordnungsmäßigen Wirtschaft auch dem Gläubiger gegenüber wirksam verfügen“ kann.

e) Ist das Grundstück verpachtet, und ist der Besitz dem Pächter bereits überlassen, so wird das Recht auf den Fruchtgenuß, das der Pächter in bezug auf die noch mit dem Boden verbundenen Früchte hat, nicht berührt, und zwar auch dann nicht, wenn das Pachtrecht etwa jünger ist als das Recht des betreibenden Gläubigers: unter allen Umständen fallen auch nach der Beschlagnahme die Früchte mit der Trennung in das freie Eigentum des besitzenden Pächters.

V. Aufhebung und Einstellung des Verfahrens.

1. Grundsätzlich gelten auch für die Aufhebung und Einstellung des Verfahrens die Vorschriften der ZPO (oben § 6 XI u. XIV). Sie werden aber ergänzt durch z. T. recht wichtige Sondervorschriften des ZVG (28–34, 75–77, 83, 86). Das ZV-Notrecht hat gerade auf diesem Gebiete einschneidende Neuerungen gebracht (Notverordnung des Reichspräsidenten v. 8. 12. 1931, insbesondere Teil III §§ 5–9 u. § 18; VO des Reichspräsidenten über Maßnahmen auf dem Gebiete der Rechtspflege und Verwaltung vom 14. 6. 1932 II. Teil Art. 1 II 2–6 u. 9; VO des Reichspräsidenten über landwirtschaftliches Vermittlungsverfahren, Vollstreckungsschutz und Pächterschutz v. 27. 9. 1932 Kapitel II), die, soweit sie heute noch von Bedeutung sind, durch ZVMaßnG v. 20. 8. 1953 in die ZPO eingefügt wurden.

Die Not der Zeit ließ die Zahl der Zwangsversteigerungen stark zunehmen und führte dazu, daß nur sehr geringe Erlöse erzielt wurden. Solche Verschleuderung aber mußte den Grundbesitz entwerten, mancher tüchtige und sparsame Grundeigentümer wurde zugrunde gerichtet, oft wurde von einem weniger tüchtigen Unternehmer das Versteigerungsobjekt erworben, und viele Hypothekengläubiger, deren Hypotheken früher als ganz sicher angesehen wurden, erlitten große Ausfälle und gerieten in wirtschaftliche Schwierigkeiten. Die Rückwirkungen auf die allgemeine Wirtschaft blieben nicht aus. Um dieser Not zu steuern, genügte die Bestimmung, nach der unter bestimmten Voraussetzungen der Zuschlag versagt werden kann, wenn das Meistgebot einen bestimmten Teil des Grundstückswertes nicht erreicht (oben III), allein nicht. Man hätte zu einem Moratorium greifen, etwa die Einleitung neuer und die Fortsetzung begonnener Zwangsversteigerungen für eine bestimmte Zeit ausschließen können, man konnte auch daran denken, neue Voraussetzungen für die Zulässigkeit der Anordnung der ZVersteigerung einzuführen. Aber der Gesetzgeber soll nicht weiter gehen, als es zur Erreichung seines Zieles erforderlich ist. Um den Grundeigentümer und den Hypothekengläubiger ausreichend zu schützen, war es nicht nötig, dem Gläubiger die Möglichkeit abzuschneiden, eine dingliche Sicherung, einen Vorrang vor späteren oder später zugreifenden Gläubigern zu erlangen. So bot sich als technisches Mittel zur Erreichung des gesetzgeberischen Zieles die einstweilige Einstellung des Verfahrens dar, die die Erlangung solcher Sicherung nicht ausschließt und erlangte Sicherungen bestehen läßt, aber die Durchführung der ZV hindert („Verwertungsmoratorium"). So hat denn das ZVMaßnG in 30a—d neue Einstellungsgründe gebracht, und dabei ist dem Gericht ein weiter Spielraum des Ermessens eingeräumt worden, so daß es weitgehend den Verhältnissen des Einzelfalles Rechnung tragen und in ziemlich weitem Rahmen auf Grund einer Abwägung der Gläubiger- und der Schuldnerinteressen entscheiden kann, ob und auf welche Dauer das Verfahren einzustellen ist. Diese Bestimmungen sind unter 3 und 4 zu erörtern.

2. Die Aufhebung und die Einstellung des Verfahrens erfolgt in der ZVersteigerung (wie auch sonst in der ZV) durch das Vollstreckungsorgan, hier also grundsätzlich durch das Vollstreckungsgericht. Aufhebung und endgültige Einstellung fallen in der ZVersteigerung zusammen: es ist also nur zwischen der Aufhebung, die alle ZV-Wirkungen beseitigt und eine Fortsetzung dieser ZV ausschließt, und der einstweiligen Einstellung, die die bisher eingetretenen ZV-Wirkungen bestehen läßt, und bei der die Fortsetzung zulässig ist, zu unterscheiden. Dabei sind aber auch hier wie sonst in der ZV die Fälle zu unterscheiden, in denen die Aufhebung oder einstweilige Einstellung durch das Vollstreckungsorgan auf Grund einer gerichtlichen Anordnung zu erfolgen hat, und die Fälle, in denen das Vollstreckungsorgan als solches (hier also in der Regel das Vollstreckungsgericht) von sich aus (ohne Anordnung eines anderen Gerichts) die ZVersteigerung einstweilen einzustellen oder aufzuheben hat. Nach dem Schluß der Versteigerung gibt es keine Aufhebung und keine einstweilige Einstellung des Verfahrens mehr (ZVG 72 III; durch die Aufhebung und einstweilige Einstellung würden die Gebote erlöschen); statt dessen ist die „Versagung des Zuschlags" auszusprechen (ZVG 33). Wird aber die Versagung des Zuschlags rechtskräftig, so wirkt sie, wenn die Fortsetzung des Verfahrens zulässig ist, wie eine einstweilige Einstellung, sonst wie die Aufhebung des Verfahrens (ZVG 86). Im Falle der Aufhebung (und also auch der rechtskräftigen Versagung des Zuschlags, wenn die Fortsetzung des Verfahrens unzulässig ist) ist das Grundbuchamt um Löschung des Versteigerungsvermerks zu ersuchen (ZVG 34). Die Aufhebung sowohl wie die einstweilige Einstellung kann sich auf die ganze ZVersteigerung, aber auch auf das Verfahren in Ansehung einzelner Gegenstände (z. B. hinsichtlich eines Zubehörstücks, das nicht in das Eigentum des Grundstückseigentümers gelangt ist) beziehen.

Der Beschluß, durch den das Verfahren einstweilen eingestellt oder aufgehoben wird, ist dem Schuldner, dem Gläubiger und, wenn er von einem Dritten (z. B. dem Eigentümer des Zubehörstücks) beantragt war, auch diesem zuzustellen (ZVG 32).

3. Die Aufhebungs- und Einstellungsgründe des ZVG.

a) Steht der ZV ein Recht entgegen, so bleibt es im allgemeinen dem Berechtigten überlassen, das Recht geltend zu machen und die Aufhebung der ZV zu erwirken. Namentlich muß ein Dritter sein die Veräußerung hinderndes Recht mit der Widerspruchsklage geltend machen, sonst wird die ZV ohne Rücksicht auf das Recht des Dritten durchgeführt (771). Wenn aber in der Z-Versteigerung ein aus dem Grundbuch ersichtliches Recht, das der Z-Versteigerung oder der Fortsetzung des Verfahrens entgegensteht, dem Vollstreckungsgericht bekannt wird, hat es von sich aus das Verfahren sofort aufzuheben oder unter Bestimmung einer Frist, in der der Gläubiger die Hebung des Hindernisses nachzuweisen hat, einstweilen einzustellen. (Beides ist in der Praxis selten.) Nach dem Ablauf dieser Frist ist das Verfahren aufzuheben, wenn nicht inzwischen der Nachweis erbracht ist (ZVG 28).

b) Wenn der Gläubiger den Versteigerungsantrag zurücknimmt, ist das Verfahren (ebenso wie wenn der Gläubiger die Aufhebung bewilligt) aufzuheben (ZVG 29) — vorausgesetzt, daß nicht noch ein anderer Gläubiger die ZVersteigerung betreibt (oben § 18 III 2 a).

c) Bewilligt der Gläubiger die einstweilige Einstellung oder die Aufhebung des Versteigerungstermins, so ist das Verfahren einstweilen einzustellen (ZVG 30). Wiederholt der Gläubiger diese Bewilligung zweimal, nachdem jedesmal die ZV auf seine Bewilligung hin eingestellt, dann aber für ihn fortgesetzt war, so gilt die dritte Bewilligung als Rücknahme des Versteigerungsantrags und das Verfahren ist aufzuheben.

d) Aufzuheben ist die ZVersteigerung auch, wenn das Verfahren einstweilen eingestellt worden war, und der zur Fortsetzung des Verfahrens erforderliche Antrag des Gläubigers[1]) nicht binnen 6 Monaten gestellt wird (ZVG 31 II).

e) Zahlt der Schuldner oder ein Dritter, der berechtigt ist, den Gläubiger zu befriedigen, den zur Befriedigung und zur Deckung der Kosten erforderlichen Betrag an das Gericht nach dem Beginne der Versteigerung — vorher darf das Gericht die Zahlung nicht annehmen — so ist das Verfahren einstweilen einzustellen (ZVG 75; unten IX 4 a) oder, wenn die Zahlung nach Schluß der Versteigerung, aber vor der Erteilung des Zuschlags erfolgt, der Zuschlag zu versagen.

f) Wenn mehrere Grundstücke zur Versteigerung stehen und auf eines oder einige so viel geboten ist, daß der Anspruch des Gläubigers gedeckt ist, ist grundsätzlich das Verfahren hinsichtlich der übrigen Grundstücke einstweilen einzustellen (ZVG 76; unten IX 4 b).

---

[1]) Grundsätzlich bedarf es eines solchen Antrags; Ausnahme: 769 II, ZVG 28, 43.

g) Einstweilen einzustellen ist das Verfahren, wenn die Versteigerung ergebnislos bleibt. Bleibt sie auch in einem zweiten Termin ergebnislos, so ist das Verfahren aufzuheben (ZVG 77; unten IX 4 c).

h) Aufgehoben oder einstweilen eingestellt werden kann die Zwangsversteigerung schließlich auch auf Antrag des Grundstückseigentümers wegen besonderer Umstände, wenn das Verfahren für ihn unter voller Berücksichtigung der Gläubigerinteressen eine mit den guten Sitten nicht zu vereinbarende Härte bedeuten würde (765a, vgl. oben § 6, XI).

4. Verwertungsaufschub durch einstweilige Einstellung der ZVersteigerung[1]).

Wenn Aussicht besteht, daß durch die Einstellung die Versteigerung vermieden wird und die Nichterfüllung der fälligen Verbindlichkeiten auf Umständen beruht, die in den allgemeinen wirtschaftlichen Verhältnissen begründet sind, und die abzuwenden der Schuldner nicht in der Lage war, ist die Versteigerung auf Antrag des Schuldners für längstens 6 Monate einstweilen einzustellen; es sei denn, daß dadurch dem betreibenden Gläubiger ein unverhältnismäßig großer Nachteil entsteht. Der Antrag kann auch abgelehnt werden, wenn mit Rücksicht auf die Verhältnisse des Grundstücks anzunehmen ist, daß die Versteigerung zu einem späteren Zeitpunkt einen geringeren Erlös bringen würde. Unter Umständen kann die einstweilige Einstellung mit einer Zahlungsauflage und mit der Maßgabe bewilligt werden, daß sie außer Kraft tritt, wenn der Schuldner dieser Auflage nicht nachkommt.

Eine Wiederholung dieser Einstellung ist nur einmal, aber unter besonderen Umständen (ZVG 30 d) überhaupt nicht zulässig.

Der Einstellungsantrag muß innerhalb einer Notfrist von zwei Wochen gestellt werden. Die Frist beginnt mit der Zustellung der Verfügung, durch die der Schuldner auf das Recht zur Stellung des Einstellungsantrages, den Fristbeginn und die Rechtsfolge eines fruchtlosen Fristablaufs hingewiesen wird. Vor der Entscheidung, gegen die sofortige Beschwerde zulässig ist (weitere Beschwerde ist ausgeschlossen), sind der Schuldner und der betreibende Gläubiger zu hören; in geeigneten Fällen kann das Gericht mündliche Verhandlung anberaumen. Die Voraussetzungen der Einstellung brauchen nur glaubhaft gemacht, nicht nachgewiesen zu werden (Näheres ZVG 30a und 30b).

VI. Die Bestimmung des Versteigerungstermins (ZVG 35–43) ist der zweite Akt des ZVersteigerungsverfahrens.

1. Über Zeit und Ort des Termins gibt das ZVG (in 36) Ordnungsvorschriften. War das Verfahren einstweilen eingestellt, soll der Termin nicht mehr als zwei Monate, aber mindestens einen Monat nach Anberaumung des Termins erfolgen. Nur wenn besondere Gründe vorliegen, soll der Termin um mehr als 6 Monate hinaus an-

[1]) Der Verwertungsaufschub in der Zwangsversteigerung beruht zum Teil auf ähnlichen Erwägungen wie ZPO 813a (oben § 15, VI 5). Die Bestimmungen weichen aber wesentlich voneinander ab.

gesetzt werden. Besondere Gründe dafür liegen vor, wenn später ein höherer Erlös zu erwarten ist. Der Termin kann an Gerichtsstelle, aber auch an einem anderen Orte im Gerichtsbezirk (z. B. im Gasthof des Ortes, in dessen Gemeindebezirk das Grundstück liegt) abgehalten werden.

2. Den Vorschriften über die Terminsbestimmung liegt der Gedanke zugrunde, daß alle, deren Rechte durch das Verfahren berührt werden, von dem Verfahren Kenntnis erhalten, und daß möglichst viele Bieter herangezogen werden sollen.

a) Über den Inhalt gibt das ZVG in 37 Muß-, in 38 Sollvorschriften. Ist eine Mußvorschrift nicht eingehalten, so muß der Termin aufgehoben und ein neuer anberaumt werden.

b) Die Terminsbestimmung muß nach Maßgabe von ZVG 39, 40 öffentlich bekannt gemacht werden.

c) Sie muß den Beteiligten zugestellt werden ZVG 41. Dies erfordert oft eine sehr große Zahl von Zustellungen.

d) Offenlegung der „Nachrichten über das Grundstück" für jedermann: ZVG 42.

VII. Die Versteigerungsbedingungen. Geringstes Gebot.

1. Vor der Versteigerung muß festgelegt werden, unter welchen Voraussetzungen und mit welchen Rechtsfolgen das Grundstück zuzuschlagen ist. Das Gericht kann schon vor dem Versteigerungstermin Erörterungen der Beteiligten darüber veranlassen, auch zu diesem Zweck einen besonderen Termin bestimmen (ZVG 62).

2. Die Voraussetzungen und Rechtsfolgen des Zuschlags kann man in einem weiteren Sinne als Versteigerungsbedingungen bezeichnen. Dazu gehört, daß der Zuschlag nicht zu erteilen ist, wenn das Gebot nicht die Kosten des Verfahrens und die dem betreibenden Gläubiger vorgehenden Rechte deckt („geringstes Gebot"), aber auch die Bestimmung, daß der Zuschlag dem höchsten zulässigen Gebot zu erteilen ist (ZVG 81 I), nicht minder die Regelung der Gefahr, der Nutzungen und Lasten (ZVG 56), die rechtliche Normierung des Verhältnisses zwischen dem Ersteher und einem Mieter oder Pächter usw. Das Gesetz stellt aber das „geringste Gebot" (ZVG 44—48) den im ZVG 49—58 normierten Bedingungen gegenüber und nennt nur die letzteren „Versteigerungsbedingungen". Das geringste Gebot und die Versteigerungsbedingungen in diesem engeren Sinne können unter Umständen vom Gericht abweichend von den Vorschriften ZVG 44—48 und 49—58 festgestellt werden: deshalb werden die mangels solcher abweichenden Feststellung eingreifenden Versteigerungsbedingungen, die sich aus ZVG 49—58 ergeben, häufig als die „gesetzlichen Versteigerungsbedingungen" bezeichnet.

3. Das „geringste Gebot" ist das niedrigste Gebot, das in der ZVersteigerung zuzulassen ist: es ist kein Gebot zuzulassen, das nicht die Kosten des Verfahrens und die den Anspruch des betreibenden Gläubigers vorgehenden Rechte deckt (oben II). Wird das Verfahren wegen mehrerer Ansprüche von

verschiedenem Rang betrieben, so wird grundsätzlich — Ausnahme: 44 II — der vorgehende Anspruch zugrunde gelegt. 44.

Welche Rechte zu berücksichtigen sind, ist in ZVG 45ff. bestimmt. Soweit die Rechte auf Befriedigung aus dem Grundstück aus dem Grundbuch ersichtlich sind, werden sie ohne weiteres (ohne daß es einer Anmeldung oder einer Prüfung ihres Bestandes bedarf) berücksichtigt. Im übrigen finden die Rechte nur Berücksichtigung, wenn sie rechtzeitig angemeldet und bei Widerspruch des Gläubigers glaubhaft gemacht sind. Das gilt von nicht eingetragenen Rechten (wie etwa Überbaurenten oder nicht eingetragenen Grunddienstbarkeiten), aber natürlich grundsätzlich auch von Hypothekenzinsen und Prozeßkosten. Doch werden von wiederkehrenden Leistungen, die nach dem Grundbuch zu entrichten sind (Renten, Zinsen), die laufenden ohne Anmeldung berücksichtigt, die rückständigen bedürfen zwar der Anmeldung, nicht aber der Glaubhaftmachung. Für wiederkehrende Leistungen, die nicht in Geld bestehen, hat das Gericht einen Geldbetrag festzusetzen, da sie (nach 49 I) durch Zahlung aus dem Versteigerungserlös zu berichtigen sind. Bedingte Rechte sind wie unbedingte zu behandeln — die Feststellung des geringsten Gebots kann nicht von einer Bedingung abhängig gemacht werden — und Rechte, die durch Eintragung eines Widerspruchs oder einer Vormerkung gesichert sind, werden wie eingetragene Rechte berücksichtigt.

4. Die gesetzlichen Versteigerungsbedingungen.

a) Der Ersteher hat in dem Verteilungstermine bar zu berichtigen (und bis dahin vom Zuschlage an zu verzinsen): den Teil des geringsten Gebots, der zur Deckung der Kosten, der Ansprüche der Klassen 1—3 (die den Ansprüchen aus dinglichen Rechten vorgehen, ZVG 10 Nr. 1—3, oben § 18 III 3) und der Nebenbeträge (Kosten, Zinsen) der dem betreibenden Gläubiger[1]) vorgehenden Rechte am Grundstück bestimmt ist, sowie den das geringste Gebot übersteigenden Teil des Bargebots. Durch Hinterlegung kann er sich von seiner Verbindlichkeit befreien, wenn die Hinterlegung und die Ausschließung der Rücknahme im Versteigerungstermine nachgewiesen wird (ZVG 49).

Die Zahlungspflicht erweitert sich unter Umständen nach ZVG 50 und 51. Das ist unter c) zu erörtern.

b) Soweit ein Recht am Grundstück bei der Feststellung des geringsten Gebots Berücksichtigung gefunden hat, aber nicht durch Zahlung zu decken ist, bleibt es bestehen. Im übrigen erlöschen die Rechte[2]) durch den Zuschlag (52 I), es sei denn, daß zwischen dem Berechtigten und dem Ersteher das Bestehenbleiben der Rechte vereinbart worden ist, und die Erfordernisse des ZVG 91 II erfüllt sind (unten X 3 b γ). Soweit ein erlöschendes Recht durch das Meistgebot gedeckt ist, tritt an seine Stelle ein Anspruch des Berechtigten auf Befriedigung oder, falls das Recht nicht auf Zahlung eines Kapitals gerichtet ist, auf Ersatz des Wertes aus dem Versteigerungserlös.

---

[1]) Wenn mehrere Gläubiger das Verfahren betreiben, dem rangbesten unter ihnen.

[2]) Ausgenommen Überbau- und Notwegrenten, die übrigens auch dann bestehen bleiben, wenn sie nicht in das geringste Gebot aufgenommen worden sind: 52 II.

Wenn hiernach, wie es meist der Fall ist, Rechte an dem Grundstück bestehen bleiben, wird das geringste Gebot aus einem „bar zu zahlenden Teil" und aus den Rechten, die bestehen bleiben, gebildet; doch wird es unmittelbar auf den Betrag, den die Deckung der durch Zahlung zu befriedigenden Ansprüche erfordert, festgestellt, (also ohne Hinzurechnung der Kapitalbeträge und Wertersatzbeträge der bestehen bleibenden Rechte).

Betreibt ein persönlicher Gläubiger wegen eines Anspruchs von 5000 DM die Z-Versteigerung eines Grundstücks, auf dem eine Wegegerechtigkeit und drei Hypotheken zu 20000, 30000 und 10000 DM ruhen, und sind noch 506 DM Kosten, 358 DM öffentliche Abgaben und 1207 DM Zinsen zu zahlen, die in das geringste Gebot fallen, so beträgt das geringste Gebot 2071 DM bei Bestehenbleiben der vier dinglichen Rechte. Wird das Grundstück für 6000 DM zugeschlagen, so sind diese 6000 DM bar zu berichtigen (2071 DM davon sind zur Deckung der Kosten, Abgaben und Zinsen zu verwenden, 3929 DM erhält der betreibende Gläubiger).

c) Erweiterung der Zahlungspflicht. Nun kann sich aber ergeben, daß ein bei der Feststellung des geringsten Gebots berücksichtigtes Recht am Grundstück nicht besteht, oder es kann die aufschiebende Bedingung ausfallen oder die auflösende Bedingung eintreten, unter der ein solches Recht steht, oder das Recht, das noch an einem anderen Grundstück besteht, kann an dem versteigerten Grundstück nach den besonderen Vorschriften über die Gesamthypothek erlöschen. Den Vorteil davon darf nicht der Ersteher haben, sondern er kommt den Beteiligten zu, die bei dem Fortbestehen des Rechtes unbefriedigt bleiben würden. Deshalb erweitert das Gesetz für diese Fälle die Zahlungspflicht des Erstehers entsprechend nach Maßgabe von ZVG 50 und 51.

d) Eintritt des Erstehers in die persönliche Schuld, wenn der Vollstreckungsschuldner der persönliche Schuldner war (ZVG 53).

Wenn bei einer Hypothek, die kraft Gesetzes (weil sie in das geringste Gebot fällt) bestehen bleibt, der Vollstreckungsschuldner zugleich persönlich haftet, geht diese Schuld kraft Gesetzes in Höhe der Hypothek auf den Ersteher über. Das Gesetz betrachtet das als eine Schuldübernahme und bestimmt, daß der Vollstreckungsschuldner berechtigt und auf Verlangen des Erstehers verpflichtet ist, die Übernahme (den Übergang) dem Gläubiger schriftlich mitzuteilen, und daß die Übernahme wirksam wird, wenn nicht der Gläubiger binnen 6 Monaten widerspricht. Das gleiche gilt sogar, wenn eine Grund- oder Rentenschuld zur Sicherung einer Forderung gegen den Grundstückseigentümer bestellt ist. Hier ist aber Voraussetzung, daß der Schuldner spätestens im Versteigerungstermine vor der Aufforderung zur Abgabe von Geboten die gegen ihn bestehende Forderung nach Grund und Betrag anmeldet und auf Verlangen glaubhaft macht.

e) Wirksamkeit der Kündigung einer Hypothek, Grund- oder Rentenschuld gegenüber dem Ersteher (ZVG 54).

Die Kündigung einer Hypothek, Grund- oder Rentenschuld, die von dem Grundpfandgläubiger dem Eigentümer oder von diesem dem Grundpfandgläubiger erklärt worden ist, ist dem Ersteher gegenüber nur wirksam, wenn sie spätestens im Versteigerungstermin vor der Aufforderung zur Abgabe von Geboten erklärt und bei dem Gericht angemeldet ist. Das gilt auch von jeder aus dem Grundbuch nicht ersichtlichen Tatsache, infolge deren der Anspruch vor der Zeit geltend gemacht werden kann. Der Ersteher soll dadurch vor Täuschung gesichert werden.

f) Zu den Versteigerungsbedingungen gehören auch die sehr wichtigen Bestimmungen, worauf sich die Versteigerung des Grundstücks erstreckt (ZVG 55), was also dem Ersteher durch den Zuschlag zufällt. Die ZVersteigerung erstreckt sich auf das Grundstück und auf alle Gegenstände, deren Beschlagnahme zur Zeit der Versteigerung noch wirksam ist, also auf alle noch nicht vom Boden getrennten Erzeugnisse (vorbehaltlich des Fruchtziehungsrechtes eines Pächters oder eines Nießbrauchers, dessen Recht dem betreibenden Gläubiger vorgeht), auf alle sonstigen Bestandteile des Grundstücks, auf das Zubehör (bei einem Landgut also auf die in BGB 98 Ziff. 2 bezeichneten Wirtschaftsvorräte) und auf die Forderungen aus der Versicherung des Grundstücks, seiner Bestandteile und des Zubehörs. Sie erstreckt sich auch auf gewisse Sachen, die von der Beschlagnahme nicht ergriffen sind: nämlich auf die Zubehörstücke, die sich im Besitze des Grundstückseigentümers befinden, aber einem Dritten gehören. Nur wenn der Dritte sein Recht dadurch geltend gemacht hat, daß er vor der Erteilung des Zuschlags die Aufhebung oder einstweilige Einstellung des Verfahrens herbeigeführt hat, unterliegt die Sache der ZVersteigerung nicht. Hat er das versäumt, so tritt an die Stelle des Rechtes, das untergeht, das Recht auf Befriedigung aus dem Versteigerungserlöse.

g) Die Gefahr des zufälligen Untergangs geht in Ansehung des Grundstücks mit dem Zuschlag, in Ansehung der übrigen Gegenstände aber bereits mit dem Schlusse der Versteigerung auf den Ersteher über. ZVG 56 S. 1.

Brennt das Haus vor dem Zuschlag völlig ab, oder wird es enteignet, so erlischt das Meistgebot, und der Zuschlag ist nichtig; es tritt nicht etwa die Versicherungssumme oder die Entschädigung an Stelle des Hauses oder des Grundstücks. (Ob das auch bei teilweiser Zerstörung gilt, oder ob dann — wie Jaeckel meint — eine Minderung des Meistgebots eintritt, ist streitig.) Gehen Zubehörstücke nach dem Schlusse der Versteigerung, wenn auch vor dem Zuschlag — etwa durch Brand —, unter, so fällt der Schaden dem Ersteher zur Last. Ihm steht aber die etwa entstandene Versicherungsforderung zu.

h) Nutzungen und Lasten des Grundstücks gehen mit dem Zuschlag auf den Ersteher über (ZVG 56 S. 2).

i) Einen Gewährleistungsanspruch gibt es bei der ZVersteigerung nicht (ZVG 56 S. 3), ebensowenig wie es einen solchen Anspruch bei der Veräußerung in der ZVersteigerung in das bewegliche Vermögen gibt (806, oben § 14 X).

Ein Anspruch auf Gewährleistung für einen Mangel im Recht kommt schon wegen der Wirkungen der ZVersteigerung (ZVG 37 Ziff. 5, 55, 90, 91 I) nicht in Frage. Aber auch für einen Mangel der Sache ist ein solcher Anspruch nicht gegeben, weder gegenüber dem Staat, noch gegenüber dem Schuldner oder einem anderen Beteiligten.

k) Miet- und Pachtverhältnisse erlöschen durch den Zuschlag nicht, wenn das Grundstück den Mieter oder Pächter bereits (ganz oder zu einem Teile) überlassen war. Vielmehr tritt der Ersteher an die Stelle des Schuldner-Vermieters oder -Verpächters in das Miet- oder Pachtverhältnis ein – entsprechend der Regel unseres bürgerlichen Rechts, daß Veräußerung nicht Miete bricht – und wichtige Vorschriften des BGB (571, 572, 573 S. 1, 574, 575) finden hier entsprechende Anwendung. Während aber nach dem BGB der Erwerber kein gesetzliches Kündigungsrecht hat, kann beim Erwerb in der ZVersteigerung der Ersteher ohne Rücksicht auf die Kündigungsbestimmungen des Miet- oder Pachtvertrages unter Einhaltung der gesetzlichen Frist (BGB 565) für den ersten Termin nach dem Zuschlage kündigen (ZVG 57, 57a). Diese Regelung geht davon aus, daß es der Erzielung eines angemessenen Erlöses Schwierigkeiten bereiten muß, wenn der Bieter damit zu rechnen hat, daß das Grundstück im Besitze eines Mieters ist, dessen Recht vielleicht noch Jahre dauert (Begründung zum ZVG S. 48). Dem Interesse des Mieters oder Pächters ist bis zu einem gewissen Grade dadurch Rechnung getragen, daß er sein Recht aus dem Miet- oder Pachtverhältnis nach ZVG 9 Nr. 2 anmelden und dann eine Abänderung der gesetzlichen Versteigerungsbedingungen, nämlich den Wegfall dieses Kündigungsrechtes, beantragen, unter Umständen auch ein doppeltes Ausgebot herbeiführen kann (unten 5a). Dieses gesetzliche Kündigungsrecht des Erstehers ist aber in mehrfacher Beziehung eingeschränkt. Das Kündigungsrecht ist – soweit Miet- oder Pachtschutz besteht – den Mieterschutz- und Pachtschutzbestimmungen unterworfen, also nur für freifinanzierte oder steuerbegünstigte Wohnungen im Sinne des Wohnungsbaugesetzes v. 25. 8. 1953 und für Miet- oder Pachtverhältnisse über Geschäftsräume gilt heute das Kündigungsrecht nach ZVG 57 a. Eine weitere Einschränkung besteht für Miet- und Pachtverhältnisse, bei denen auf Grund eines sog. Aufbauvertrages Baukostenzuschüsse geleistet sind.

Diese Zuschüsse werden in verschiedener Weise geleistet: der Mieter leistet einen Zuschuß, der auf die Miete keinen Einfluß hat und nicht verrechnet wird; oder die Miete wird mit Rücksicht auf den Zuschuß niedriger bemessen, ohne daß eine eigentliche Verrechnung vereinbart wurde; oder der Mieter entrichtet die Miete ganz oder teilweise für eine bestimmte Zeit im Voraus; oder der Mieter gibt dem Vermieter ein Darlehn, das in der Weise rückzahlbar ist, daß die fälligen Mietzinsraten mit der Darlehnsforderung verrechnet werden.

Gemäß ZVG 57 c ist dem Ersteher in zwei Fällen das Kündigungsrecht genommen: das Kündigungsrecht kann nicht ausgeübt werden, solange die Miete zur Herstellung oder Instandsetzung des Mietraumes vorausentrichtet oder mit einem Baukostenzuschuß zu verrechnen ist (ZVG 57 c I Nr. 1). Das Kündigungsrecht kann der Ersteher ferner dann nicht ausüben, wenn der Mieter oder ein Dritter zugunsten des Mieters einen Baukostenzuschuß von mehr als einer Jahresmiete geleistet oder erstattet hat, der nicht mit der Miete zu verrechnen ist. Das Kündigungsrecht ruht hier so lange, als der Zuschuß nicht durch die Dauer des Vertrages als getilgt anzusehen ist (ZVG 57 c I, Nr. 2).

Damit die Bieter nicht ins Ungewisse zu bieten brauchen und der Ersteher die Verhältnisse übersehen kann, bestimmt 57 d, daß das Vollstreckungsgericht die Mieter und Pächter zu einer Erklärung über das Bestehen solcher Aufbauverträge aufzufordern hat. Dazu hat es von Amts wegen zu ermitteln, welche Mieter und Pächter des Grundstücks vorhanden sind.

l) Die Kosten des Zuschlagbeschlusses fallen dem Ersteher zur Last (ZVG 58).

5. „Abweichende Feststellung" des geringsten Gebots und der Versteigerungsbedingungen (ZVG 59—61, 65).

Das geringste Gebot und die Versteigerungsbedingungen sind auf Antrag eines Beteiligten vom Gericht „von den gesetzlichen Vorschriften" (d. h. von den Vorschriften ZVG 49—58) abweichend festzustellen, wenn alle Beteiligten (nicht nur die, die im Termin anwesend sind) zustimmen. Aber nicht immer bedarf es der Zustimmung jedes Beteiligten. Hier kommen drei Fälle in Betracht:

a) Wird das Recht eines anderen durch die abweichende Feststellung nicht beeinträchtigt, so braucht niemand zuzustimmen, und wenn der, dessen Recht beeinträchtigt wird, zustimmt, bedarf es keiner weiteren Zustimmung. Sofern nicht feststeht, ob das Recht durch die Abweichung beeinträchtigt wird, ist das Grundstück doppelt auszubieten: einmal mit, einmal ohne die verlangte Abweichung.

Hat ein Mieter, der sein Mietrecht angemeldet hat, beantragt, das gesetzliche Kündigungsrecht des Erstehers auszuschließen (oben 4 k), und hat einer der Beteiligten dem nicht zugestimmt, so ist das Grundstück einmal mit diesem Recht, einmal ohne das Recht auszubieten, und der Zuschlag ist, wenn sich ergibt, daß der Beteiligte, der nicht zugestimmt hat, dadurch beeinträchtigt wird, dem Meistgebot, das bei dem zweiten Ausgebot erteilt worden ist, sonst dem anderen Meistgebot zu erteilen.

b) Soll das Fortbestehen eines Rechtes bestimmt werden, das nach den gesetzlichen Versteigerungsbedingungen erlöschen würde, so bedarf es nicht der Zustimmung eines nachstehend Beteiligten.

c) Wenn ein Beteiligter die Festsetzung von Zahlungsfristen — sog. Zielern — für den das geringste Gebot übersteigenden Teil des Meistgebots verlangt, so bedarf es nicht der Zustimmung anderer Beteiligter.

Die Bewilligung solcher Zahlungsfristen war in einer Reihe von Landesgesetzen, namentlich in süddeutschen, vorgesehen und hatte sich dort bewährt. Sie erleichterte den weniger bemittelten Kreisen der Bevölkerung den Ankauf kleinerer Grundstücke und wirkte so dem Zwischenhandel mit diesen Grundstücken entgegen. Indem sie den Kreis der Bieter erweiterte und höhere Gebote veranlaßte, lag sie zugleich im Interesse aller Beteiligten (Begründung S. 49). Aber die Beteiligten, deren Ansprüche durch das geringste Gebot zu decken sind, dürfen nicht durch die Bewilligung solcher Zahlungsfristen Nachteile erleiden: deshalb ist bestimmt, daß Zahlungsfristen nur für den das geringste Gebot übersteigenden Teil des Meistgebots bewilligt werden dürfen.

Daß durch die Bewilligung von Zahlungsfristen ein anderer Beteiligter beeinträchtigt werden kann, liegt auf der Hand. Zu seinem Schutze ist bestimmt, daß er doppeltes Ausgebot (mit und ohne Zahlungsfristen) verlangen kann, und daß der Zuschlag auf Grund des mit Zahlungsfristen erfolgten Ausgebots nur zu erteilen ist, wenn dabei ein höheres Meistgebot erzielt ist und ein Dritter (etwa der, der die Bewilligung der Zahlungsfristen beantragt hatte), sich zu der Barzahlung im Versteigerungstermin unter Sicherheitsleistung gemäß ZVG 61 verpflichtet.

d) Sonderverwertung von Forderungen oder beweglichen Sachen, auf die sich die Versteigerung nach den gesetzlichen Versteigerungsbedingungen mit erstreckt.

Wenn ein solcher Gegenstand von einem Dritten in Anspruch genommen wird und das Verfahren hinsichtlich dieses Gegenstands eingestellt wird, ist eine Sonderverwertung geboten. Eine solche kann aber auch aus anderen Gründen wünschenswert sein, so vor allem, wenn dadurch ein höherer Gesamterlös zu erzielen ist. Deshalb sieht das Gesetz vor, daß auf Antrag das Gericht eine besondere Versteigerung oder anderweite Verwertung von Forderungen oder beweglichen Sachen anordnen kann. Aber einmal kann natürlich ein Hypothekengläubiger, dessen Recht bestehen bleibt, der besonderen Verwertung von Zubehörstücken dann widersprechen, wenn von dieser Verwertung eine die Sicherheit der Hypothek gefährdende Verschlechterung des Grundstücks im Sinne von BGB 1134, 1135 zu besorgen ist. Ferner ist die besondere Versteigerung oder die andere Verwertung nur zulässig, wenn das geringste Gebot erreicht ist, also erst nach Schluß der Versteigerung des Grundstücks.

VIII. Die Versteigerung mehrerer Grundstücke (ZVG 63, 64).

Grundsätzlich sind mehrere Grundstücke, die in demselben Verfahren zur Versteigerung gelangen, einzeln auszubieten (Einzelausgebot). Da es aber möglich ist, daß ein höherer Erlös erzielt wird, wenn sie alle oder doch mehrere von ihnen zusammen ausgeboten werden, ist für gewisse Fälle auch ein Gesamtausgebot aller oder ein Gruppenausgebot mehrerer Grundstücke vorgesehen. Einmal kann jeder Beteiligte verlangen, daß neben dem Einzelausgebot alle Grundstücke und, wenn einige von ihnen mit einem und demselben Rechte belastet sind, auch diese Grundstücke zusammen ausgeboten werden. Aber das Gericht kann auch in anderen Fällen auf Antrag anordnen, daß alle Grundstücke oder einige der Grundstücke zusammen ausgeboten werden. Auf Grund des Gesamt- oder Gruppenausgebots wird der Zuschlag nur erteilt, wenn das Meistgebot höher ist als das Gesamtergebnis der Einzelausgebote. Ausnahmsweise unterbleibt das Einzelausgebot neben dem Gesamt- oder Gruppenausgebot, wenn die anwesenden Beteiligten, deren Rechte bei der Feststellung des geringsten Gebots nicht zu berücksichtigen sind, sämtlich zustimmen.

Das geringste Gebot für das Gruppen- oder Gesamtausgebot besteht grundsätzlich aus der Summe der geringsten Gebote, die für die einzelnen Grundstücke festgestellt sind. Wird aber bei dem Einzelgebot für eines der Grundstücke ein Meistgebot abgegeben, das mehr beträgt als das geringste Gebot für dieses Grundstück, so erhöht sich das geringste Gebot für das Gesamtausgebot um den Mehrbetrag.

Wenn auf mehreren Grundstücken, die in demselben Verfahren zu versteigern sind, eine dem Anspruch des betreibenden Gläubigers vorgehende Gesamthypothek ruht, so ist nach ZVG 64 zu verfahren.

IX. Die Versteigerung (ZVG 66—78) ist der dritte Akt des ZVersteigerungsverfahrens.

1. Der erste Teil des Termins beginnt mit dem Aufruf der Sache und endet mit der Aufforderung zur Abgabe von Geboten. Nach der Bekanntgabe der für die Versteigerung erheblichen Tatsachen können noch Anmeldungen erfolgen, auch hat das Gericht, soweit es erforderlich ist, die Glaubhaftmachung angemeldeter Rechte zu verlangen. Dann hat das Gericht das geringste Gebot und die Versteigerungsbedingungen nach Anhörung der anwesenden Beteiligten unter Bezeichnung der einzelnen Rechte festzustellen (diese Feststellung ist schon vor dem Termin vorzubereiten) und bekanntzugeben. Schließlich weist das Gericht auf die bevorstehende Ausschließung weiterer Anmeldungen hin und fordert, wenn weitere Anmeldungen nicht mehr erfolgen, zur Abgabe von Geboten auf.

2. Die eigentliche Versteigerung. Zwischen ihrem Beginn (der Aufforderung zur Abgabe von Geboten) und ihrem Schluß muß mindestens eine Stunde liegen (ZVG 73 I 1). Das macht meist eine Unterbrechung der Versteigerung (und damit des Termins) nötig, in der das Gericht nicht selten einen anderen Versteigerungstermin bis zur Aufforderung zur Abgabe von Geboten durchführt oder einen anderen Versteigerungstermin zu Ende führt. Die Versteigerung muß so lange fortgesetzt werden, bis der Aufforderung des Gerichts ungeachtet ein Gebot nicht mehr abgegeben wird. Das letzte Gebot und der Schluß der Versteigerung ist zu verkünden. Dreimaliger Aufruf des letzten Gebots ist nur Sollvorschrift.

Erlangt ein Beteiligter durch ein Gebot die Aussicht auf Befriedigung, so muß er sich darauf verlassen können, daß dieses Gebot auch erfüllt wird; denn durch das Gebot läßt er sich vielleicht bestimmen, seinerseits nicht oder nicht weiter zu bieten. Das Gesetz gibt ihm deshalb das Recht, Sicherheitsleistung zu verlangen. Die Sicherheitsleistung kann aber nur sofort nach Abgabe des Gebotes verlangt werden, und das Gericht hat sofort darüber zu entscheiden. Wird die Sicherheit für erforderlich erklärt, so ist sie sofort zu leisten. Wird sie nicht sofort geleistet, so ist das Gebot zurückzuweisen. Wird das Gebot ohne Sicherheitsleistung zugelassen und nicht sofort dagegen Widerspruch erhoben, so gilt das Verlangen als zurückgenommen.

Hat ein Beteiligter Sicherheitsleistung von einem Bieter verlangt, so gilt das Verlangen auch für weitere Gebote desselben Bieters.

Wer eine Hypothek, Grundschuld oder Rentenschuld an dem Grundstück hat, braucht für ein Gebot, durch das sein Anspruch ganz oder teilweise gedeckt wird, grundsätzlich (Ausnahmen: ZVG 67 II 2) nur auf Verlangen des betreibenden Gläubigers Sicherheit zu leisten. Dadurch wird es ihm erleichtert, die Gebote bis zu einem Betrage zu steigern, der zur Deckung seines Anspruchs genügt.

Gewisse öffentliche Körperschaften brauchen keine Sicherheit zu leisten. Andere Bieter sind, wenn ein Dritter Sicherheit leistet, von der Verpflichtung befreit.

In den Bestimmungen über die Höhe (ZVG 68) und über die Art (ZVG 69) der Sicherheit kommt das Bestreben zum Ausdruck, den Kreis der Bieter nicht allzu sehr durch die Möglichkeit, daß Sicherheit verlangt wird, einzuschränken. Grundsätzlich braucht Sicherheit nur für ein Zehntel des Bargebots geleistet zu werden und zwar durch Hinterlegung von Geld oder inländischen Wertpapieren. Die Landesgesetzgebung kann auch die Sicherheitsleistung durch Stellung eines Bürgen zulassen (EG-ZVG 10 Nr. 2). Dem Bieter muß im Termin Gelegenheit gegeben werden, sich durch Fernsprecher mit einer Bank in Verbindung zu setzen, um die Sicherheit zu stellen.

Das Recht, Sicherheit zu verlangen, wird mitunter dazu benutzt, ein Gebot unwirksam zu machen.

Unwirksame Gebote sind zurückzuweisen. Unwirksam ist z. B. das Gebot eines geschäftsunfähigen oder eines in der Geschäftsfähigkeit beschränkten Bieters. Gibt jemand als Vertreter (im Namen eines anderen) ein Gebot ab, so ist es unwirksam, wenn nicht die Vertretungsmacht gerichtskundig ist oder durch eine öffentliche Urkunde sofort nachgewiesen wird. Entsprechendes gilt, wenn die Wirksamkeit von der Zustimmung eines anderen oder einer Behörde abhängig ist.

Der Bieter darf an sein Gebot nicht länger gebunden sein, als es der Zweck des Verfahrens erfordert. Es wäre für den Bieter unerträglich, wenn etwa auf sein früheres Gebot zurückgegriffen werden könnte, nachdem einem höheren Gebot der Zuschlag erteilt, der Beschluß aber im Beschwerdewege aufgehoben ist. „Ein Gebot erlischt" grundsätzlich, wenn es zurückgewiesen oder ein Übergebot zugelassen oder wenn das Verfahren eingestellt oder der Termin aufgehoben wird. Nur dann bleibt der Bieter bis zur rechtskräftigen Entscheidung über den Zuschlag gebunden, wenn der Zurückweisung seines Gebotes oder der Zulassung des Übergebots sofort widersprochen worden ist.

3. Die Verhandlung über den Zuschlag. Nach dem Schluß der Versteigerung sind die anwesenden Beteiligten über den Zuschlag zu hören. Die Entscheidung wird alsbald verkündet, oder es wird ein Termin zur Verkündung der Entscheidung bestimmt. (Näheres: 87.)

4. Einstweilige Einstellung des Verfahrens im Versteigerungstermin. In diesem Termin können sich drei besondere Einstellungsfälle ergeben.

a) Wenn nach dem Beginn der Versteigerung, etwa vor der Verkündung der Entscheidung über den Zuschlag, der Schuldner oder ein Dritter, der zur Befriedigung des Gläubigers berechtigt ist (BGB 268, 1150, 1192, 1200), den zur Befriedigung und zur Deckung der Kosten erforderlichen Betrag an das Gericht zahlt, ist das Verfahren einstweilen einzustellen (ZVG 75).

b) Wenn bei der Versteigerung mehrerer Grundstücke auf eines oder einige so viel geboten wird, daß der Anspruch des Gläubigers gedeckt ist, ist das Verfahren grundsätzlich in Ansehung der übrigen Grundstücke einstweilen einzustellen (näheres: ZVG 76).

c) Schließlich ist das Verfahren einzustellen, wenn kein wirksames Gebot abgegeben ist oder sämtliche Gebote erloschen sind (ZVG 77 I), die Versteigerung also ergebnislos war.

5. Aufhebung des Verfahrens wegen Ergebnislosigkeit des zweiten Versteigerungstermins: ZVG 77 II.

6. Protokoll über den Versteigerungstermin: ZVG 78.

X. Die Entscheidung über den Zuschlag (ZVG 79–94) kann als der vierte Akt des Versteigerungsverfahrens angesehen werden.

1. Sie erfolgt durch Beschluß, der nach Maßgabe von ZVG 87 zu verkünden ist (oben IX 3) und nach Maßgabe der Sondernormen ZVG 96–104 mit der sofortigen Beschwerde angefochten werden kann. Vor der Entscheidung hat das Gericht noch einmal das ganze Verfahren auf seine Gesetzmäßigkeit hin zu prüfen. Dabei ist es, soweit der Versteigerungstermin in Frage kommt, insofern an das Protokoll gebunden, als es Vorgänge, die nicht aus dem Protokoll zu entnehmen sind, nicht berücksichtigen darf. Aber an eine Entscheidung, die es vor der Beschlußfassung getroffen hat, ist das Gericht nicht gebunden. Deshalb sind die Entscheidungen, die vor der Beschlußfassung über den Zuschlag erfolgt sind, nur insoweit selbständig anfechtbar, als sie die Anordnung, Aufhebung, einstweilige Einstellung oder Fortsetzung des Verfahrens betreffen (ZVG 95).

2. Die Versagung des Zuschlags. Ist sie rechtskräftig, so wirkt sie, wenn die Fortsetzung des Verfahrens zulässig ist, wie eine einstweilige Einstellung, sonst wie die Aufhebung des Verfahrens.

Hat ein Beteiligter, der nicht zu den Berechtigten nach ZVG 74a gehört, wenn der Zuschlag auf Grund des vorliegenden Meistgebots erfolgt, einen Ausfall zu befürchten, so kann er die wiederholte Versteigerung des Grundstücks in einem neuen Termin beantragen. Verpflichtet er sich zum Ersatz des Schadens, der dadurch etwa entstehen sollte, und leistet er, wenn ein anderer Beteiligter es verlangt, Sicherheit in Höhe des im Verteilungstermin durch Zahlung zu berichtigenden Teiles des bisherigen Meistgebots, so ist der Zuschlag zu versagen (und das Verfahren nach ZVG 85 II–IV fortzusetzen).

Die weiteren Gründe, aus denen der Zuschlag zu versagen ist, führt ZVG 83 auf. Einige von ihnen (83 Nr. 6 u. 7) führen stets zur Versagung des Zuschlags und sind auch in der Beschwerdeinstanz von Amts wegen zu berücksichtigen (absolute Versagungsgründe). Dies ist z. B. der Fall, wenn sich ergibt, daß der Gläubiger bereits voll befriedigt ist, oder daß die Bekanntmachung des Versteigerungstermins zu spät erfolgt ist. Die anderen (relativen) Versagungsgründe (83 Nr. 1—5) stehen der Erteilung des Zuschlags nicht entgegen, wenn das Recht der Beteiligten durch den Zuschlag nicht beeinträchtigt wird, oder wenn der Beteiligte — was durch öffentliche Urkunde nachzuweisen ist — das Verfahren genehmigt hat (ZVG 84). Hierher gehört z. B. die Verletzung einer Vorschrift über das geringste Gebot oder die Versteigerungsbedingungen.

3. Die Erteilung des Zuschlags. Den Inhalt des Beschlusses regelt ZVG 82. Stets muß der Beschluß das Grundstück, den Ersteher, das Gebot und die Versteigerungsbedingungen bezeichnen. Er ist zuzustellen nach Maßgabe von ZVG 88, wird aber mit der Verkündung wirksam (ZVG 89).

a) Der Zuschlag ist zu erteilen (ZVG 81):

α) grundsätzlich dem Meistbietenden – dann ist dieser zugleich der „Ersteher";

β) in zwei Ausnahmefällen aber einem anderen als dem Meistbietenden. Dann ist der andere der „Ersteher" und haftet mit dem Meistbietenden als Gesamtschuldner. Die beiden Ausnahmefälle sind:

aa) Der Meistbietende hat das Recht aus dem Meistgebot einem anderen abgetreten, und dieser hat die Verpflichtung aus dem Meistgebot übernommen, mögen die Erklärungen im Versteigerungstermin abgegeben oder nachträglich durch öffentlich beglaubigte Urkunden nachgewiesen werden. Solche „Abtretung des Rechtes aus dem Meistgebot" ist in der Praxis nicht selten. Oft bieten Personen mit, die das Grundstück nicht für sich behalten, sondern es nach dem Versteigerungstermin alsbald verkaufen wollen.

bb) Der Meistbietende erklärt im Termin oder nachträglich in einer öffentlich beglaubigten Urkunde, daß er für einen anderen geboten habe, und die „Vertretungsmacht" des Meistbietenden oder die Zustimmung des anderen ist entweder gerichtskundig oder wird durch eine öffentlich beglaubigte Urkunde nachgewiesen.

b) Wirkungen des Zuschlags. Sie sind nicht von der Entrichtung des Bargebots oder der Eintragung in das Grundbuch abhängig gemacht, fallen aber durch rechtskräftige Aufhebung des Zuschlagbeschlusses wieder weg (unten 4).

α) Durch den Zuschlag entsteht ein privates Recht des Vollstreckungsschuldners gegen den Ersteher auf Entrichtung des Bargebots (unter Umständen eines höheren Betrages: oben VII 4 c, „Erweiterung der Zahlungspflicht") im Verteilungstermin. Aber die Verfügung über dieses Recht ist dem Vollstreckungsschuldner entzogen.

β) Durch den Zuschlag wird der Ersteher ohne Grundbucheintragung Eigentümer des Grundstücks, aber auch Eigentümer der beweglichen Sachen und Gläubiger der Forderungen, auf die sich die Versteigerung erstreckt hat (ZVG 90). Der Ersteher wird auch dann Eigentümer, wenn dem Schuldner das Grundstück oder eine bewegliche Sache, auf die sich die Versteigerung erstreckt hat, nicht gehörte und der Ersteher das wußte. Auf den guten Glauben des Erstehers kommt es dafür nicht an, ebensowenig darauf, worauf sich die Versteigerung zu erstrecken hatte, sondern es ist lediglich entscheidend, was zur Versteigerung gestellt worden ist. Namentlich erwirbt der Ersteher auch das Eigentum an Zubehörstücken, die nicht dem Grundeigentümer gehörten, aber nicht von der Versteigerung ausgenommen worden sind.

γ) Durch den Zuschlag erlöschen die Rechte, die nicht nach den Versteigerungsbedingungen bestehen bleiben sollten, es sei denn, daß das Bestehenbleiben zwischen dem Berechtigten und dem Ersteher vereinbart ist und die Erklärungen entweder im Verteilungstermin abgegeben oder, bevor das Grundbuchamt um Berichtigung des Grundbuchs ersucht ist, durch eine öffentlich beglaubigte Urkunde nachgewiesen werden.

Solche Vereinbarungen sind häufig und werden nicht selten schon vor oder im Versteigerungstermin, mitunter unter Abänderung von Nebenbestimmungen (z. B. Erhöhung des Zinssatzes) getroffen. Für den Ersteher vermindert sich dadurch der durch Zahlung zu berichtigende Teil des Meistgebots um den Betrag, der sonst der andern Vertragspartei gebühren würde, und diese behält ihre Vermögensanlage. Die Vereinbarung wirkt im übrigen wie die Befriedigung aus dem Grundstücke (ZVG 91).

δ) Erlöschen durch den Zuschlag Rechte, die auf Zahlung eines Geldbetrages oder auf Zahlung wiederkehrender Geldbeträge aus dem Grundstück gerichtet sind, so tritt an ihre Stelle der Anspruch auf Befriedigung aus dem Versteigerungserlöse. Aus der Hypothek wird ein Pfandrecht an dem Recht des Vollstreckungsschuldners gegen den Ersteher auf Zahlung des Versteigerungserlöses.

ε) Erlöschen durch den Zuschlag Rechte, die nicht auf Zahlung eines Kapitals gerichtet sind (Erbbaurechte, Dienstbarkeiten, Reallasten oder Nutzungsrechte), so tritt an ihre Stelle der Anspruch auf Ersatz ihres Wertes aus dem Versteigerungserlöse (ZVG 92 I). Für die Berechnung dieses Wertes enthält das ZVG in 92 II und III besondere Vorschriften.

ζ) Der Besitz des Grundstücks und der mitversteigerten Gegenstände wird dem Ersteher nicht von dem Gericht verschafft. Aber der Ersteher braucht auch nicht etwa auf Herausgabe zu klagen, wenn sie ihm verweigert wird. Vielmehr kann er aus dem Zuschlagsbeschluß gegen den Besitzer des Grundstücks oder einer mitversteigerten Sache die ZV auf Räumung und Herausgabe betreiben. Insofern ist der Zuschlagsbeschluß ein Vollstreckungstitel (ZVG 93 I 1, oben § 8 III 4 b). Aber die ZV soll nicht erfolgen, wenn der Besitzer auf Grund eines Rechtes besitzt, das durch den Zuschlag nicht erloschen ist (er hat z. B. ein Nießbrauchsrecht, das dem betreibenden Gläubiger vorging). Erfolgt sie gleichwohl, so hat der Besitzer die Widerspruchsklage. (Näheres ZVG 93.)

η) Jeder Beteiligte aber, der Befriedigung aus dem Bargebote zu erwarten hat, kann zum Schutze gegen nachteilige tatsächliche Einwirkungen des Erstehers auf das Grundstück, solange nicht die Zahlung oder Eintragung des Bargebots erfolgt ist, erwirken, daß das Grundstück in gerichtliche Verwaltung genommen wird (näheres ZVG 94).

ϑ) Im übrigen treten durch den Zuschlag die Wirkungen ein, die sich aus den Versteigerungsbedingungen (oben VI 4 und 5) ergeben.

4. Rechtskräftige Aufhebung des Zuschlagbeschlusses im Beschwerdewege läßt alle Zuschlagswirkungen wieder wegfallen und zwar mit rückwirkender Kraft.

Die Zuschlagswirkungen stehen also nicht etwa unter einer auflösenden Bedingung. Beim Eintritt der auflösenden Bedingung eines Privatrechtsgeschäfts tritt keine Rückwirkung ein. Wer unter einer auflösenden Bedingung Eigentümer geworden ist, ist bis zum Eintritt dieser Bedingung Eigentümer gewesen und hat z. B. die inzwischen geernteten Früchte erworben. Die Wirkungen des Zuschlags sind vielmehr denen des Erbanfalls zu vergleichen: durch die Ausschlagung wird der Eintritt der Erbschaft mit rückwirkender Kraft rückgängig gemacht.

XI. Die Verteilung des Erlöses (ZVG 105–145) im „Verteilungstermin" (der häufig auch noch „Kaufgelderbelegungstermin" genannt wird) ist der fünfte und letzte Akt des Versteigerungsverfahrens.

1. Terminsbestimmung: ZVG 105.

2. Die Verteilung des Erlöses erfolgt, wenn sich die Beteiligten nicht — was sehr selten ist — auf außergerichtliche Verteilung einigen und dies dem Gericht durch öffentliche oder öffentlich beglaubigte Urkunde nachgewiesen wird (ZVG 143), durch das Gericht, an das der Ersteher im Termin das Bargebot, soweit nicht Sicherheit hinterlegt ist, zu zahlen hat (näheres ZVG 107).

3. Der Verteilung wird ein Teilungsplan zugrunde gelegt, der schon vor dem Verteilungstermin vorbereitet und spätestens drei Tage vor dem Termin zur Einsicht der Beteiligten aufgelegt wird (näheres ZVG 106), den Vorschriften des ZVG 109ff. zu entsprechen hat und im Verteilungstermin nach Anhörung der anwesenden Beteiligten vom Gericht aufgestellt wird (näheres ZVG 113). Über den Teilungsplan wird sofort verhandelt. Widersprüche sind außerhalb des Verteilungsverfahrens im Prozeßwege zu erledigen (ZVG 115).

4. Soweit der Ersteher den bar zu zahlenden Teil des Erlöses zahlt, verwandeln sich die Forderungspfandrechte der Berechtigten in solche an dem Geldbetrage, und das Geld wird nach dem Range dieser Pfandrechte. vom Gericht unter die Berechtigten verteilt, d. h. ihnen übereignet (ZVG 117)

5. Soweit der Ersteher das Bargebot nicht berichtigt – also auch wenn Zahlungsfristen festgesetzt sind –, wird der Teilungsplan dadurch ausgeführt, daß die Forderung des Vollstreckungsschuldners gegen den Ersteher (oben 3 b α) durch Anordnung des Gerichts auf die Berechtigten übertragen wird. Diese Übertragung wirkt wie die Befriedigung aus dem Grundstück: die alte Forderung des Berechtigten, die bis zu dem Zuschlag dinglich gesichert war, es aber jetzt nicht mehr ist, geht unter (auch gegen etwaige Mitschuldner und Bürgen). Zur Sicherung der ihm übertragenen Forderung gegen den Ersteher ist eine Sicherungshypothek an dem Grundstück mit dem Range des Anspruchs einzutragen. Für die ZV wegen des Anspruchs aus der Sicherungshypothek gelten ZVG 132 u. 133.

Aber der Berechtigte braucht sich darauf nicht einzulassen. Er hat die Möglichkeit, die – bereits kraft Gesetzes eingetretene – Befriedigungswirkung, und zwar mit rückwirkender Kraft, dadurch auszuschalten, daß er entweder auf seine Rechte aus der Übertragung verzichtet oder die abermalige ZVersteigerung beantragt. Beides kann er nur innerhalb 3 Monaten tun.

a) Erklärt der Berechtigte rechtzeitig dem Gerichte gegenüber den Verzicht auf die Rechte aus der Übertragung, so ist die Erklärung dem Ersteher und dem mitzuteilen, auf den die Forderung infolge des Verzichts übergeht. Denn nun hat der Berechtigte seine Forderung gegen den Vollstreckungsschuldner wieder (es wird so angesehen, als ob er sie behalten hätte), und die von ihm erworbene Forderung gegen den Ersteher geht — ohne Übertragung durch das Gericht — auf den Nächstberechtigten (im letzten Falle auf den Vollstreckungsschuldner) über und zwar, wenn die Sicherungshypothek bereits bestellt ist, mit dieser (BGB 1153).

b) Beantragt der Berechtigte die Versteigerung, so richtet sich diese gegen den Ersteher, der ursprüngliche Vollstreckungsschuldner haftet dem Berechtigten wie ein Bürge und hat, wenn er in Anspruch genommen wird, ein Rückgriffsrecht gegenüber dem Ersteher. Wird aber der Antrag auf ZVersteigerung zurückgenommen oder das Verfahren nach ZVG 31 I aufgehoben, so gilt der Antrag als nicht gestellt.

XII. Nach der Rechtskraft des Zuschlags und der Ausführung des Teilungsplans ist das Grundbuchamt zu ersuchen, den Ersteher als Eigentümer einzutragen und die durch den Zuschlag erloschenen Rechte zu löschen. Dies alles ist Grundbuchberichtigung. Außerdem ist das Ersuchen darauf zu richten, den Versteigerungsvermerk zu löschen und die Sicherungshypotheken gegen den Ersteher einzutragen. ZVG 130, 131.

XIII. Die Zwangsversteigerung eines im Schiffsregister eingetragenen Schiffs oder Schiffsbauwerkes erfolgt nach den Vorschriften über die Zwangsversteigerung von Grundstücken, soweit nicht im zweiten Abschnitt des ZVG (162—170) Sondernormen enthalten sind. Diese Sondernormen, auf die hier verwiesen wird, beruhen teils auf den Besonderheiten des Schiffahrtsrechtes, teils auf der Verschiedenheit der Rechtssätze über das Grundbuch und über das Schiffsregister. (Die Zwangsverwaltung eines Schiffes ist ausgeschlossen.)

XIV. Das Wesen der Zwangsversteigerung.

Die Versteigerung, auf die dieses ZVVerfahren abzielt, und die sein Wesen bestimmt, wurde früher rein privatrechtlich aufgefaßt. Dabei wurde eigentlich nur darüber gestritten, ob der Richter als Vertreter des betreibenden Gläubigers (so Eccius) oder als Vertreter des Schuldners verkaufe oder übereigne. Heute, wo so vieles öffentlichrechtlich aufgefaßt wird, was früher privatrechtlich aufgefaßt wurde (oben § 4 III 4), ist die durchaus herrschende Meinung, daß der Zuschlag ein öffentlichrechtlicher, auf der Gerichtsbarkeit beruhender Akt (eine Prozeßhandlung) mit öffentlichrechtlichen und privatrechtlichen (Enteignungs- und anderen) Wirkungen ist: nicht als Vertreter des Gläubigers oder des Schuldners, sondern als staatliches Organ (Haftung nach BGB 839, GG Art. 34) erteilt der Richter den Zuschlag. Dieser ist ein rechtsgestaltender Richterspruch; gleichgültig ob er mit dem Gesetz in Einklang steht oder nicht, ist sein Inhalt für die Rechtsänderungen, die er bewirkt, insbesondere für die Rechtsstellung des Erstehers maßgebend. Sein Inhalt aber ist „der Wille und die Meinung des Versteigerungsrichters, wie sie im Zuschlagsbeschluß zum Ausdruck gekommen sind". Nur eine Berichtigung offenbarer Unrichtigkeiten im Sinne von ZPO 319, nicht ein anderer nachträglicher Beschluß des Versteigerungsrichters kann dabei in Betracht kommen (RG 129, 155ff.).

Aus der öffentlichrechtlichen Natur des Zuschlags ergibt sich aber nicht etwa, daß auch das Gebot des Bieters ein öffentlichrechtlicher Akt sei. Auch wenn man in dem „Recht aus dem Meistgebot" ein öffentliches Recht sieht, ist doch das Gebot als eine privatrechtliche Willenserklärung aufzufassen. Es ist keine Prozeßhandlung: der Bieter ist als solcher nicht Prozeßsubjekt (nicht „Beteiligter"). Durch sein Gebot verpflichtet er sich, den gebotenen Betrag an den Schuldner zu Händen des Vollstrekkungsgerichts zu zahlen. (Mit dem Zuschlag entsteht eine Forderung des Vollstrekkungsschuldners auf die Zahlung des Versteigerungserlöses, an der die Gläubiger Pfandrechte haben, und die im Verteilungstermin, soweit die Zahlung oder Hinterlegung bis dahin nicht erfolgt ist, unter die Gläubiger nach ihrer Rangfolge aufgeteilt wird.)

An das Gebot ist der Bieter nach Maßgabe der Bestimmungen des ZVG (durch die BGB 156 ausgeschaltet wird) gebunden. Voraussetzung für die Amtspflicht des Vollstreckungsrichters, den Zuschlag zu erteilen, ist, daß das den Versteigerungsbedingungen entsprechende Meistgebot privatrechtlich wirksam ist. War es wegen Geschäftsunfähigkeit des Bieters oder wegen eines Willensmangels von vornherein nichtig, oder war es anfechtbar und ist vor dem Zuschlag rechtzeitig angefochten worden, so darf der Zuschlag nicht erteilt werden. Die Wirkungen des zu Unrecht erteilten Zuschlags können aber nur auf dem Wege der sofortigen Beschwerde (ZVG 95ff.), nach Ablauf der Beschwerdefrist also überhaupt nicht mehr beseitigt werden. (Ob die Beschwerde auch begründet ist, wenn das Meistgebot erst nach dem Zuschlag — vor Ablauf der Beschwerdefrist — angefochten wird, ist zweifelhaft.) Immer hat die Anfechtung dem Gericht gegenüber zu erfolgen.

Der Eigentumserwerb des Erstehers ist originär: der Ersteher ist nicht Rechtsnachfolger des Schuldners. Auch dann, wenn der Schuldner nicht Eigentümer war, erlangt der Ersteher das Eigentum an allen versteigerten Gegenständen ohne Rücksicht darauf, ob er gut- oder bösgläubig war. Auch wenn er etwa wußte, daß eines der mit zur Versteigerung gestellten Zubehörstücke nicht dem Schuldner gehörte, wird der Ersteher Eigentümer des Zubehörstücks; nur ist er, wenn der Tatbestand des BGB 826 vorliegt, dem bisherigen Eigentümer zum Schadensersatz verpflichtet.

§ 20
Die Zwangsverwaltung

I. Da auch die ZVerwaltung wie die ZVersteigerung auf die Befriedigung der Gläubiger (nicht nur des betreibenden Gläubigers) aus dem Grundstück abzielt, konnte die ZVerwaltung weitgehend durch Verweisung auf das Recht der ZVersteigerung geregelt werden (ZVG 146 I, 156 II, 157 II, 158 III, 161 IV). So finden vor allem die Vorschriften über die Anordnung der ZVersteigerung entsprechende Anwendung. Auch der Anordnung der ZVerwaltung hat die Prüfung vorauszugehen, ob die ZV-Voraussetzungen vorliegen, auch sie ist eine Beschlagnahme zugunsten des betreibenden Gläubigers, auch sie ist in das Grundbuch einzutragen und hat die Wirkung eines Veräußerungsverbots. Aber sie ist alsbald nach Eingang der erforderlichen Unterlagen allen Beteiligten bekannt zu geben (während die Anordnung der ZVersteigerung nicht allen Beteiligten mitgeteilt wird; oben § 19 IV 3). Erhebliche Unterschiede gegenüber der ZVersteigerung ergeben sich ferner daraus, daß hier die Gläubiger nur aus den Nutzungen des Grundstücks befriedigt werden sollen, das Grundstück selbst aber dem Schuldner erhalten bleiben soll. (Man hofft, daß die Gläubiger befriedigt werden, wenn die Wirtschaftsführung dem Schuldner genommen und einer anderen Persönlichkeit übertragen wird.)

II. Wegen eines Anspruchs aus einem eingetragenen Rechte kann die ZVerwaltung auch gegen den Eigenbesitzer – nicht gegen den Nießbraucher oder Pächter – betrieben werden. Hat der eingetragene Eigentümer das Grundstück verkauft und übergeben, ist aber die Übereignung noch nicht erfolgt, so kann der, für den ein Recht im Grundbuch eingetragen ist (nicht etwa ein persönlicher Gläubiger des Eigentümers, aber auch nicht ein Gläubiger des Eigenbesitzers) die ZVerwaltung in das Grundstück betreiben (ZVG 147).

III. Entsprechend dem Zweck der ZVerwaltung, die Gläubiger aus den Nutzungen des Grundstücks zu befriedigen, erstreckt sich die Beschlagnahme hier auf alle land- und forstwirtschaftlichen Erzeugnisse, auf die Miet- und Pachtzinsforderungen, auf die Forderungen aus der Versicherung jener Erzeugnisse wie dieser Forderungen und auf die Ansprüche aus einem mit dem Grundstückseigentum verbundenen Rechte auf wiederkehrende Leistungen. Aber das Recht eines Pächters auf den Fruchtgenuß wird natürlich auch hier von der Beschlagnahme nicht berührt (dafür wird die Pachtzinsforderung von der Beschlagnahme ergriffen). Die Möglichkeit, über einzelne Stücke der mitbeschlagnahmten beweglichen Sachen in den Grenzen einer ordnungsmäßigen Wirtschaft auch dem Gläubiger gegenüber wirksam zu verfügen, hat der Schuldner, der ja hier nicht weiterwirtschaften soll, nicht. Auch die Verwaltung und Benutzung des Grundstücks wird dem Schuldner durch die Beschlagnahme entzogen (ZVG 148). Nur die für seinen Haushalt unentbehrlichen Räume (nicht nur Wohnräume) sind ihm, wenn er zur Zeit der Beschlagnahme auf dem Grundstücke wohnt, zu belassen. Gefährdet freilich er oder ein Mitglied seines Hausstandes das Grundstück oder die Verwaltung, so hat das Gericht dem Schuldner auf Antrag die Räumung des Grundstücks aufzugeben (ZVG 149).

Unterliegt ein landwirtschaftliches, forstwirtschaftliches oder gärtnerisches Grundstück der Zwangsverwaltung, dann sind dem Schuldner aus den Erträgnissen des Grundstücks oder aus den Erlösen diejenigen Mittel zur Verfügung zu stellen, deren er zur Befriedigung seiner und seiner Familie notwendigen Bedürfnisse bedarf (näheres ZVG 149 III).

IV. Die Verwaltung des Grundstücks wird einem Verwalter übertragen, der vom Gericht bestellt wird. Ihm wird das Grundstück übergeben oder die Ermächtigung erteilt, sich selbst den Besitz zu verschaffen (ZVG 150). Er hat die Aufgabe, das Grundstück in seinem wirtschaftlichen Bestande zu erhalten und ordnungsmäßig zu benutzen, die Ansprüche, auf die sich die Beschlagnahme erstreckt – soweit das Grundstück vor der Beschlagnahme einem Mieter oder Pächter überlassen worden ist also die Miet- und Pachtzinsforderungen – geltend zu machen und die für die Verwaltung entbehrlichen Nutzungen in Geld umzusetzen (ZVG 152). Die erforderlichen Anweisungen für die Verwaltung werden dem Verwalter nach Anhörung des Gläubigers und des Schuldners von dem Gericht erteilt, das auch die Vergütung des Verwalters festsetzt und seine Geschäftsführung beaufsichtigt (näheres ZVG 153). Für die Erfüllung seiner Verpflichtungen ist der Verwalter allen Beteiligten gegenüber verantwortlich. Dem Gläubiger und dem Schuldner hat er jährlich und nach Beendigung der Verwaltung Rechnung zu legen (näheres ZVG 154).

Der Verwalter ist als solcher nicht Beamter, aber er hat vom Staate ein sog. privates Amt übertragen erhalten, und er ist, soweit er das Grundstück verwaltet und über Nutzungen des Grundstücks verfügt, gesetzlicher Vertreter des Schuldners, dem er in einem gesetzlichen Schuldverhältnis gegenübersteht (anders natürlich, wenn der Schuldner selbst zum Zwangsverwalter bestellt wird; unten VII 2).

V. Aus den Nutzungen sind vorweg die Ausgaben der Verwaltung sowie die Kosten des Verfahrens (nicht aber die der Anordnung oder eines Beitritts) zu bestreiten. Der Überschuß ist nach Maßgabe von ZVG 155 Abs. 2 zu verteilen. Dabei gilt die Rangordnung von ZVG 10–12. Die drei letzten Klassen fallen jedoch weg.

Es entfällt dabei nichts auf die etwa fälligen Kapitalbeträge von Hypotheken- und Grundschulden derjenigen Gläubiger, die nicht das Verfahren betreiben.

Nur der betreibende Gläubiger wird auch für seine Kapitalforderung aus den Nutzungen befriedigt (ZVG 155 in Vbdg. mit ZVG 10), und zwar in der fünften Klasse, d. h. nachdem aus den Nutzungen die laufenden Beträge der Klassen II–IV gedeckt sind. Will ein dem betreibenden Gläubiger vorgehender Berechtigter für seine Kapitalforderung aus den nach Tilgung der laufenden Ansprüche verbleibenden Nutzungen Befriedigung erlangen, so muß er der ZVerwaltung beitreten (vgl. auch RG 89, 147ff.).

Die Verteilung erfolgt durch den Verwalter auf Grund eines Teilungsplans, der im Verteilungstermin für die ganze Dauer des Verfahrens vom Gericht nach Verhandlung mit den Beteiligten aufgestellt wird, und dessen Abänderung jeder Beteiligte im Wege der Klage erwirken kann, auch wenn er Widerspruch gegen den Plan nicht erhoben hat (ZVG 155–160).

VI. Die Aufhebung der ZVerwaltung erfolgt durch Gerichtsbeschluß. Die ZVerwaltung ist aufzuheben, wenn der Gläubiger befriedigt ist. Sie kann aufgehoben werden, wenn die Fortsetzung des Verfahrens besondere Aufwendungen erfordert und der Gläubiger den nötigen Geldbetrag nicht vorschießt (ZVG 161).

VII. Gehört zu den Beteiligten eine öffentliche Körperschaft, ein unter staatlicher Aufsicht stehendes Institut, eine Hypothekenbank oder ein Siedlungsunternehmen im Sinne des Reichssiedlungsgesetzes, so kann dieser Beteiligte innerhalb einer Frist, die ihm vom Gericht zu setzen ist, eine in seinen Diensten stehende Person als Verwalter vorschlagen. Dem Vorschlag ist unter den Voraussetzungen von ZVG 150 a II zu entsprechen. Der Verwalter erhält dann keine Vergütung.

2. Nach ZVG 150b ist bei der Verwaltung eines landwirtschaftlichen, forstwirtschaftlichen oder gärtnerischen Grundstücks grundsätzlich der Schuldner selbst zum Verwalter zu bestellen. Dem liegt die Erwägung zugrunde, daß die weitaus meisten ZVerwaltungen solcher Grundstücke heute nicht wegen schlechter Wirtschaft des Unternehmers, sondern zum Schutze gegen Einzelvollstreckungen und zur Erhaltung des Ranges bei der Erfüllung der laufenden Verbindlichkeiten betrieben werden. Da ist es nicht notwendig, die ganze Betriebsführung einem Dritten zu übertragen und die dafür erforderlichen Kosten aufzuwenden.

Der Schuldner ist zum Verwalter zu bestellen, wenn er dazu bereit ist und nach seiner Persönlichkeit eine Gewähr für die ordnungsmäßige Führung der Verwaltung bietet. Der betreibende Gläubiger und öffentliche Körperschaften usw. (oben a), die zu den Beteiligten gehören, sollen vorher gehört werden, ebenso die untere Verwaltungsbehörde. Gleichzeitig ist eine Aufsichtsperson zu bestellen, die dem Gericht unverzüglich Anzeige zu erstatten hat, wenn der Schuldner gegen seine Verpflichtungen als Verwalter verstößt, und die allen Beteiligten gegenüber verantwortlich ist. Unter ihrer Aufsicht führt der Schuldner die Verwaltung. Sie kann jederzeit Auskunft und Einsicht vom Schuldner verlangen. Der Schuldner hat, soweit es sich um Geschäfte handelt, die über den Rahmen der laufenden Wirtschaftsführung hinausgehen, rechtzeitig die Entschließung der Aufsichtsperson einzuholen. Er darf als Verwalter über die Nutzungen des Grundstücks und deren Erlös, soweit er nicht nach ZVG 155–158 zu verteilen ist, nicht ohne Zustimmung der Aufsichtsperson verfügen (ZVG 150 d). Eine Vergütung wird die Aufsichtsperson in der Regel erhalten, aber sie ist natürlich geringer als die Vergütung, die ein Verwalter erhalten würde. Der Schuldner erhält als Verwalter keine Vergütung. Aber erforderlichenfalls bestimmt das Gericht nach Anhörung der Aufsichtsperson, „in welchem Umfange der Schuldner Erträgnisse des Grundstücks oder deren Erlös zur Befriedigung seiner und seiner Familie notwendigsten Bedürfnisse verwenden darf“ (ZVG 150 e).

II. Die Zwangsvollstreckung wegen anderer Ansprüche als Geldforderungen

§ 21

I. Ansprüche, die nicht auf die Leistung einer Geldsumme gehen, sind, soweit sie überhaupt vollstreckt werden können, auf andere als die bisher (§§ 14 bis 20) erörterte Weise zu vollstrecken.

Daß es sich nur bei der bisher behandelten ZV um „Vermögensvollstreckung" handele, trifft nicht zu: auch Ansprüche, die nicht auf die Leistung einer Geldsumme gerichtet sind, gehören zumeist zum Vermögen des Gläubigers, und die geschuldete Leistung ist in vielen Fällen aus dem Vermögen des Schuldners beizutreiben (Beispiele: der Schuldner hat ein ihm gehöriges Kunstwerk dem Gläubiger zu übereignen oder eine Mauer niederzureißen zu lassen). Es ist aber auch nicht zutreffend, wenn die ZV wegen anderer Ansprüche als Geldforderungen als „ZV wegen Individualleistungen" bezeichnet wird: die Leistungen, auf deren Verwirklichung diese Art der ZV abzielt, sind häufig ebensowenig „individuell" wie Geldleistungen (Beispiel: der Schuldner hat 10 Aktien einer bestimmten Aktiengesellschaft oder eine bestimmte Menge Kartoffeln bestimmter Sorte zu liefern).

II. Auch diese Art der ZV darf nur begonnen und fortgesetzt werden, wenn die ZV-Voraussetzungen gegeben sind und keine Vollstreckungshindernisse entgegenstehen (oben § 7). Der Konkurs des Schuldners steht dem Beginn einer ZV wegen anderer Ansprüche als Geldforderungen und der Fortsetzung einer solchen ZV nur entgegen, soweit die ZV darauf gerichtet ist, die Leistung aus dem Vermögen des Schuldners – und zwar aus dem im Konkurs befangenen Schuldnervermögen – beizutreiben (KO 14). Der Anspruch auf Übereignung einer Uhr, auf Lieferung einer bestimmten Menge Wein einer bestimmten Sorte (884) oder auf Beseitigung eines Bauwerks (887) darf nach Konkursbeginn von dem Gläubiger nicht mehr vollstreckt werden, da die ZV dem Vermögen des Schuldners zur Last fallen würde. Dagegen kann der Schuldner, auch wenn er in Konkurs ist, in Haft genommen werden, um eine Auskunft (888) oder die Leistung eines Offenbarungseides, zu der er auf Grund des materiellen Rechts verurteilt ist (889), zu erzwingen, es kann dem Schuldner Strafe angedroht werden für den Fall, daß er dem Gebot, die Führung eines Namens zu unterlassen, oder dem Gebot, die Abholung einer Sache zu dulden, zuwiderhandelt (890), es kann bei solcher Zuwiderhandlung die Haftstrafe verhängt und vollstreckt werden.

III. Was den Ansprüchen, die der hier zu erörtenden Art der ZV unterliegen, gemeinsam ist, ist lediglich das Negative, daß es sich nicht um Geldansprüche handelt. Jedes Tun, Unterlassen oder Dulden, zu dem man rechtlich verpflichtet sein und das vollstreckt werden kann, steht hier in Frage mit der einzigen Ausnahme der Geldleistung.

IV. Verhältnis zwischen ZV und Forderung des Interesses (893).

Nach materiellem Rechte richtet sich, in welchen Fällen der Gläubiger, wenn der Schuldner seine Verpflichtung nicht erfüllt, Schadensersatz wegen Nichterfüllung verlangen kann. Darauf bleiben die Bestimmungen über die ZV zur Erwirkung der Herausgabe von Sachen und zur Erwirkung von Handlungen und Unterlassungen ohne Einfluß (893 I). Dadurch, daß sie dem Gläubiger die Möglichkeit geben, die ZV zu betreiben, schneiden sie ihm die Möglichkeit, auf Grund des materiellen Rechts auf das „Interesse" zu klagen, nicht ab; andererseits kann der Gläubiger nicht schon deshalb, weil nach ZPO 883ff. die ZV ausgeschlossen ist, oder weil die ZV erfolglos geblieben ist, Schadensersatzansprüche erheben, es muß dafür vielmehr einer der Tatbestände vorliegen, an die das materielle Recht eine Schadensersatzpflicht knüpft.

Hier greift vor allem die weitspannende Vorschrift BGB 283 ein: Dem rechtskräftig verurteilten Schuldner kann (wie schon vor so auch noch in der ZV und nach erfolgloser ZV) vom Gläubiger zur Bewirkung der Leistung eine angemessene Frist mit der Erklärung bestimmt werden, daß die Annahme der Leistung nach Fristablauf abgelehnt werde. Verstreicht die Frist, ohne daß die Leistung erfolgt, so geht der Erfüllungsanspruch unter, und der Gläubiger kann Schadensersatz wegen Nichterfüllung verlangen (der ZV, die sich auf Erfüllung richtet, kann der Schuldner mit der Vollstreckungsgegenklage begegnen). Für die Klage, mit der der Schadensersatzanspruch geltend gemacht wird, ist durch 893 II das Prozeßgericht erster Instanz für ausschließlich (802) zuständig erklärt worden (wegen des engen Zusammenhangs mit dem vorausgegangenen Rechtsstreit).

V. Unvollstreckbare Ansprüche.

1. Die ZV wird versagt (888 II) für den Fall der Verurteilung zur Eingehung einer Ehe[1]), für den Fall der Verurteilung zur Herstellung des ehelichen Lebens[2]) und für den Fall der Verurteilung zur Leistung von Diensten aus einem Dienstvertrage, wenn es sich dabei um Dienste handelt, die von einem Dritten nicht geleistet werden können. (Daß es sich um derartige Dienste handeln muß und die Vorschrift nicht eingreift, wenn „vertretbare Dienste" in Frage stehen, ergibt sich schon daraus, daß die Bestimmung in 888 steht.)

2. Im Verfahren vor dem AG kann in einem Urteil vereinigt werden: die Verurteilung zur Vornahme einer Handlung, die Setzung einer Frist für den Fall, daß die Handlung nicht in der Frist vorgenommen wird und die Verurteilung zur Zahlung einer

---

[1]) Dies könnte nur Bedeutung erlangen, wenn einmal BGB 1297 oder ZPO 328 Nr. 4 nicht beachtet ist: deutsche Gerichte können nicht zur Eingehung einer Ehe verurteilen (BGB 1297), und ein ausländisches Urteil dieses Inhalts wäre nach 328 Nr. 4 in Vbdg. mit 723 in Deutschland nicht anzuerkennen.

[2]) BGB 1353. Auch wenn der Mann aus diesem Rechtsgrunde zur Zahlung eines Taschengeldes an die Frau verurteilt wird, ist die ZV ausgeschlossen.

Entschädigung (510b). In einem solchen Falle ist die ZV auf Vornahme der in erster Linie geschuldeten Handlung ausgeschlossen; die ZV kann nur wegen der Entschädigungssumme betrieben werden.

3. Eine ZV greift ferner nicht Platz, wenn der Schuldner zur Abgabe einer rechtsgeschäftlichen Willenserklärung verurteilt ist. Hier gilt vielmehr die Erklärung grundsätzlich als abgegeben, sobald das Urteil formell rechtskräftig ist (es sei denn, daß es sich um eine Verurteilung zur Eingehung einer Ehe handelt). Ist aber „die Willenserklärung von einer Gegenleistung abhängig gemacht" (ist z. B. der Schuldner verurteilt, gegen Zahlung einer bestimmten Summe einen Eintrag im Grundbuch zu bewilligen), so gilt die Erklärung erst als abgegeben, sobald die vollstreckbare Ausfertigung des rechtskräftigen Urteils erteilt ist. Sie darf stets nur erteilt werden, wenn der Nachweis, daß der Gläubiger vorgeleistet hat oder der Schuldner in Annahmeverzug versetzt worden ist, durch öffentliche oder öffentlich beglaubigte Urkunden geführt ist, oder aber das Prozeßgericht auf Klage hin durch Urteil die Erteilung der Vollstreckungsklausel angeordnet hat.

Die Erklärung gilt in der Form als abgegeben, in der sie abzugeben war; die Auflassungserklärung gilt als vor dem Grundbuchamt abgegeben. Aber nur die Schuldnererklärung wird ersetzt. Zur „Einigung" (BGB 873, 925, 929, 1032, 1205 usw.) bedarf es noch der Erklärung des Gläubigers. Der Gläubiger hat also, damit eine Auflassung zustande kommt, seine Erklärung dem Grundbuchamt gegenüber abzugeben und dem Grundbuchamt das Urteil vorzulegen und dessen Rechtskraft nachzuweisen (Rechtskraftzeugnis: 706. Nach Stein-Jonas [StJSch III zu 894] hat er sogar eine vollstreckbare Ausfertigung vorzulegen. Dessen bedarf es aber nach richtiger Ansicht nur, wenn eine „Umstellung des Titels" erforderlich ist, also vor allem bei Rechtsnachfolge). Ist der Beklagte zur Übereignung einer beweglichen Sache verurteilt, und wird deswegen vollstreckt, so gilt, wie bereits in § 1 III dieses Lehrbuchs erwähnt wurde, die Übernahme mit der Wegnahme durch den Gerichtsvollzieher (883, 884) als bewirkt (897 I); die Übereignungserklärung aber gilt mit der Rechtskraft des Urteils als abgegeben; ist also auf Grund eines vorläufig vollstreckbaren Urteils die ZV betrieben worden, so geht das Eigentum nicht vor der Rechtskraft des Urteils über. Entsprechendes gilt für die Bestellung eines Rechtes an einer beweglichen Sache (897 I). Ist der Schuldner zur Bestellung einer Hypothek, Grundschuld oder Rentenschuld oder zur Abtretung oder Belastung einer Hypothekenforderung, Grundschuld oder Rentenschuld verurteilt, so gilt die Übergabe des Briefes als erfolgt, wenn der Gerichtsvollzieher ihn zum Zwecke der Ablieferung an den Gläubiger wegnimmt (897 II).

Soweit diese Bestimmungen (894, 897) eingreifen, erwirbt der Gläubiger, wenn er in gutem Glauben ist, auch von dem Nichtberechtigten Eigentum und andere dingliche Rechte, soweit das bürgerliche Recht den Rechtserwerb vom Nichtberechtigten vorsieht (898).

Ob 894 und 897 auf andere Vollstreckungstitel, die einen Anspruch auf Abgabe einer Willenserklärung geben, entsprechend anzuwenden sind, ist bestritten. Die Frage wird besonders bei dem gerichtlichen Vergleich praktisch, in dem sich jemand zur Abgabe einer Willenserklärung verpflichtet. Sie entsteht dagegen nicht, wenn die Erklärung in dem Vergleich abgegeben wird. (Das sollten Richter und Anwalt beachten.) Die Bestimmungen sind ganz auf die Rechtskraft abgestellt: deshalb können sie auf gerichtliche Vergleiche nicht entsprechend angewandt werden.

Wenn der Schuldner durch ein vorläufig vollstreckbares Urteil zur Abgabe einer Willenserklärung verurteilt ist, auf Grund deren eine Eintragung in das Grundbuch oder das Schiffsregister erfolgen soll (er ist z. B. zur Bewilligung einer Grundbuchberichtigung, zur Übereignung eines Grundstücks, zur Bestellung eines Rechtes am Grundstück verurteilt), gilt die Eintragung einer Vormerkung oder eines Widerspruchs — je nach der Natur des Anspruchs — als bewilligt (895), die Eintragung erfolgt also, wenn der Gläubiger sie unter Beifügung einer vollstreckbaren Ausfertigung des Urteils beim Grundbuchamt beantragt. (Vgl. auch HGB 16, GBO 25, FGG 103.)

VI. Die ZV wegen anderer Ansprüche als Geldforderungen gestaltet sich verschieden, je nachdem ob der Anspruch auf ein Tun, auf ein Unterlassen oder auf ein Dulden gerichtet ist. Geht der Anspruch, der vollstreckt werden soll, auf ein Tun, so ist die ZV wiederum verschieden, je nachdem ob die Herausgabe oder Leistung von Sachen oder eine andere Handlung Gegenstand des Anspruchs ist[1]). Für die ZV wegen dieser anderen Handlungen ist zu unterscheiden, ob vertretbare Handlungen (solche, die auch ein Dritter vornehmen kann) oder unvertretbare Handlungen vom Schuldner vorgenommen werden sollen. Vertretbar ist die geschuldete Handlung, wenn sie dadurch, daß ein Dritter sie vornimmt, keine Einbuße in ihrem Wesen erleidet, sondern vollgültigen Ersatz der vom Schuldner selbst ausgehenden Urteilserfüllung darstellt (RG 55, 59).

VII. ZV wegen eines Anspruchs, der auf ein anderes Tun als eine Zahlung gerichtet ist.

1. Ist der Anspruch auf die Herausgabe einer individuell bestimmten beweglichen Sache oder einer Quantität individuell bestimmter beweglicher Sachen gerichtet (Anspruch auf ein dare), so kann der Gläubiger den Gerichtsvollzieher zum Schuldner schicken, damit dieser die Sache oder die Sachen dem Schuldner wegnimmt, und der Schuldner hat, wenn die Nachsuche vergeblich ist, auf Antrag des Gläubigers einen Offenbarungseid zu leisten (883). Das ist der Fall bei der Stückschuld (der Schuldner hat z. B. eine bei ihm eingelagerte Kiste mit 50 Stück Crêpe de chine — zur Übereignung oder zu bloßer Besitzverschaffung — herauszugeben), aber auch bei der sog. begrenzten Gattungsschuld (der Schuldner hat z. B. aus den bei ihm eingelagerten 350 Stück Crêpe de chine 50 herauszugeben). Ob die Sachen vertretbar sind oder nicht, ist hier nicht entscheidend.

Im einzelnen gilt folgendes:

Die Sachen sind von dem Gerichtsvollzieher auf Grund des Vollstreckungstitels dem Schuldner wegzunehmen[2]) und dem Gläubiger zu übergeben. Wird die Sache nicht vorgefunden, so hat der Schuldner auf Antrag des Gläubigers den Offenbarungseid zu leisten, „daß er die Sache nicht besitze, auch nicht wisse, wo die Sache sich befinde"

---

[1]) Das Gesetz stellt die Herausgabe oder Leistung von Sachen in Gegensatz zu Handlungen entsprechend der alten Unterscheidung zwischen dare und facere.

[2]) Dies ist keine Pfändung!

Das Gericht kann aber die Eidesnorm von der Sachlage entsprechend abändern (den Schuldner z. B. beschwören lassen, daß von den bei ihm eingelagerten 350 Stück Crêpe de chine 330 durch Brand zerstört worden seien).

Hat der Schuldner eine unbewegliche Sache (einen Acker, ein Grundstück mit einem Haus, eine Wohnung in einem Miethause, ein Landgut) oder ein bewohntes Schiff — einerlei ob es eingetragen ist oder nicht — herauszugeben, so hat der Gerichtsvollzieher den Schuldner aus dem Besitze zu setzen und den Gläubiger in den Besitz einzuweisen[1]). Das wird unter Umständen durch bloße Erklärungen geschehen können, häufig wird aber Zwang gegen den Schuldner geübt werden müssen (gegen den Untermieter darf Zwang nur angewendet werden, wenn ein vollstreckbarer Titel gegen ihn vorliegt). In die Substanz des Grundstücks darf der Gerichtsvollzieher nicht eingreifen, aber er darf z. B. die Haustür öffnen lassen. Auch an dem mit der unbeweglichen Sache oder dem Schiff etwa herauszugebenden Zubehör hat der Gerichtsvollzieher dem Gläubiger den Besitz zu verschaffen, bewegliche Sachen aber, die „nicht Gegenstand der ZV sind" (z. B. die Möbel in der Wohnung, die zu räumen ist), werden vom Gerichtsvollzieher weggeschafft; es ist nach 885 II—IV mit ihnen zu verfahren.

Befindet sich die (bewegliche oder unbewegliche) Sache, die herauszugeben ist, im Gewahrsam eines Dritten, so kommt es darauf an, ob der Dritte bereit ist, die Sache herauszugeben. Ist er dazu bereit, so hat der Gerichtsvollzieher nach 883 zu verfahren (809 ist auch hier anzuwenden). Ist er dazu nicht bereit, so ist dem Gläubiger auf dessen Antrag (der natürlich bei dem Vollstreckungsgericht, nicht etwa bei dem Gerichtsvollzieher zu stellen ist) der Anspruch des Schuldners auf Herausgabe der Sache nach den Vorschriften zu überweisen, die die Pfändung und Überweisung einer Geldforderung betreffen (886).

Auch wenn der Schuldner eine Urkunde vorzulegen hat, wird entsprechend zu verfahren sein mit der Maßgabe, daß der Gerichtsvollzieher die Urkunde nicht dem Gläubiger herauszugeben, sondern sie ihm nur vorzulegen hat. (Die herrschende Lehre wollte früher hier 888 anwenden. Das würde oft nicht zum Ziele führen.) Die Herausgabe eines Kindes, auf die früher 883 entsprechend angewandt wurde, wird durch Ordnungsstrafen des Vormundschaftsgerichts erzwungen.

2. Für den Fall, daß der Anspruch auf die Leistung einer bestimmten Quantität vertretbarer Sachen oder Wertpapiere geht (Anspruch auf ein dare), hat das Gesetz (884) dem Gläubiger ebenfalls das Recht gegeben, den Gerichtsvollzieher zum Schuldner zu schicken, damit er solche Sachen dem Schuldner wegnimmt; aber ein Offenbarungseid kann, wenn die Nachsuche ergebnislos bleibt, von dem Schuldner nicht verlangt werden.

Dieser Fall liegt vor bei der Gattungsschuld (der Schuldner hat z. B. 50 Stück Crêpe de chine bestimmter Art, Farbe und Güte zu liefern), einerlei ob nach dem zugrunde liegenden Verpflichtungsverhältnis die Sache vom Schuldner erst beschafft werden sollte oder nicht. Der Gerichtsvollzieher hat hier auch darüber zu entscheiden, ob die vorgefundenen Sachen von der Art und Güte sind, wie der Schuldner sie schuldet. Seine Entscheidung kann von jeder Partei mit der Erinnerung (766) angefochten werden.

Die Wegnahme durch den Gerichtsvollzieher beschränkt das Schuldverhältnis auf die weggenommene Sache und macht den Gläubiger zu deren mittelbaren Besitzer; durchgeführt ist die ZV aber erst, wenn der Gläubiger die Sache vom Gerichtsvollzieher erhält.

---

[1]) Wegen Vollstreckungsschutz: 30, 31 WBewG.

Sind nicht vertretbare Sachen Gegenstand der Gattungsschuld (der Schuldner hat drei nicht individuell bestimmte Kühe einer bestimmten Sorte oder einen — nicht individuell bestimmten — drahthaarigen Foxterrier zu liefern), so kann 884 nicht zur Anwendung kommen (der Gerichtsvollzieher könnte sonst von den 18 Kühen des Schuldners die drei besten aussuchen); es bleibt nur die Interessenklage.

3. Ist der Anspruch auf ein anderes Tun des Schuldners als die Zahlung von Geld oder die Herausgabe oder Leistung anderer Sachen gerichtet (Ansprüche auf ein facere), so gilt:

a) Kann die Handlung durch einen Dritten vorgenommen werden[1]), so versagt das Gesetz die Möglichkeit, durch unmittelbaren Zwang den Schuldner zur Vornahme der Handlung zu veranlassen (solchen Zwang gegen den Schuldner zu üben, würde eine überflüssige Härte sein), aber der Gläubiger wird auch nicht auf die Interessenforderung (893) verwiesen (er würde dann neu klagen müssen, und es würde unter Umständen noch Zwang gegen den Schuldner, die Vornahme der Handlung zu dulden, geübt werden müssen), vielmehr ist der Gläubiger, wenn der Schuldner die Handlung seit Eintritt der Vollstreckbarkeit vornehmen konnte, sie aber nicht vorgenommen hat, auf seinen Antrag von dem Prozeßgericht erster Instanz zu ermächtigen, auf Kosten des Schuldners die Handlung vornehmen zu lassen (er darf sie auf Grund solcher Ermächtigung auch selbst vornehmen) 887.

Der Schuldner hat die Vornahme der Handlung durch einen Dritten oder den Gläubiger zu dulden (Widerstand kann durch den Gerichtsvollzieher gebrochen werden; Selbsthilfe ist dem Gläubiger nicht gestattet). Der Schuldner hat die Kosten für die Vornahme der Handlung zu bezahlen, und der Gläubiger kann, um nicht das Kostenrisiko tragen zu müssen, zugleich beantragen, den Schuldner zur Vorauszahlung der Kosten zu verurteilen, die durch die Vornahme der Handlung entstehen werden (Nachforderung bleibt vorbehalten). Die „Verurteilung" darf ohne mündliche Verhandlung, aber nur nach Anhörung des Schuldners erfolgen (891) und ergeht durch Beschluß, der der sofortigen Beschwerde unterliegt und nach 803ff. zu vollstrecken ist (Vollstreckungstitel nach 794 Nr. 3).

Diese Art der ZV greift z. B. Platz, wenn nach dem Vollstreckungstitel der Vermieter Reparaturen in der vermieteten Wohnung vorzunehmen hat, wenn der Schuldner andere gewerbliche Arbeiten auszuführen verpflichtet ist, wenn er den Vollstreckungsgläubiger von einer Verbindlichkeit — etwa von seiner Verbindlichkeit als Bürge — zu befreien hat, wenn elektrische Energie zu liefern ist, nicht aber etwa, wenn der Schuldner eine von ihm herzustellende Maschine zu liefern hat. Auf die ZV zur Erwirkung der Herausgabe oder Leistung von Sachen findet 887 I u. II keine Anwendung (887 III). Auch der Anspruch auf Sicherheitsleistung ist nach 887 zu vollstrecken (er ist nicht etwa eine Geldforderung, sondern ein Anspruch auf eine „vertretbare" Handlung).

b) Kann die Handlung nur von dem Schuldner in Person vorgenommen werden, so ist zu unterscheiden:

α) Das Gesetz versagt jeden Zwang, wenn die Handlung nicht ausschließlich vom Willen des Schuldners abhängt. Das ist z. B. der

[1]) Wenn sie also nicht, damit der Gläubiger befriedigt wird, vom Schuldner in Person vorgenommen werden muß (oben VI).

Fall, wenn der Schuldner Rechnung zu legen hat, die Bücher aber, aus denen Rechnung zu legen ist, sich im Besitz eines Dritten befinden (auch wenn der Dritte dem Schuldner gegenüber zur Herausgabe der Bücher verpflichtet ist), oder wenn besondere künstlerische oder wissenschaftliche Fähigkeiten erforderlich sind. Hier bleibt dem Gläubiger nur die Interessenklage.

β) Hängt aber die Handlung ausschließlich vom Willen des Schuldners ab (er hat z. B. aus den Büchern, die sich in seinem Besitz befinden, Rechnung zu legen – wegen der mit der Pflicht zur Rechnungslegung verbundenen Pflicht, den Offenbarungseid zu leisten, handelt es sich hier um eine Handlung, die vom Schuldner selbst vorgenommen werden muß – oder er hat ein Zeugnis auszustellen), so wird auf Antrag des Gläubigers Beugezwang gegen den Schuldner geübt (888, 889). Der Schuldner soll nicht durch seinen bösen Willen das Recht des Gläubigers vereiteln dürfen; das Affektionsinteresse des Gläubigers wäre nach unseren Anschauungen nicht genügend geschützt, wenn er hier auf die Interessenklage beschränkt wäre.

In diesem Falle (wenn die Handlung durch einen Dritten nicht vorgenommen werden kann, die Handlung aber ausschließlich vom Willen des Schuldners abhängt) ist von dem Prozeßgericht erster Instanz auf Antrag zu erkennen, daß der Schuldner zur Vornahme der Handlung durch Geldstrafen oder durch Haft – nach der Wahl des Gerichts – anzuhalten sei. Für die Geldstrafe gibt es keine Höchstgrenze, die Haft darf nicht länger als insgesamt 6 Monate durchgeführt werden (888 I, 913). Beide „Strafen“ sind keine kriminellen Strafen, sondern Beugemittel: Verschulden ist nicht Voraussetzung ihrer Verhängung, Strafandrohung braucht der Strafe nicht vorauszugehen, die verhängte Strafe ist nicht zu vollstrecken, wenn die Handlung inzwischen vorgenommen ist, die Haft endet stets mit der Vornahme der Handlung (auch ohne dies, wenn der Gläubiger es beantragt). Die Geldstrafe wird vom Gläubiger beigetrieben, fließt aber in die Staatskasse. (Verfahren: 891.)

Über die Vollstreckung eines bürgerlichrechtlichen Anspruchs auf Leistung eines Offenbarungseides vgl. 889 und oben § 11 II.

VIII. Ist der Anspruch des Gläubigers auf eine Unterlassung gerichtet, so ist der Schuldner wegen einer jeden Zuwiderhandlung auf Antrag des Gläubigers vom Prozeßgericht erster Instanz zu Geldstrafe (ein Höchsmaß besteht hier nicht) oder zu Haftstrafe (die für den Einzelfall 6 Monate und insgesamt 2 Jahre nicht übersteigen darf) zu verurteilen. Hier handelt es sich um kriminelle Strafen, die nicht verhängt werden dürfen, ohne daß der Unterlassung eine Strafandrohung vorausgegangen ist (nulla poena sine lege), und die Verschulden voraussetzen. (Verschuldete Unkenntnis der Strafandrohung befreit aber nicht: vgl. StGB 59 II.) Die Strafandrohung kann (wohl auch ohne Antrag des Klägers) bereits in das die Verpflichtung aussprechende Urteil aufgenommen werden, und es ist zweckmäßig, daß das geschieht. Ist es aber nicht geschehen, so ist sie auf Antrag des Gläubigers von dem Prozeßgericht erster Instanz zu erlassen. 890 I, II.

Auf Antrag des Gläubigers kann der Schuldner, wenn er dem Urteil (oder dem sonstigen Vollstreckungstitel) zuwidergehandelt hat, auch zur Bestellung einer Sicherheit für den durch fernere Zuwiderhandlung entstehenden Schaden auf bestimmte Zeit verurteilt werden. 890 III.

Die Strafandrohung sowohl wie die Strafverhängung und die Verurteilung zur Sicherheitsleistung ergehen durch Beschluß, gegen den die sofortige Beschwerde gegeben ist. Die Entscheidung darf ohne mündliche Verhandlung, aber nicht ohne Anhörung des Schuldners erfolgen (891).

IX. Ist der Anspruch des Gläubigers auf ein Dulden gerichtet, so stellt das Gesetz dem Gläubiger die ZV zur Erwirkung von Unterlassungen (890), aber auch die Hilfe des Gerichtsvollziehers zur Verfügung (892).

Es kann hier dahingestellt bleiben, ob die Verpflichtung, eine Handlung zu dulden, nichts weiter als eine Verpflichtung zu einer bestimmten Unterlassung ist. Jedenfalls ist der Schuldner verpflichtet, Widerstand gegen ein bestimmtes Tun des Gläubigers oder eines Dritten zu unterlassen. Leistet er oder sein gesetzlicher Vertreter selbst oder durch andere Widerstand, so darf der Gläubiger selbst der Widerstand nicht brechen. Er kann aber die Strafandrohung und die Strafverhängung des Gerichts erwirken (890) und kann auch zur Beseitigung des Widerstands einen Gerichtsvollzieher zuziehen. Dieser hat seinerseits zwei erwachsene Personen oder einen Gemeinde- oder Polizeibeamten als Zeugen zuzuziehen und ist zur Anwendung von Gewalt befugt. Er kann die Unterstützung eines Gerichtsvollziehers beanspruchen (890—892).

Quellenregister

Wichtige Stellen sind durch Fettdruck hervorgehoben

Sachregister

Die Zahlen bedeuten die Seiten - Wichtige Stellen sind durch Fettdruck hervorgehoben

FSC
www.fsc.org
MIX
Papier | Fördert gute Waldnutzung
FSC® C083411

Kolibri 360 GmbH
Ferdinand-Jühlke-Straße 7
99095 Erfurt, Deutschland
produktsicherheit@kolibri360.de